商业组织中的吹哨行为
——基于中国企业的理论与实证

Whistle-blowing in Business Organizations
— Theory and Empirical Research Based on Chinese Enterprises

刘 燕 著

南京大学出版社

图书在版编目(CIP)数据

商业组织中的吹哨行为：基于中国企业的理论与实证 / 刘燕著. — 南京：南京大学出版社，2021.12
ISBN 978-7-305-25207-5

Ⅰ.①商… Ⅱ.①刘… Ⅲ.①企业管理－监管制度－研究－中国 Ⅳ.①F279.23

中国版本图书馆 CIP 数据核字(2021)第 248184 号

出版发行　南京大学出版社
社　　址　南京市汉口路 22 号　　　邮　编　210093
出 版 人　金鑫荣

书　　名　商业组织中的吹哨行为——基于中国企业的理论与实证
著　　者　刘　燕
责任编辑　尤　佳　　　　　　　编辑热线　025-83592315

照　　排　南京南琳图文制作有限公司
印　　刷　南京人文印务有限公司
开　　本　787×960　1/16　印张 17.75　字数 295 千
版　　次　2021 年 12 月第 1 版　2021 年 12 月第 1 次印刷
ISBN 978-7-305-25207-5
定　　价　59.00 元

网址：http://www.njupco.com
官方微博：http://weibo.com/njupco
官方微信号：njupress
销售咨询热线：(025) 83594756

* 版权所有，侵权必究
* 凡购买南大版图书，如有印装质量问题，请与所购
　图书销售部门联系调换

序

近些年来，商业组织中形式各异的道德失范现象屡禁不止，小则对利益相关者产生不同的损害，如贿赂、杀熟、以次充好；大则危害生命安全健康，阻碍商业组织的可持续发展和社会道德文明的进步，如毒奶粉、长生疫苗、金融腐败和财务造假事件等。对于诸如此类的道德失范现象，人们在反思问题产生的根源并积极寻找解决办法。固然，国家的治理机制和监管措施不可或缺，而商业组织自身的伦理管理也需加强。千里之堤，毁于蚁穴，商业组织更有责任去防范不法和不道德行为滋生于组织并蔓延至社会从而避免造成更大的危害。

近几年来，企业因社会责任缺失而造成的违法违规问题比较突出，主要涉及合规管理、公平运营、消费者责任等领域，而产生于金融业、制造业和互联网信息服务业的社会责任问题，则发生频率更高，影响范围更广，危害也比较严重。防范化解重大风险是党的十九大确定的三大攻坚战之一，也是深入贯彻落实习近平总书记法治思想的重要领域之一。一连串的企业非伦理事件接踵发生，引发了人们深深的思考：为什么组织中的员工或管理者的非伦理行为可能经常发生却无人察觉？为什么有时明明意识到不道德行为近在身边却无人勇于建言或揭发，以至于日积月累，终究造成社会危害并引发组织生存的危机？

早在十八世纪中期，就有哲学家断言"邪恶获胜的唯一必要条件是好人的袖手旁观"，这从侧面指出了吹哨行为对伦理治理的重要性，也暗示了其不易发生的事实。组织中的吹哨行为发生的基本动机是阻止不法和不道德行为的继续存在和产生危害，但其不受强制要求，自主体现和自主裁量，具有主动和自发的特征。有效的吹哨行为有益于社会，例如，因为员工的吹哨预警，公司生产的危险药品被召回，从而挽救了公众的生命安全与健康；举报虚假财务报表使公众免于被误导，从而挽回民众和国家的经济损失等。然而，与其他主动积极的伦理行为相比,吹哨行为可能遭遇被打击报复的风险,因此,现实生活中大多数人在观察到身边的不法行为和不道德行为时,会倾向于学鸵鸟把头埋进沙堆里视而不见。这使得小奸小恶在缺乏约束的情况下,肆无忌惮地膨胀为大奸大恶。这样的事件在当今的经济社会生活中不胜枚举,屡见不鲜。吹哨行为具有自发的伦理他律作用,是组织有效的伦理管理工具,学界和业界都有责任理清其影响因素和发生机制,以便制订必要的制度和措施加以引导和激励。

刘燕教授一直以来从事员工伦理行为的研究,基于中国企业的管理实践及中西方在伦理管理方面的理论研究成果与实践做法,她将研究的主题聚焦于"商业组织中的吹哨行为"。在国家自然科学基金项目(71772133、71272065)的资助支持下,历经7年的探索,取得了一系列研究成果。即将出版的《商业组织中的吹哨行为——基于中国企业的理论与实证》正是这些成果的集中体现。该项研究的特色在于,在全面回顾中西方文献的基础上,基于中国企业的管理情境和样本数据,比较全面地探索了中国情境下吹哨行为的影响因素和产生机制,并为中国企业的吹哨制度和系统的构建以及伦理管理实践提出了具体可实施的对策和建议,从而弥补了中国学术界对吹哨行为研究的不足。

该书系统阐释了吹哨行为研究的理论与实践体系。首先对与吹哨行为相关的概念,如不道德行为、吹哨者、吹哨行为和报复行为进行概念界定及其内涵的介绍,并简要梳理了国内对不道德行为(非伦理行为)和吹哨行为(揭发行为、举报行为)的研究现状;接着分析和比较了典型的吹哨决策过程模型和要素模型的特点及其之间的差异,并依据不同的理论视角识别吹哨行为的多层次影响因素,如个体特征、领导和同事特征、文化与伦理氛围、法律制度与吹哨系统以及不道德行为人及不道德行为的特征等。之后的第三部分的四个章节,则基于中国企业的数据样本对吹哨行为的产生机制进行了实证研究,证明了吹哨行为影响因素和机制过程的丰富性和复杂性。该书最后一部分对吹哨行为的有效性和鼓励吹哨的创新实践提出了一系列有关制度、系统和激励机制的设计,并梳理了我国和英美日等国的吹哨政策和管理办法,以供读者参考。

习近平总书记的法治思想强调以人民为中心,说明人民是全面推进依法治国的力量源泉。人民是国家的主人,也是依法治国的主体。社会主义法治建设必须为了人民、依靠人民、造福人民、保护人民。商业组织中的吹哨行为是法治监督体系中的有效手段之一,是保护大众和国家利益的重要工具之一。吹哨行为要发挥有效的监督作用,需要依靠商业组织中的每一位成员共同努力。重视履行社会责任的商业组织应该将组织成员的吹哨行为看成是方便而有效的伦理管理机制去加以利用和鼓励。如果商业组织能有效激励其成员对自己所观察到的不道德行为和不法行为进行勇敢的吹哨,那么这些行为在组织内部就可能无处藏身并能得到及时的遏制和惩戒。

总之,我认为该书的出版契合商业社会伦理治理的迫切需要,具有比较重要的理论价值和实践意义,特作此序并向读者推荐。

南京大学人文社科资深教授、商学院名誉院长、
行知书院院长、博士生导师

博士

2021 年 10 月 28 日于上海浦东

目 录

第一部分　概念内涵和国内研究

第一章　商业组织中的不道德行为与吹哨者 …………………… 3
　1.1　不道德行为 ……………………………………………………… 3
　1.2　不道德行为的研究 ……………………………………………… 5
　1.3　吹哨者 …………………………………………………………… 8
　1.4　吹哨者的研究 …………………………………………………… 11
　参考文献 ……………………………………………………………… 13

第二章　吹哨行为和报复行为 ………………………………………… 15
　2.1　吹哨行为 ………………………………………………………… 15
　2.2　吹哨行为的测量和研究方法 …………………………………… 21
　2.3　吹哨行为的研究 ………………………………………………… 23
　2.4　报复行为 ………………………………………………………… 25
　参考文献 ……………………………………………………………… 29

第二部分　决策过程和多层次的影响因素

第三章　吹哨行为的决策过程模型 …………………………………… 35
　3.1　亲社会组织行为模型 …………………………………………… 35
　3.2　伦理行为决策模型 ……………………………………………… 37
　3.3　社会信息加工模型 ……………………………………………… 39

3.4 双重加工模型 ·· 41
参考文献 ·· 45

第四章 吹哨行为产生的要素模型 ·· 47
4.1 吹哨行为的原则性异议模型 ·· 47
4.2 吹哨行为的三角模型 ·· 48
4.3 吹哨行为的钻石模型 ·· 51
4.4 手段-目的链模型 ·· 53
4.5 三层次吹哨模型 ·· 54
参考文献 ·· 56

第五章 多理论视角下吹哨者的个体特征 ·· 58
5.1 权力视角下的人口统计学特征 ·· 58
5.2 特质视角下的个体特征 ·· 62
5.3 情感视角下的个体特征 ·· 65
5.4 社会纽带视角下的个体特征 ·· 66
5.5 个体的工作角色 ·· 69
参考文献 ·· 70

第六章 领导与同事对吹哨行为的影响 ·· 75
6.1 领导特征的影响 ·· 75
6.2 领导-成员交换关系的影响 ·· 85
6.3 同事态度和表现的影响 ·· 88
参考文献 ·· 91

第七章 文化和伦理氛围对吹哨行为的影响 ·· 98
7.1 国家文化的影响 ·· 98
7.2 儒家文化和集体主义的影响 ·· 101
7.3 组织伦理文化的影响 ·· 103
7.4 组织伦理氛围的影响 ·· 106
参考文献 ·· 108

第八章 法律、制度与吹哨系统对吹哨行为的影响 ·································· 110
8.1 法律制度的影响 ·· 110
8.2 吹哨制度的影响 ·· 111
8.3 组织吹哨系统的影响 ·· 112
8.4 公司制度的影响 ·· 114

参考文献·· 117
第九章　不道德行为及其主体的特征对吹哨的影响·············· 119
  9.1　不道德行为的类别 ··································· 119
  9.2　不道德行为的严重性和被依赖程度 ····················· 120
  9.3　不道德行为人的地位和与吹哨人的关系 ················· 123
  9.4　发生不道德行为的企业特征 ··························· 124
  参考文献·· 126

第三部分　　中国情境下的实证研究

第十章　包容性领导与下属吹哨意愿关系的实证研究·············· 133
  10.1　理论模型建立的基础 ································ 133
  10.2　理论背景与假设推导 ································ 134
  10.3　研究方法 ··· 137
  10.4　研究假设的检验 ··································· 139
  10.5　讨论和贡献 ······································· 142
  参考文献·· 144

第十一章　主动性人格与吹哨意愿的关系—基于中国样本的跨层研究
  ··· 147
  11.1　理论模型建立的基础 ································ 147
  11.2　理论背景和假设推导 ································ 149
  11.3　研究方法 ··· 153
  11.4　结果 ··· 155
  11.5　讨论和贡献 ······································· 160
  参考文献·· 162

第十二章　组织伦理氛围影响吹哨意愿的心理机制研究············ 169
  12.1　理论模型建立的基础 ································ 169
  12.2　理论背景和假设推导 ································ 172
  12.3　研究方法 ··· 176
  12.4　假设的检验 ······································· 178
  12.5　讨论和贡献 ······································· 182

参考文献 ··· 185
第十三章　组织认同与员工吹哨行为的关系：一个三相交互作用模型 ··· 192
13.1　本研究模型建立的理论基础 ·· 192
13.2　理论基础与假设提出 ·· 195
13.3　研究方法 ·· 198
13.4　研究结果 ·· 199
13.5　讨论 ··· 204
参考文献 ··· 208

第四部分　吹哨有效性和实践创新

第十四章　对吹哨者的报复及影响因素 ··· 215
14.1　对吹哨者的欺凌 ·· 215
14.2　吹哨者的污名化 ·· 217
14.3　影响报复的个体因素 ·· 218
14.4　预测报复的情境因素 ·· 222
参考文献 ··· 224

第十五章　吹哨行动如何取得效果 ··· 227
15.1　吹哨过程的关键节点 ·· 227
15.2　选择适当的吹哨方法 ·· 228
15.3　提高对吹哨行为的认识 ··· 230
15.4　制订预防及应对的吹哨政策 ·· 231
参考文献 ··· 233

第十六章　组织如何设计吹哨人制度和激励机制 ······························ 234
16.1　运用人力资源管理实践鼓励吹哨行为 ·································· 234
16.2　鼓励吹哨的企业制度设计 ·· 236
16.3　提升管理者的道德领导力 ·· 238
16.4　发挥内部特殊机构和角色的作用 ······································· 239
参考文献 ··· 241

第十七章　吹哨事件核查、处理及对吹哨者的保障措施 ······················ 243
17.1　对吹哨系统获得的信息及时接收和回应 ································ 243

	17.2 提供适当的财务激励	245
	17.3 实施反报复保护	247
	参考文献	248

第十八章 中国和其他国家吹哨相关的法律法规 ... 250
    18.1 中国的吹哨制度和管理办法 ... 250
    18.2 美国的吹哨制度和管理办法 ... 254
    18.3 英国的吹哨制度和管理办法 ... 260
    18.4 日本的吹哨制度和管理办法 ... 265
    18.5 法国的吹哨制度和管理办法 ... 266

参考文献 ... 267

第一部分

概念内涵和国内研究

第一章
商业组织中的不道德行为与吹哨者

伴随市场经济的飞速发展,商业组织中的违规违法和道德失范事件也层出不穷。这些事件的发生给个人、企业和社会带来了不同程度的危害。尽管我国政府及相关监管机构采取了多种政策和措施,但商业组织中的不道德行为仍然屡禁不止。不道德行为在企业中有时表现得非常微小,很难察觉,然而,如果不将其控制在萌芽状态,终将积恶成祸,难以挽回。吹哨者是预防和制止不道德行为的主体之一,西方伦理学、管理学领域的学者很早就对组织中的吹哨者展开了学术研究,包括吹哨者的身份、特征和类型等。本章介绍不道德行为及吹哨者的相关概念和研究。

1.1 不道德行为

在吹哨行为研究中,不道德行为(wrongdoing)被定义为违法的、违规的、和人们普遍认为是不道德的活动或疏忽行为(Umphress & Bingham,2011)。一些研究将"wrongdoing"翻译成错误行为、不道德行为或不法行为,本研究根据大多数学者的定义将"wrongdoing"翻译成"不道德行为",因为不道德行为所涵盖的面更广,包括了上述的违法、违规及程度不同的不道德行为。本研究的不道德行为范围主要涉及各商业组织中的个体和组织层面的不道德行为。

个体的不道德行为存在两种类型,一种是利己型的不道德行为、另一种是亲组织的不道德行为。个体的不道德行为指以组织或他人利益为行为出发点,组织成员有意违反组织正式制度和违背道德准则及行为规范的行为,包括泄露公司机密、造假、低效率工作等。不道德行为对利益相关者,如顾客和员工,产生不同程度的损害。不道德行为的日积月累可能最终发展成为阻碍商业组织生存和可持续发展的重大违法事件。亲组织不道德行为是企业员工以维护、达成其所属组织以及集体利益而违反社会法律法规和道德规范的一系列行为(Umphress & Bingham,2011),包含亲组织和不道德两个主要特征,如施工项目偷工减料、财务造假等。为满足企业的高绩效要求,员工会通过道德推脱机制将不道德行为进行合理化,从而加剧亲组织不道德行为(陈默、梁建,2017)。

组织层面的不道德行为指企业利用法律法规在某些方面的疏漏以规避监管和约束而进行违反企业道德、企业制度、社会规范、合作伙伴关系规范等一系列行为(Baucus,1991),如商业贿赂、污染环境、出售"问题"产品、盘剥员工、违规用工等。如苏丹红事件、沃尔玛欺诈客户、瘦肉精、地沟油等事件。表1-1列出部分研究者对个体层面和组织层面不道德行为的定义。

表1-1 不道德行为的定义

层面	定义	学者
企业	指组织中四种类型的违法行为:一是企业对消费者的歧视行为,二是某种特定的垄断行为,三是故意隐瞒对消费者存在危害的产品行为,四是其他违法行为,如违反政府法令或有意的专利侵权行为	Baucus,1991
	指组织违背行业规则的不遵从行为	Nell,2005
	指工作场所违背组织规范的异常行为,可分为四种类型:生产中的异常行为、财产相关的异常行为、政治相关的异常行为和个人的侵犯行为	Robinson & Bennett,1995
	指在供应商和购买商关系中,在购买经理看来是违背合作规范或者不道德的一些特定行为	Hill,2009
个体	指组织成员有意违反组织正式制度的行为	Vardi,2001;Tyler & Blades,2005
	以组织或他人利益为行为出发点,员工有意做出的违背道德准则和行为规范的行为	Umphress,2010
	个体为了促进组织运作或组织成员有效工作,有意或故意做出的违背道德准则、行为规范、法律法规、风俗习惯和社会核心价值观的角色外行为,其出发点是为组织或组织成员带来增益	Umphress & Bingham,2011

1.2 不道德行为的研究

本研究对 CNKI 数据库中的"中国期刊论文全文数据库"进行关键词为"非伦理行为""不道德行为"的文献检索,共检索到期刊文章 2 553 篇。对 2 553 篇文献进行可视化数据分析,发现不道德行为(含非伦理行为,以下统称为不道德行为)研究的关注点、趋势集中度和研究内容。同时对所检索的文章以近三年(2019—2021)的中文社会科学引文索引(CSSCI)数据库为筛选标准,筛选文献共 329 篇。

通过对近三年(2019—2021)的中文社会科学引文索引(CSSCI)329 篇不道德行为主题文献的关键词聚类分析,图 1-1 显示了在不道德行为研究领域出现的高频词,关键词聚类图谱如图 1-2。这些高频词、聚类图代表国内目前研究中所关注的重点。基于高频词和聚类图可知,目前国内对于不道德行为的研究主题主要集中在不道德行为的形成机制和行为影响方面,形成机制方面探究道德推脱、心理机制对不道德行为的影响;在影响方面,探究不道德行为的传染和对人们道德判断的影响。

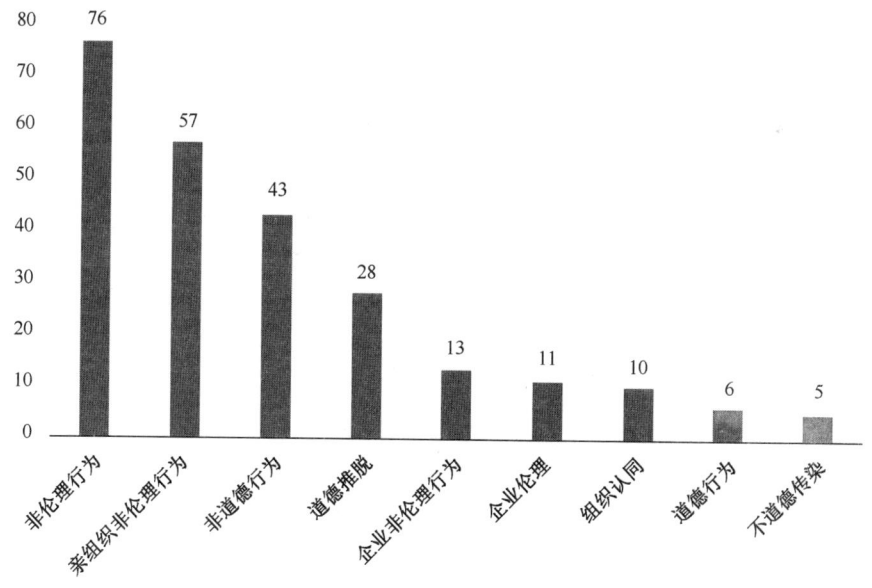

图 1-1 CNKI 期刊论文数据库中不道德行为研究高频率关键字

（1）不道德行为的形成机制：由于不道德行为会对企业和相关利益者带来不同程度损害，为避免造成企业利益损失、损害企业声誉，学者们致力于探究企业以及个体不道德行为的形成机制，如道德推脱、心理机制的作用，从源头避免一系列不道德行为。

（2）不道德行为影响：为提高企业以及管理者对不道德行为的关注，学者们探究了不道德行为的影响，如员工之间的不道德行为传染、影响同事的道德判断等。

为使 CSSCI 期刊中的不道德行为研究领域的研究热点和前沿更加全面地展现，本研究采用共词分析法进行分析。对所选取的文献，筛选关键词出现频率 4 次以上的关键词，对共词网络进行主题聚类，得到研究主题间的关系如图 1-2 所示。

由关键词聚类图谱可知，目前不道德行为的研究对象主要为企业道德和个人道德行为；研究内容主要为伦理行为、组织行为、亲社会行为；形成机制主要为道德认同、道德自我、道德失范、道德推脱；影响因素主要为情境因素、个体因素和行为规范等。

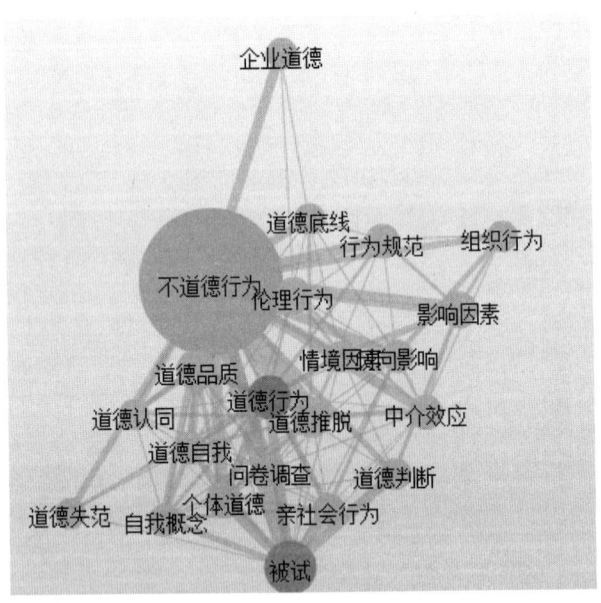

图 1-2 关键词聚类图谱

关键词聚类图谱显示以及相关文献表明，在产生机制方面，已有研究从组织、个体、外部环境的视角进行探索不道德行为产生的原因。从组织视角来看,已有研究提出企业的组织制度和发展目标、企业之间的治理结构、关系网络、权力距离等会影响企业的不道德行为,如企业的薪酬结构、企业的高绩效发展目标会在某种程度上间接鼓励企业不道德行为的产生;在企业间的关系网络中,成员间的关系微弱且多元化,易促进企业间不道德行为扩散;从个体角度而言,企业管理者的个体特征,如管理风格和态度会对企业不道德行为产生影响;从外部环境角度来看,不同国家的文化和社会制度因素以及企业动态化和复杂化的竞争环境,都会引发企业不道德行为的产生。

对于个体不道德行为的产生原因,已有研究主要从个体感知和领导风格两个方面进行探讨。在个体感知方面,学者指出员工的资质过剩感(褚福磊、王蕊,2019)、权力感(江红艳等,2017)、社会比较(张光曦等,2020)、人际交往(夏福斌,2016)等会对员工的不道德行为产生影响,即当员工追求地位体现、权力感时,或在工作中因感受到资质过剩,为维护自身的荣誉感、虚荣心,会产生亲组织不道德行为。在领导风格方面,已有研究表明包容性领导(齐蕾、刘冰,2020)、道德性领导(Graham 等,2015)以及变革性领导(Effelsbeg 等,2013)会在一定程度上引起员工的亲组织不道德行为。除此之外,学者们还发现当员工在企业中获得个性化契约后会为回报企业而做出不道德行为(王国猛等,2020)。

对于不道德行为的影响结果,研究指出企业不道德行为不仅会长期影响企业的组织绩效、损害企业利益相关者的利益,还会影响消费者对企业产品的购买意愿,进而损坏企业声誉、企业形象;同时还会降低投资者、合作者对企业的信任程度,降低企业可靠性(Baucu 等,2006;Hill 等,2009)。亲组织不道德行为虽然短期可为企业组织带来一定收益,但最终会损害个人及组织的长期利益,如影响顾客主动绩效,使顾客对企业产生不信任、不可靠的认知,以及降低企业认同感等。长期的亲组织不道德行为还会使员工的心理和情绪资源受到损坏,并出现情绪耗竭的状态(王桃林等,2020)。对不道德行为的前因与后果的研究如图 1-3 所示。

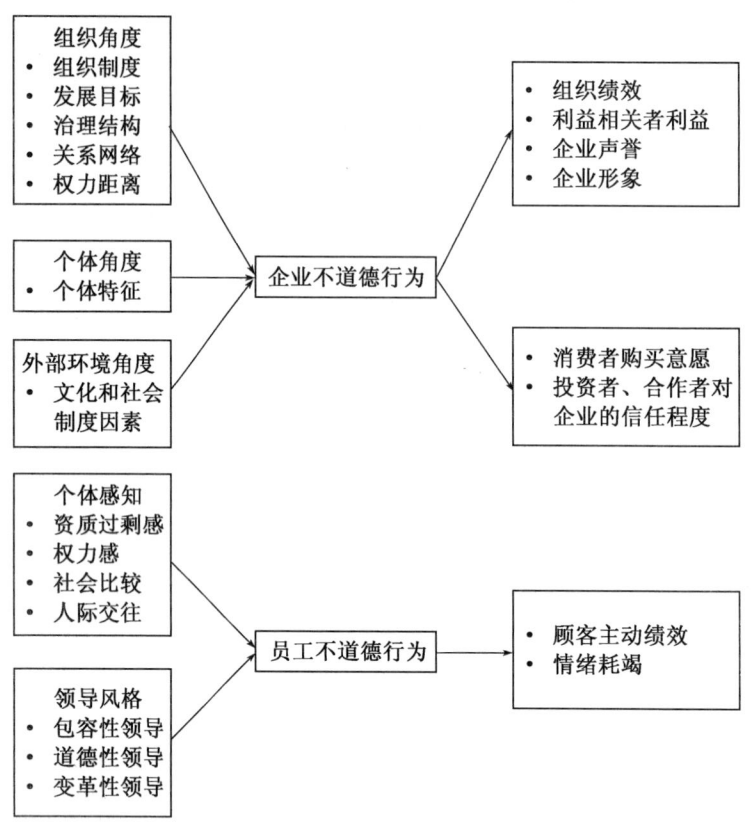

图 1-3 不道德行为的研究框架

1.3 吹哨者

1.3.1 吹哨者的定义

吹哨者(whistleblower)原本是指英国警察在发现有罪案发生后吹哨示警,以便吸引同事和民众注意的行为人。1960 年以后,学者将"吹哨者"指代揭露不道德行为的人。经过半个世纪的发展,从连字符词 whistle-blower 到合成词 whistleblower,吹哨者逐渐拥有了独立的词义,专指当存在危害人类安全与健康的情形或者当社会公共利益可能受到损害的时候,站出来告发或发表警示性言论的行为人,凡涉及公共利益或者社会公正的欺诈、舞弊、贪腐等,都是吹哨者指向的范围。吹哨者包括实名或匿名的检举人和举报人。

Near(2001)说明吹哨者指过去或当下的组织中的成员,他们向有能力采取行为的机关或人透露雇主违反道德规范、不合法、不正当的事情和行为。吹哨者在组织中很有可能被视为背叛者、泄密者或打小报告的人,因此也有人称之为告密者、举报者。Bouville(2008)认为比公司忠诚更重要的价值观是英勇捍卫道德规范,因此吹哨者是黑幕揭露英雄。吹哨者具备以下四个特征:(一)吹哨者必须是该组织的成员;(二)所举报的资讯必须是组织中的不法或不道德事件或严重不道德行为;(三)须将不道德行为或现象向有能力制止和纠正的人员或组织报告;(四)报告组织中与道德和违法相关的弊端的发生并非是吹哨者的职责所在。符合以上四个条件,便可称之为吹哨者。

　　吹哨者一词仅适用于因道德原因而决定报告问题的个人,因此,不考虑任何因报复欲望或扭曲其道德本质的经济刺激而引发的吹哨。有一些人指出,吹哨者是一个将公司置于风险之中的人。但又有观点认为,吹哨者是一个混合的类别,一些人是出于道德原因,而另一些人则是出于其他利益,如利用机会获得经济奖励,寻求报复,或者只是按照规定做自己的工作等。实际上吹哨者并没有典型的特征,这是一个非常异质的群体(Hennequin,2020)。

1.3.2　吹哨者的身份

　　学者对吹哨者的身份进行了界定。企业中的吹哨者是指对企业舞弊吹哨的人员。一些学者将吹哨者限界为企业内部成员,即企业成员对于企业的违法、违反道德规范或不正当事情,向有能力的人或组织进行揭露吹哨。政府机关中的吹哨者是指揭露机关弊端的人士,即基于个人的良知和伦理道德判断与公共利益的考量,对政府机关非法、不道德或违法行为向公众或负责机关爆料,或向外界吹哨以希望维护公众利益。也有学者提出,吹哨者也可能是企业外部人士,如供应商、利益相关者等。

　　组织内的吹哨者指组织内部成员将组织中的违法或不正当行为,向组织内部或组织外部进行揭露(Miceli 等,2008)。由于内部人对组织的营运管理信息具有高度的接近性,并且在日常业务中,更有机会能够发现组织的不法或不当事情,所以内部人吹哨为常见的情形。然而,因内部人身处于组织之中,受组织的相关规范约束,也受上级主管的指挥监督,所以若将组织的事情进行内部或外部通报,遭受报复的可能性会增加,轻者如警告、调职或减薪等,重则被解雇、吃官司等。为保护吹哨者,目前世界各国出台相关保护制度,如英国法律有相关的《公益揭露法》、美国有《吹哨人保护法案》、日本有《公益通报者保护法》，我国 2019 年国务院出台的《关于加强和规范事中事后监管的指导意见》，明确强调建立内部举报人等制度，对吹哨人给予重奖和保护。

组织外的吹哨者是指组织内部成员以外的人将组织的违法不道德行为向组织内部或组织外部进行举报，如食品制造环境恶劣遭到的路人举报、媒体记者发现逃脱洗钱的重大不法事件而向社会举报。除了与组织无直接利害关系人以外，其他专业人士如会计师、信用评价机构、证券分析师、投资银行、律师等等，可能因为为企业提供相关服务，而与其具有某种程度上的联系。有学者指出，这些外部人员因其与企业有密切的往来，所以较容易取得企业的内部资讯，并且这些多为专业人士，有充足的专业知识来判断公司所做的事情是否合乎法律法规和道德规范，因此，对于企业的不道德行为进行揭露以制止舞弊事件，保护大众利益。

1.3.3　吹哨者特征

组织内部成员成为吹哨者是心理因素和外部环境共同作用的结果。因此，在外部激励以及保护机制等外部因素外，吹哨者需要较强的心理素质。已有研究指出，风险偏好程度越高的员工，其成为吹哨者的意向越高；对于风险中立者和风险规避者来说，员工预期不吹哨对公司及个人带来的后果而产生的后悔情绪会促进员工成为吹哨者（陈晓雅，2019）。学者研究发现，男性、年长者或职位更高者成为吹哨者的可能性较大。而随着女性社会地位的逐渐提升，受教育程度高的女性、对企业的依赖性较低时，更有可能成为吹哨者。还有研究指出，吹哨者具有主动性人格，或有高水平的自我效能感（赵晓茜，2017；MacNab & Worthley，2008）。Miceli（2001）认为吹哨者相比其他人员，

图 1-4　吹哨者特征

其消极情感如紧张、焦虑、愤怒、恐惧、内疚等更加强烈,而积极情感强的人反而吹哨的可能性较小。

1.4 吹哨者的研究

研究者从不同的视角对吹哨者的类型进行了区分。Smaili 和 Arroyo(2019)根据吹哨人的内在特征和动机,将吹哨者划分为四种类别,即保护性、怀疑性、角色规定性和自利性。保护性的吹哨者通常基于对欺诈的严重性(道德压力)的认知、个人动机以及对举报欺诈机会的感知来决定吹哨行动。其中一些人是为了保护组织和/或社会(利他原因),另一些人则试图保护自己(个人原因)。因此,保护性吹哨者既可能是亲社会的,也有可能是机会主义者。即使没有社会压力,这些吹哨者也会采取行动。一些内部员工观察到自己所怀疑的不道德或违法行为时,虽然他们认为对不道德行为吹哨是正确的事情,但鉴于他们认为公司缺乏严肃或有效的举报机制,因此更愿意走出公司去吹哨。他们认为,如果媒体或其他外部行动者意识到不正当行为,法律当局或其他利害关系方将采取行为加以控制。根据 Near 和 Miceli(1985)的研究,持怀疑态度的吹哨者是挑战组织权威结构的人。角色规定的吹哨者是指企业外部人员(如审计公司),其专业职责本身就包括揭露不道德行为。他们会体验完成任务的职业压力,也可能意识到自己的公司可能会起诉他们客户公司。同时,他们有技能和获取的信息等资源来报告不道德行为。Alleyne,Hudaib 和 Haniffa(2015)强调,审计人员等外部人员应该有道德义务保护公众免受他们所监管的不道德行为的影响。自利的吹哨者是指意图从吹哨行为中谋取个人利益的局外人。他们有财务压力(投资者和卖空者)或声誉压力(媒体和政客),这促使他们对外举报不道德行为。Dyck 等(2010)研究发现,吹哨人有资源和/或能力进行吹哨行动,他们主要基于个人原因做出吹哨决定。

Glazer(1983)根据十个案例的回顾定义了三种类型的吹哨者:一是不屈不挠的抵抗者。他们警告相关人或组织自己所观察到的不道德或非法行为,严格遵守自己的道德原则,不受奉承或胁迫的影响。他们通常从内部吹哨开始,但如果问题得不到解决,则发展为外部吹哨。二是涉案妥协者。他们暴露内部问题但害怕法律后果。他们的方法很灵活,如果真的涉及法律,他们会担心自己的责任会受到法律的挑战,因而宁愿选择放弃。三是不情愿的合作者。这类吹哨者因为选择了与不道德行为人或组织合作隐瞒,因而可能会深深卷入所吹哨的行为中。他们可能会在离开组织后寻求通过公开或个人赎罪来弥补这一点。而只要他们在公司工作，就会保持沉默。

Heumann等（2013）根据吹哨的目标和动机将吹哨者分为五类。利他主义者是理想主义者，他们有很高的道德标准，代表着"组织的良知"，因此吹哨以获得正义和补救行动。利他主义者可以是组织内部人士或外部人士，他们根据自己认为道德上正确的认识采取行动。复仇者举报欺诈、管理问题、非法行为或个人索赔，以报复冒犯或羞辱自己的个人、团队或组织。因此，复仇者的吹哨原因与个人愤怒和不满有关。这种吹哨即使在缺乏实质性证据的情况下，也会给组织带来可怕的后果。复仇者往往是雇员，因为他们更可能遭受组织的严重伤害或不公正。赏金猎人吹哨者的动机主要是能获得金钱，因为在一些国家，有政府给予的经济补偿，以抵消他的职业风险和因为披露非法行为而暴露于潜在的报复中。还有一种吹哨者是组织忠诚的拥护者，他们希望施加压力，促使组织积极地改革，以改善他们所服务的组织。这些吹哨者最有可能是员工，因为他们与组织有着密切的联系，如果不付出重大成本或做出重大牺牲，很难轻易退出；他们不太可能是顾客或客户，这些人可以更容易、付出更低代价和更迅速地退出。最后一种是危言耸听者，指员工经常抱怨一项或多项政策对公共领域的道德风险。他们的陈述往往不是基于证据，因此是不可靠的。从长远来看，如果他们所谴责的行为既不违法也无不当的话可能会失去信誉。

随着信息社会的发展，在虚拟环境下也出现了越来越多的吹哨者。一些人在网上的言论使其成为不经意的网络吹哨者。这种不经意的吹哨者主要由两种类型组成：自发的行动者和含蓄的抱怨者。自发的行动者观察意外和异常的不道德行为，并认为它值得直接在网上公开，以产生与网民的互动。这些吹哨者发布信息、照片和视频主要是为了休闲和娱乐。自发的行为人未必会意识到他们这种行为的严重性，更不用说把这些行为理解为举报活动。含蓄的投诉者在网上披露有关组织不道德行为的信息，但这样做的人相对有限，他们的目的往往是发泄愤怒或沮丧和/或寻求同情或建议。但是，第三方收集该信息后可能更广泛地传播。这种类型的吹哨行为凸显了在网上分享信息的后果，并引发了关于谁可以信任、谁有权传播信息以及更广泛的有关问责的问题。这些无意的告密者往往对随后可能产生的负面影响毫无准备。

在网络环境中还有另外两种类型的告密者。他们的目的是寻求关注或者是为了打压自己的竞争对手。寻求关注者通常通过社交媒体吹哨来吸引关注,有些人希望获得名人地位或被誉为英雄。这种动机导致的是自然反应,低估了负面反应的可能性,网民的关注很容易转化为灾难性的结果。虎视眈眈的竞争对手是通过暴露竞争对手的真实或想象的不法行为来寻求自己公司的商业优势。对于他们而言,网络渠道可以提供匿名传播恶意谣言的机会而并不需要提供确凿的证据。

参考文献

[1] 陈默,梁建.(2017).高绩效要求与亲组织不道德行为:基于社会认知理论的视角.心理学报,49(01),94-105.

[2] 陈晓雅.(2019).风险偏好、预期后悔情绪与雇员揭发会计舞弊.河北企业,(09),5-8.

[3] 褚福磊,王蕊.(2019).资质过剩感与亲组织不道德行为:心理特权与谦卑型领导的作用.心理科学,42(02),365-371.

[4] 王国猛,张梦思,赵曙明,李丽.(2020).个性化契约与核心员工亲组织不道德行为:社会认知理论的视角.管理工程学报,34(04),44-51.

[5] 王桃林,张勇,周浩,张军伟.(2020).亲组织不道德行为的负面效应及其作用机制.心理科学进展,28(08),1246-1255.

[6] 张光曦,许勤,陈道.(2020).社会比较与亲组织不道德行为:社会比较理论的多层次视角.应用心理学,26(01),30-38.

[7] 赵晓茜.浅析组织中雇员揭发会计舞弊行为的影响因素[J].河北企业,2017(07):6-8.

[8] Alleyne, P., Hudaib, M., & Haniffa, R. (2018). The moderating role of perceived organisational support in breaking the silence of public accountants. Journal of Business Ethics, 147(3), 509-527.

[9] Baucus, M. S., & Near, J. P. (1991). Can illegal corporate behavior be predicted? An event history analysis. Academy of management Journal, 34(1), 9-36.

[10] Bouville, M. (2008). Whistle-blowing and morality. Journal of business ethics, 81(3), 579-585.

[11] Bowie, N. (Ed). (1982). Ethical theory and business, (3rd Ed). Englewood CUffs: Prentice HaU, 292-299.

[12] Dyck, A., Morse, A., & Zingales, L. (2010). Who blows the whistle on corporate fraud?. The journal of finance, 65(6), 2213-2253.

[13] Effelsberg, D., & Solga, M. (2015). Transformational leaders' in-group versus out-group orientation: Testing the link between leaders' organizational identification, their willingness to engage in unethical pro-organizational behavior, and follower-

perceived transformational leadership. Journal of Business Ethics, 126(4), 581–590.

[14] Glazer, N. (1983). Ethnic Dilemmas, 1964—1982. Harvard University Press.

[15] Hennequin, E. (2020). What motivates internal whistleblowing? A typology adapted to the French context. European Management Journal, 38(5), 804–813.

[16] Heumann, M., Friedes, A., Cassak, L., Wright, W., & Joshi, E. (2013). The world of whistleblowing: From the altruist to the avenger. Public Integrity, 16(1), 25–52.

[17] Hill, J. A., Eckerd, S., Wilson, D., & Greer, B. (2009). The effect of unethical behavior on trust in a buyer-supplier relationship: The mediating role of psychological contract violation. Journal of Operations Management, 27(4), 281–293.

[18] Miceli, M. P., Near, J. P., & Dworkin, T. M. (2008). Whistle-blowing in organizations. Psychology Press.

[19] Miceli, M. P., Van Scotter, J. R., Near, J. P., & Rehg, M. T. L. E. A. (2001). Responses to perceived organizational wrongdoing: Do perceiver characteristics matter. Social influences on ethical behavior in organizations, 119–135.

[20] Near, J. P., & Miceli, M. P. (1985). Organizational dissidence: The case of whistle-blowing. Journal of business ethics, 4(1), 1–16.

[21] Neill, J. D., Stovall, O. S., & Jinkerson, D. L. (2005). A critical analysis of the accounting industry's voluntary code of conduct. Journal of Business Ethics, 59(1), 101–108.

[22] Robinson, S. L., & Bennett, R. J. (1995). A typology of deviant workplace behaviors: A multidimensional scaling study. Academy of management journal, 38(2), 555–572.

[23] Smaili, N., & Arroyo, P. (2019). Categorization of whistleblowers using the whistleblowing triangle. Journal of Business Ethics, 157(1), 95–117.

[24] Tyler, T. R., & Blader, S. L. (2005). Can businesses effectively regulate employee conduct? The antecedents of rule following in work settings. Academy of Management Journal, 48(6), 1143–1158.

[25] Umphress, E. E., & Bingham, J. B. (2011). When employees do bad things for good reasons: Examining unethical pro-organizational behaviors. Organization Science, 22(3), 621–640.

[26] MacNab, B. R., & Worthley, R. (2008). Self-efficacy as an intrapersonal predictor for internal whistleblowing: A US and Canada examination. Journal of Business Ethics, 79(4), 407–421.

第二章
吹哨行为和报复行为

吹哨行为与其他亲社会行为或组织公民行为不同,它不仅具有角色外的、自愿的特征,更重要的是具有一定的风险性。它的发生要权衡有效性与风险性,其中主要的风险是组织报复行为。本章对吹哨行为的概念起源、性质特征、吹哨方式及影响因素和吹哨有效性进行了论述;回顾吹哨行为的测量与研究方法以及研究现状;对报复行为的概念、特点、作用对象及影响因素的研究也进行了全面的介绍。

2.1 吹哨行为

2.1.1 吹哨行为的概念起源

国际劳工组织将"吹哨行为"定义为"雇员或前雇员对雇主违法违规、危险或不端行为的举报"。经合组织的《反商业贿赂公约》将"吹哨行为"定义为"公共部门或私营部门雇员基于善意和合理的根据向相关部门举报的行为"。学者指出吹哨是保护大众免受伤害,避免影响大众利益,此种检举是基于公益目的。因此,吹哨属于公益检举、公益通报或者公益揭露。"whistle-blowing"原指在体育比赛中裁判高声吹口哨以判明犯规活动。Nader等(1972)首次在研究中将词义引申为组织成员对组织中发生的腐败、非法、欺诈等有害于公共利益的行为进行吹哨。此时的西方组织正处在员工由绝对忠诚于组织向抵制组织权威的转变时期,组织成员对组织中不道德行为的吹哨反映了当时人们视公共利益高于组织利益的社会潮流。

Near和Miceli(1985)将吹哨行为定义为组织中的现有成员或前成员将组织中其他成员所操纵的违法、不道德或违规的行为向可能影响该行为的个体或组织报告的行为,包括向上级领导或管理当局报告的内部吹哨行为,和向媒体、政府机构、非政府组织或专业组织等报告的外部吹哨行为。内部吹哨行为和外部吹哨行为存在前因与后果方面的差异,这一定义得到组织管理研究者一致的认可和引用。

2.1.2 吹哨行为的性质特征

一些学者将吹哨行为看成是一种自愿的亲社会行为。Treviño 和 Weaver(2001)将吹哨行为定义为组织公民行为,即亲社会行为的一个子集。组织公民行为是组织内自愿的、有益的、额外的角色行为。亲社会组织行为是比组织公民行为更具包容性的结构。亲社会行为可以是角色规定的行为或者是自愿的角色外的行为,它可以是组织中试图帮助他人的任何行为。组织公民行为却专指额外的角色行为,即没有被正式的奖励制度直接或明确地承认,但是促进组织的有效运作。例如,内部审计员对不道德行为的报告并不被视为组织公民行为,因为这是一项具体的工作要求;而相反的,管理会计报告不道德行为被视为是组织公民行为,因为这不是工作要求所规定的行为(Seifert,2006)。无论是哪种界定,吹哨行为具有的共同特点是:① 吹哨行为的基本动机是阻止不道德行为,是希望造福社会、组织和他人的积极行为;② 吹哨行为自主体现,自主裁量,不受强制要求。亲社会行为是指造福他人的自愿的积极社会行为,亲社会行为的定义中并不审视行为者的动机是否完全出于利他或无私目的,吹哨行为的特征与此一致(Dozier & Miceli,1985)。尽管吹哨者的动机中可能包含获得奖励,但由于其行为基本动机是阻止组织中的不道德行为,组织或他人会从中获益,因此,吹哨行为应该被看成是亲社会行为。显然,亲社会行为视角强调的是行为结果,因为向内部吹哨的结果对组织相对更有利,因此,内部吹哨比外部吹哨更符合亲社会行为的特点。

吹哨行为具有风险性。一方面,吹哨决策面临道德困境,因为人们认为"雇员对雇主存在法律和道义上的忠诚义务"(Beauchamp & Bowie,1988),同时,人们也认为公民有责任和义务阻止组织中危险的不道德行为。吹哨决策需在"道德维护者"和"组织忠诚者"二者之间做出选择,如果做道德的"英雄",则将成为组织的"叛徒"。为此,研究者试图对"忠诚"提出新的解释以解决潜在吹哨者的道德困境问题(Lindblom,2007),如 Vandekerckhove 和 Commers(2004)提出理性忠诚的概念,认为雇员所忠诚的对象不应该是组织实体,而是使命宣言、价值观宣言以及目标和行为准则的统一体。另一方面,吹哨决策包含经济理性分析的过程,即考量吹哨行为的成本和收益。其中,直接收益指不道德行为被制止,而直接成本是遭到组织报复,表现为吹哨者被终止职业生涯、被拉进"黑名单"、影响人际关系、影响职位升迁、因诉讼而失去积蓄、影响婚姻家庭甚至失去生命等。因此,缺乏对吹哨行为结果的良好预期以及预感到组织报复会使潜在吹哨者选择保持沉默或者选择离职以远离不道德行为(Bouville,2008)。

作为亲社会行为,吹哨行为的多重动机、道德两难以及经济理性的性质特征足以说明吹哨决策不是一次简单的行动,而是一个动态和复杂的发展过程,其触发机制不单纯决定于某一种外因或内因,而是众多因素综合作用于整个决策过程的结果。

2.1.3 吹哨的方式

当组织成员做出吹哨决定后,需要进一步决策的问题是向谁吹哨。

吹哨行动被员工用来表达不满或愤怒,试图改变他们认为不可接受的情况。这种不满的表达可以向外部或内部当局报告。吹哨方式的划分依据其揭发不道德行为的渠道(Park 等,2005)。向内吹哨是指向组织内的上级领导和管理当局报告问题,例如,道德监察员或举报热线;向外吹哨是指向政府机构、媒体或专业组织等报告问题。这两种方式都可以匿名进行,即吹哨人不披露其姓名,也可以以确定的方式进行。虽然从长期来看,吹哨行为是有利于组织、顾客、雇员、股东和社会等利益相关者的积极行为,却并不受组织领导者的欢迎。外部吹哨被视为违反了对组织的义务与忠诚契约,将组织的内部信息暴露给外部,损坏组织形象甚至使其陷入诉讼程序,因而是组织禁忌;内部吹哨被视为报告坏消息,挑战等级制度和领导权威,影响成员士气和破坏和谐关系,使组织日常运行程序受到影响(Miceli & Near,1997)。尽管如此,随着员工决策自主权的加大,组织必须尽早获得不道德行为正在发生危害的信息。向内部吹哨可以确保组织运用自我纠正系统解决问题,并避免员工向外部吹哨造成的严重后果(Kaptein,2010)。因此,内部吹哨作为组织伦理管理的重要工具,组织管理者必须采取措施有效地激励和利用。

Near 和 Miceli(1985)认为吹哨是个人向适当的内部或外部当局报告所关注的不道德行为的一种手段。一些重大的和众所周知的丑闻是在内部吹哨失败后才向外部方吹哨的。事件的严重程度和事件的责任人的地位是知情人做出向内吹哨还是向外吹哨的主要决定因素。当组织严格执行内部报告程序时,通常可以避免外部吹哨。研究表明,不道德行为的严重性、可能遭受的报复以及干预的有效性会影响外部吹哨和内部吹哨的选择。大多数吹哨者在向公众报告调查结果之前,首先会在内部披露观察到的不道德行为。尽管有人认为外部吹哨从长远来看确实有助于组织,但管理层鼓励内部吹哨。如果向内部披露了有关信息,而管理层没有或不能有效地处理这一问题,则可能导致公司形象不佳、业务关系不佳和工作程序中断而造成公司资源的巨大损失。

关于向谁吹哨的决定在政策方面有很大的模糊性。例如,美国部分地区要求外部吹哨,或向组织外的人吹哨,如相关的联邦机构。其他一些国家则要求向某些外部接受者报告,但没有规定该接受者是哪些人。一些国家要求员工首先依赖内部渠道,向组织内有足够权限解决问题的人举报不道德行为。另一些法规则对内部吹哨和外部吹哨没有任何规定。

2.1.4 吹哨方式的影响因素

员工在组织中的任期可能会影响其选择内部或外部吹哨渠道。新来者往往不太熟悉内部报告或影响变革的适当渠道(Micheli & Near, 1992),他们可能对公司的目标认同度较低,也缺乏对共同准则或企业文化运作方式的了解。因此,相对较新来的员工更可能依赖外部吹哨渠道,因为他们认为自己在组织上无能为力。另一个影响相对新来者对外吹哨的因素可能是他们在组织中积累了较少的个人投资,也不太关心如何以对组织危害最小的方式阻止不道德行为。由于任期较短,他们的损失较少。相反,任期较长的员工可能会具有一定的忠诚度,导致他们利用内部渠道举报不道德行为(Dworkin & Baucus, 1998)。内部和外部渠道的选择可能因员工的教育、培训或技能水平而异。高技能或受过教育的员工可能依赖内部报告渠道。受过高等教育或技术熟练的员工通常更了解何处举报不道德行为,包括在正常渠道受阻或上级管理层拒绝回应员工举报的情况下,公司内部可能存在的其他吹哨渠道。受教育程度或技能较低的员工更可能使用外部渠道举报不道德行为(Callahan & Dworkin, 1994),因为他们可能认为内部渠道风险更大。管理层可能会因为"抱怨""制造麻烦"或"不忠诚"而立即解雇吹哨者。受过较少教育和培训的员工通常比高技能或受过高等教育的员工更难找到新的工作。向外部渠道,如政府机构或新闻界报告不道德行为,也更有可能导致管理层施加报复。员工通常可以匿名通知外部消息来源,或者当他们认为信息接收者会保护他们免受管理层的报复行动时会采取吹哨行动。

情境因素也影响吹哨者选择对内吹哨和对外吹哨。与吹哨者相比,从事不法行为的个人及其培训或技能水平可能会影响内部或外部渠道的选择。如果吹哨者从事的工作所要求的教育或技能水平低于作恶者,吹哨人可能依赖外部渠道,并提供更多的证据来支持其指控;如果不法行为有可能造成严重危害,例如,健康或安全问题,并且组织依赖不法行为在其行业中进行有效竞争,则吹哨者更有可能向外部举报。另外,吹哨者倾向于在环境不利的情况下对外吹哨。例如,如果组织不容忍员工的异见,则员工会向外吹哨。然而,这是假设吹哨人有足够的证据证明不法行为是可信的,或者外部的信息接收者能成功解决所举报的不道德行为。律师和专家通常建议吹哨者在说出真相之前,尤其是在使用外部渠道时,获取备忘录、公司文件或其他支持存在不法行为的有形证据。一些有关吹哨的法律要求吹哨者能够提供有力的证据。员工、客户、供应商或其他目击不法行为并能证实吹哨指控则可为吹哨者提供有力的证据。

不道德行为所涉及或可能导致的伤害的性质或类型也会影响吹哨方式的决策。伤害类型学研究人员考虑事件的严重性和活动的潜在后果,对不道德行为进行分类。涉及人身伤害的不法行为、危害公众或工人的安全或健康,这些具有潜在的严重后果事件是特别令人信服的吹哨理由。当代严重的不法行为还包括操纵价格的活动、财产损失或损害等,而歧视或造成情感压力或者口头性骚扰等属于不太严重的类型。一般报告身体伤害的不道德行为比危害性较小的不道德行为(如财政违规或歧视)更频繁。吹哨者发现不道德行为涉及较轻类型的伤害,如经济或心理伤害(如挪用资金或侵犯个人权利),可能会选择内部渠道。当组织未能在内部处理吹哨者提出的问题,或员工因害怕报复而选择放弃内部渠道时,外部渠道报告的可能性会随着不道德行为的危害和严重性而增加。

2.1.5 吹哨行为的有效性

早在十八世纪中期,英国政治家柏克就断言:"邪恶获胜的唯一必要条件是好人的袖手旁观。"该论断既指出了吹哨行为对伦理治理的重要性,同时也暗示了其不易发生的事实。组织中的吹哨行为不受强制要求,自主体现和裁量,其基本动机是阻止组织中不道德行为的继续存在。有效的吹哨行为有益于社会,例如,因为员工的吹哨,公司生产的危险药品被召回,从而挽救了公众的生命健康;吹哨虚假财务报表使公众免于被误导,从而挽救经济损失等(刘燕等,2014)。吹哨行为效果指不道德行为在合理时间内因为被吹哨而终止或部分终止的程度(Near & Miceli,1995)。Micheli 和 Near(1992)定义了吹哨行为的有效性,即组织是否采取措施调查不道德行为,停止不道德行为,或做出符合吹哨者建议的改变。一些研究者认为,吹哨渠道的选择与吹哨的有效性并无关联,但也有研究人员指出,外部吹哨比内部吹哨的效率更高,原因是外部吹哨人会引起外部利益相关者的注意,如媒体、政府机构和消费者团体。相反,组织可以更容易忽略依赖内部渠道吹哨不道德行为的员工的投诉或指控。根据内部和外部吹哨渠道的选择,以及不道德行为的危害类型,吹哨行为的有效性各不相同。通过外部渠道披露对身体有害的不法行为的吹哨人比通过内部渠道吹哨危害性较小的不法行为的吹哨人能更有效地促使其组织发生变革。

有效的吹哨行为会给组织带来益处:如果组织自我纠正不道德行为,员工就没必要向外部报告问题,从而保全组织声誉并节省法律诉讼成本;另外,加强组织的伦理文化。没有不道德行为或者很快纠正不道德行为的组织会加强员工的满意度和组织承诺;如果员工看到不道德行为不吹哨或者吹哨受到忽视,则对社会产生不良影响,并且外部机构和立法者会采取行动处理组织的问题。然而,尽管吹哨行为可能带来益处,但高层管理者很可能拒绝改变。比如,不道德行为可能对某些组织成员有利、对管理者有利;不道德行为在管理者看来不是特别严重或者不存在;不道德行为在组织被常态化;高层管理者不喜欢吹哨人挑战自己的决策权威,等等。有时不道德行为由对组织非常有价值的成员做出,而高层管理者并不希望失去他们,也不希望让他们丢了面子。更可能的是,高层管理者和其他同事都知道这些不当的行为,明面或暗地里帮其掩盖,或者将其常态化、制度化、合理化和社会化。官僚机构的高层管理者当然更不愿意自己的权威被吹哨人挑战。向下级妥协将影响他们未来的决策权威。他们也不敢承担让下属产生对组织未来决策存疑的任何风险。与此相关的是,纠偏即使对整个组织有利,但是对决策者也可能不利。纠偏的前提在于首先承认问题,一旦承认了将可能带来地位和权力的丧失,奖金和工作的丢失,甚至民事和刑事诉讼,尤其是当问题严重的时候。更不幸的是,决策者可能觉得改变会在某种程度上损害组织的利益。因此,他们会拒绝改变,继续保持对过往判断的坚持。这样一来,组织决策者和高层管理者将会对外在威胁无感,组织将日趋僵化,即使改变其实是对组织有利的。高层管理者愿意做出改变的往往是一些程度更轻、持续时间更短的行为不当问题。另外,如果吹哨人地位特殊、权力更大,问题得到解决的概率也就越大,与此同时,吹哨人遭受报复的概率也更小。

已有研究主要从三个方面探讨吹哨行为取得效果的影响因素:一是代表吹哨者权力的相关变量,如职位、角色责任、自我效能、情境平衡力等影响吹哨行为的有效性;二是如果不道德行为人掌握了组织依赖的资源,则拥有更大的权力,他们运用权力可以使观察者保持沉默,或者使组织的高层管理人员不采取纠正行动,使得吹哨行为无效;三是如果组织将不道德行为当成组织持续从外部环境获得资源的途径,即组织依赖于不道德行为,则组织高层管理者不倾向于停止这些不道德行为,从而促使吹哨行为无效。

2.2 吹哨行为的测量和研究方法

吹哨行为的测量主要由两种研究方法决定:一是自我报告式问卷调查,测量答卷者自我报告实际发生的吹哨行为(Miceli, Near, Michael & Van Scotter,2012)。测量时首先要求答卷者回忆近一年内是否曾经观察到组织中的不道德行为。不道德行为列表来源于美国考绩制度保护委员会(Merit Systems Protection Board)对联邦雇员进行的三次大规模调查,包括12种类型的不道德行为。第二步采用5级类别量表测量不道德行为观察者的不同反应,分别为:不采取行动者(inactive observers)、只向上司报告者(whistle-blowers to supervisor only)、对内吹哨者(internal whistle-blowers)、对外吹哨者(external whistle-blowers)、直接面对不道德行为人(confronting the wrongdoers)或其他。也有学者将此量表简化为3级类别(Stansbury & Victor,2009),即要求答卷者针对"观察到不道德行为是否向组织或其他合适的人报告"做出"是""否"或"不答"三个选择。二是情境模拟研究(scenario study)(Robinson, Robertson & Curtis,2012; Bhal & Dadhich,2011)。研究者给予一段情节背景描述,让受访者首先阅读一个简短的场景,让他们扮演某个角色,负责处理同事的不道德行为。根据给定的情景,参与者被要求评估向总经理或其他相关内外部权威人士或机构吹哨的可能性,然后用"李克特"五点量表测量被试者对三个条目问题的回答,如"你在多大程度上同意＊＊＊的行动?""如果你是＊＊＊,你会采取吹哨行动吗?""假设你的同事处于＊＊＊的境地,他会采取吹哨行动吗?"后一个问题的设置是为了减少社会称许性偏差的影响。情境模拟研究所测量的是个体的吹哨倾向(whistle-blowing intention），由于个体所说的可能与现实环境中所做的完全不同，个体倾向于高估自己的伦理倾向，因此，吹哨倾向并不等于吹哨行动，这是造成对同一变量的研究得出模糊不清结论的原因之一（Mesmer-Magnus & Viswesvaran，2005）。

深度访谈可采用启发式方法对吹哨行为进行研究。研究者必须与被调查的现象有直接的、个人的接触。第一阶段是初步接触，下一个阶段为孵化，接下来是启发，再接下来是阐释，创造性综合是最后一步。在最后一步中，研究者不仅要理解问题，而且要理解问题的意义。采用启发式方法可招募多名符合吹哨案件结案时间标准的参与者，并使这些参与者在个人特征和背景方面具有多样性。访谈首先考察个人的背景和取向；二是被审查现象的事实；三是对现象的认识。在采访过程中，第一次重点是被采访者的角色，最主要的兴趣是吹哨对个体的系列影响。开放式问题涉及家庭出身和环境，以及教育、社会、职业、情感和哲学的影响，这些共同构成了个体的特征。第二次采访的重点是吹哨事件。研究人员再次提出开放式问题以了解环境、参与者、角色和责任。第三次访谈的重点是吹哨者对事件的理解和意义。采访开始时提出一个开放式问题，涉及对结果的情感和认知评价，以及吹哨者生活中出现了什么（如果有的话）具有重大意义的事。

案例分析的方法在吹哨研究中也是一种有效的方法。例如，为了解吹哨行为的程序和过程，一些学者收集违反公共政策的非法解雇案件的数据库，选择员工向组织内部或外部吹哨的案例。对于搜索的法律案例需满足的标准是不当解雇涉及对公共政策的违反。使用法律案例的优点是提供了通过调查研究无法获得的大量信息，如不道德行为的细节、员工报告不道德行为的过程以及组织成员对吹哨的反应。

运用实验法进行吹哨研究的情况不多，这不仅有赖于精巧严密的设计，而且需要避免研究方法中的伦理问题。实验的总体设计为 $a*b$。根据所有自愿参与研究的人生成一份参与者名单。给参与者固定的报告日期和时间，请他们按时来参加实验，参与者被随机分为几组。实验变量的操作是通过要求受试者阅读一页的情景故事，然后提出他们对吹哨的看法。第一段描述道德/不道德的行为，第二段描述有关吹哨行为的意愿。

2.3 吹哨行为的研究

本研究 CNKI 数据库中的"中国期刊论文全文数据库"进行关键词为"吹哨"(揭发)、"吹哨行为"的文献检索,共检索到期刊文章 1 140 篇。同时对所检索的文章以近三年(2019—2021)的中文社会科学引文索引(CSSCI)数据库为筛选标准,筛选文献共 320 篇。通过对近三年(2019—2021)的中文社会科学引文索引(CSSCI)200 篇吹哨行为主题文献的关键词聚类分析,如图 2-1 所示,显示了在吹哨行为研究领域出现的高频词。

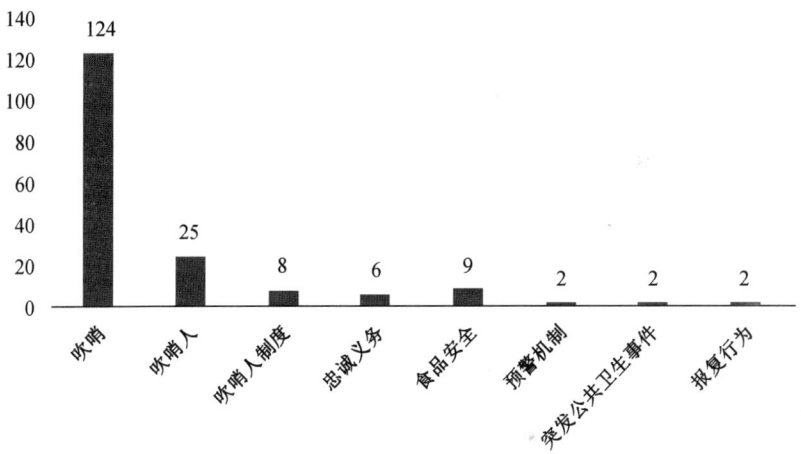

图 2-1 CNKI 期刊论文数据库中吹哨行为高频率关键字

这些高频词代表国内目前研究中所关注的重点。基于高频词和聚类图可知,关于吹哨行为的研究,我国主要集中于对吹哨行为和吹哨者及吹哨制度的研究;吹哨事件类型主要集中在食品安全方面以及突发公共卫生事件;对于吹哨的结果,主要探究报复行为以及预警机制。但总体而言,对吹哨者和吹哨行为的研究目前国内相关文献还显得十分不足。

为使 CSSCI 期刊中的吹哨行为研究领域的研究热点和前沿问题更加全面地展现,本研究采用共词分析法进行分析。对所选取的文献,筛选出现频率 4 次以上的关键词,对共词网络进行主题聚类,得到研究主题间的关系,如图 2-2 所示。

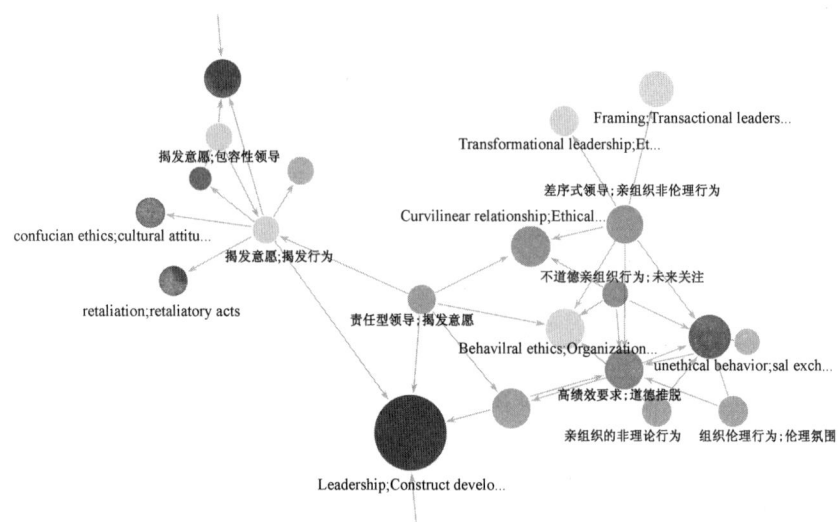

图 2-2 吹哨研究各主题关系图

由于企业的不道德行为会损害公众利益,如财务造假、食品不安全、贪污受贿等,员工因不满其不道德行为而向组织内外部进行吹哨。由于实际的吹哨行为(揭发行为)不易观察且难以测量,因此一些学者通过测量个体的吹哨意愿(揭发意愿)而展开研究。面对企业的不道德行为,当员工吹哨意愿较高时才会真正实现吹哨行为,对吹哨意愿影响因素的研究发现,管理者的领导风格是影响员工揭发意愿的主要因素。总体而言,吹哨行为或意愿的影响因素研究在国内目前处于匮乏的状态。

在西方研究文献中,吹哨行为研究已经取得了较为丰富的研究成果。随着组织成员吹哨事件的逐渐增多,西方学者开始从组织视角探寻究竟是哪些组织情境,以及怎样的过程引发了越来越多的员工吹哨。研究者的视角集中于对典型吹哨者的个体特征及身份的探讨,大量的实证研究于此时开始出现于美国。一些学者聚焦于特定群体中的吹哨行为,如护士、会计师、内部审计师等,另一些学者则关注对特定类型不道德行为的吹哨行为,如欺诈、性骚扰、作弊等。2002 年,美国率先颁布了保护和鼓励吹哨行为的《SOX 法案》,其他国家纷纷效仿,象征着吹哨行为产生的背景环境发生了巨变,各种吹哨事件频见媒体,吸引了越来越多的各国学者加入吹哨行为研究队伍中(刘燕等,2014)。

2.4 报复行为

2.4.1 对吹哨者的报复行为

一个员工在组织中观察到不道德行为时,会面临两个道德决策:是否吹哨,以及向谁吹哨。许多员工并不愿意从事吹哨活动。尽管有法律保护,吹哨人面临着遭到公司及其员工报复性待遇的风险。吹哨有许多负面后果,包括终止就业、地位和薪酬降级以及阻止晋升。Alford(2007)调查指出,吹哨行为具有严重的后果。在被解雇的吹哨人中,大多数人失去家园,并最终失去财产,而痛苦是吹哨行为的重要组成部分。三分之二的吹哨人"失业或被迫退休""被列入黑名单,无法在自己的领域找到另一份工作";三分之二的吹哨人也有严重的财务问题。84%的吹哨人患有"严重抑郁或焦虑症",其中超过三分之二的人身体健康状况也在"下降"。吹哨人用于维护自己利益的诉讼费用十分高昂。吹哨人必须在完全的自我牺牲和部分毫无意义的自我牺牲之间做出选择。以上这些都是吹哨行为遭遇报复的结果。报复行为可以存在多种形式,包括给差评、挑错、言语上的骚扰和恐吓等,这些是报复行为的主要表现形式。一些更严重的报复行为如开除、调离、停职等也普遍存在。报复可能会在一系列事件中反复发生,如果没有达到阻止吹哨人的预期结果,报复可能会升级。

报复分四个阶段进行:一是"无效",或通过口头辱骂、训斥或对工作表现的批评,努力说服吹哨人撤回对公司的投诉;二是"隔离",如努力转移或重新对吹哨人进行工作安排,限制其活动、获取信息或获取其他资源,有效切断吹哨人与其他员工的联系;三是"诽谤",即破坏吹哨人的名誉或信誉;四是"开除",强迫吹哨人自愿或者非自愿离开组织。如果犯的错越大,被吹哨的概率越大,吹哨被报复的概率也越大。

一些国家和政府的立法鼓励不道德行为观察者吹哨,他们出台了相关的法律来提供对吹哨者的保护。各种各样的法律法规对吹哨者具有重要的影响,在许多情况下,吹哨者选择未指定的信息接收者(如网络)会影响法官和仲裁员是否保护吹哨人,使之无法获得法定保护和免受报复。吹哨行动遭受组织报复是普遍现象。组织报复是组织针对吹哨行为而施加于吹哨者的不良行动,包括各种形式的敌对行动(如降职),也包括组织故意不采取积极行动(如升职)(Miceli & Near,1992)。报复来源既有组织高层管理的正式渠道,也有来自上司、同事以及不道德行为者的非正式渠道。组织报复与吹哨行为的研究密切相关，既是吹哨行为的结果，同时也是吹哨行为是否产生的前因。因为潜在吹哨者将经验观察到的组织报复和预期的组织报复程度作为吹哨决策时的成本与利益考量。如果组织报复程度高，则可能不倾向于冒险吹哨，反之则相反。报复可能有多种形式，从试图胁迫吹哨者到提出不道德行为指控，再到将吹哨者完全排除在组织之外。其他报复行为可能包括为破坏申诉程序而采取的组织步骤、孤立吹哨者、诽谤人格、对吹哨者施加羞辱、不参加会议、取消津贴以及其他形式的歧视或骚扰。报复行为的动机可能是组织希望① 使吹哨人完全沉默；② 阻止公众充分了解投诉；③ 诋毁吹哨人；④ 阻止其他潜在吹哨人采取行动(Mesmer-Magnus & Viswesvaran, 2005)。Jackson, Peters 和 Andrew 等(2010)发现，吹哨者在工作关系中遭受了异常严重的破裂，包括敌意反应、边缘化，以及在工作场所与其他员工的大多数互动中受到排斥。上级拒绝改变工作时间的要求，在目标员工的能力范围之外分配工作，并以怀疑和敌意对待他们。此外，同事们不愿与他们交谈或与他们共事，并发表讽刺性的言论。

报复并不总是由组织最高管理层发起的。相反，孤立的报复行为可能是由吹哨者的主管或同事发起的，无论是否有(正式或非正式)最高管理层的批准。他们可能出于各种原因对吹哨者进行报复，这是因为担心吹哨所涉及的问题会表明他们无法维持部门内的秩序和合规性，或者担心有效的吹哨会导致限制或停止他们自己的行动。虽然有对防止组织报复的法律保护，也许吹哨者不会因为吹哨而被解雇，但管理层却创造了一个吹哨者自愿离职的敌对环境，或者寻找其他让其被解雇的原因。这些行动有时在吹哨者找到后续就业机会之后而采取。当新雇主前来查询时，管理层可能故意用语气或其他方式发出信号，说明吹哨者不是理想的雇用候选人。

无论是从报复的来源还是报复的形式来看，研究者对报复的存在和程度都进行了较为广泛的研究。Miceli 和 Near(1984)研究了一组公共部门雇员对吹哨现象的信念、看法和组织立场。调查15个主要联邦部门和机构的13 000 名雇员，发现被调查者分为四类：没有观察到不法行为的个人、观察到但不报告不法行为的个人、仅通过内部渠道观察和报告不道德行为的个人、通过内部和外部渠道观察和报告不法行为的个人。研究探讨了人们对吹哨功效的态度、对报复的恐惧、吹哨动机以及对吹哨过程的了解，发现对每一个主题都有更高程度的认识将促进吹哨行为。他们的研究清楚地得出结论，在决定是否吹哨的过程中,一个主要因素是害怕报复。因此得出结论,保证匿名是控制害怕报复的唯一合理措施。他们还发现,组织成员显然已经被社会化,认为组织中产生异见不受欢迎。在现实中,遭到报复的可能性并不能完全降低吹哨者采取行动的积极性。因为员工在决定吹哨时会权衡各个方面的情况,如不道德行为者的权力、不道德行为的严重性等。当他们意识到受到报复的机会很低时则会决定吹哨。而且,一旦决定吹哨,他们会坚定地采取行动,以至于再也无法退却。

2.4.2 谁会受到报复

对于什么样的吹哨者更可能遭到报复的问题,Near 和 Miceli(1987)用权力理论提供了相应的解释。具体而言,有三种权力理论:少数人影响理论、社会权力基础理论和资源依赖理论。少数人影响理论认为少数派观点如果看起来非常客观、可信、有竞争力,那么这样的少数派将不容易被报复。社会权力基础理论说明,如果一个人具备人格魅力或某种专长,且在组织中备受尊重,这样的人将不容易被报复。资源依赖理论说明当吹哨人掌握组织不可替代的资源时则更不容易被报复。然而,这三种权力理论也同样适用于做出不道德行为的人。如果不道德行为人是有权力的人,那么组织即使收到举报也不会做出什么改变;而收入低的、绩效不好的、普通人群中的吹哨者更容易被报复;吹哨者没有获得管理者或上司支持也更容易被报复;在吹哨过程中试图保持匿名但未果的吹哨者更有可能遭到报复。由于会计人员接受了识别不诚实或非法活动的培训,因此,人们期望会计专业人员采取吹哨行动,会计师有报告不道德行为的道德义务。但是,公共会计师作为潜在的吹哨者,面对他们的客户,由于考虑到做出吹哨行为的潜在负面反应,他们必须提供令人信服的理由来报告任何不正当的问题。如果可报告的问题对业务没有实质性影响,那么个人将无法证明问题的风险性和提出的合理性。因此,会计师可能因为害怕受到报复而不做出吹哨行为。

吹哨人的年龄、受教育程度、工作水平、角色责任、与组织的价值观一致性等都会影响其受到报复的程度。虽然吹哨人的人口统计学特征可能不如情境因素更容易预测报复行为,已有研究发现年长的吹哨者比年轻的吹哨者更有可能受到报复。与价值较低的吹哨者相比,对组织更有价值的吹哨者(例如,由于年龄、经验、教育程度、工作水平)更有可能受到报复。这种现象可能的解释是,对于年龄较大、工作水平较高、经验丰富的人来说,人们期望其有更高的组织忠诚度和遵循互惠的准则。当这些人吹哨时,其他组织成员可能会感到更大的背叛感,从而导致更多的报复行为。吹哨者的工作角色,如内部审计员,则不太可能受到报复,而更可能成功阻止不道德行为。另外,对于是非价值观与组织价值观不一致的吹哨人,也更有可能遭到报复,这可能是因为组织高层管理人员认为,不道德行为不像吹哨人所认为的那么严重,从而使人们对吹哨者举报事件的价值产生怀疑。

Near 和 Jensen(1983)从不同的角度研究了报复行为,重点是组织对吹哨者的报复,如报复的基础、方式和强度。他们提出了关于报复动机的假设,并通过吹哨者对报复感知的反应来检验这些假设。基于对不道德行为投诉的相对有效性的感知,研究发现打击报复最有可能发生在两种不同类型的吹哨者身上:一种是"由于年龄、经验或教育程度,对组织更有价值"的吹哨者,另一种是"由于缺乏威信或其他人对其投诉的支持,因而威胁较小"的吹哨者。他们认为,对这两个群体的报复是权力的结果,但原因是多种多样的:相对强大的吹哨者之所以被报复是因为可能对组织造成巨大的伤害。

2.4.3 吹哨形式对报复的影响

内部吹哨者和外部吹哨者所受到的报复过程和程度各不相同。内部吹哨被视为对组织中的权力结构的挑战,一些管理者会立即采取行动,旨在压制或恐吓员工,例如,解雇。员工如果在外部举报不道德行为,那么无论他使用还是不使用内部渠道,都给管理者带来了两难的境地。如果管理层解雇了吹哨者,这些指控可能会成为头条新闻,而且解雇会使吹哨者的指控具有可信度。因此,管理层可能以缓慢的行动向员工施压,迫使其放弃自己的指控,或者试图诋毁员工,搜集"证据"支持随后的解雇。与内部吹哨者相比,向外部或组织外的人举报不道德行为的吹哨者往往会经历更大的报复,包括不当解雇。这是因为管理者可能会认为外部吹哨者对组织不忠。大多数公司相信他们有足够的、开放的内部报告机制,员工有责任使用这些渠道,而不是对外吹哨。尽管大多数吹哨者都收到了解雇合同的报复,但是外部吹哨者在被解雇的同时会遇到更多形式的报复。这种报复可能比利用内部渠道吹哨的人所遭受的更严重。因为使用外部渠道被解释为对本组织的结构和合法权威的威胁。这可能是由于吹哨者使用外部吹哨渠道,组织将受到直接的外部审查。该组织制裁的任何报复行为也可能通过这一外部渠道得到报告,从而进一步增加了公众监督和法律干预的可能性。考虑到大部分吹哨行为第一阶段往往在内部进行，如果对组织内的报复不加制止，组织将面临更大的外部吹哨风险，到时场面将无法收拾。所以，组织管理者严厉制止报复是完全有必要并且对组织是有利的。

参考文献

[1] Alford, C. F. (2007). Whistle-blower narratives: The experience of choiceless choice. Social Research, 223 – 248.

[2] Beauchamp, T. L., & Bowie, N. E. (1988). Ethical theory and business. (3rd Ed.). Prentice Hau: Englewood Cuffs.

[3] Bhal, K. T., & Dadhich, A. (2011). Impact of ethical leadership and leader-member exchange on whistle blowing: The moderating impact of the moral intensity of the issue. Journal of business ethics, 103(3), 485 – 496.

[4] Bouville, M. (2008). Whistle-blowing and morality. Journal of Business Ethics, 81, 579 – 585.

[5] Callahan, E. S., & Dworkin, T. M. (1994). Who blows the whistle to the media, and why: Organizational characteristics of media whistleblowers. Am. Bus. LJ, 32, 151.

[6] Dozier, J. B., & Miceli, M. P. (1985). Potential predictors of whistle-blowing: A prosocial behavior perspective. Academy of management Review, 10(4), 823 – 836.

[7] Dworkin, T. M., & Baucus, M. S. (1998). Internal vs. external whistleblowers: A comparison of whistleblowering processes. Journal of business ethics, 17(12), 1281 – 1298.

[8] Jackson, D., Peters, K., Andrew, S., Edenborough, M., Halcomb, E., Luck, L., ... & Wilkes, L. (2010). Understanding whistleblowing: qualitative insights from nurse whistleblowers. Journal of advanced nursing, 66(10), 2194 – 2201.

[9] Kaptein, M. (2011). From inaction to external whistleblowing: The influence of the ethical culture of organizations on employee responses to observed wrongdoing. Journal of Business Ethics, 98(3), 513 – 530.

[10] Lindblom, L. (2007). Dissolving the moral dilemma of whistleblowing. Journal of Business Ethics, 76(4), 413 – 426.

[11] Mesmer-Magnus, J. R., & Viswesvaran, C. (2005). Whistleblowing in organizations: An examination of correlates of whistleblowing intentions, actions, and retaliation. Journal of business ethics, 62(3), 277 – 297.

[12] Miceli, M. P., & Near, J. P. (1997). Whistle-Blowing as antisocial behavior, in R. Giacalone and J. Greenberg (Ed.), Antisocial Behavior in Organizations. Thousand Oaks: Sage CA, 130-149.

[13] Miceli, M. P., & Near, J. P. (1984). The relationships among beliefs, organizational position, and whistle-blowing status: A discriminant analysis. Academy of Management journal, 27(4), 687-705.

[14] Miceli, M. P., & Near, J. P. (1992). Blowing the whistle: The organizational and legal implications for companies and employees. Lexington Books.

[15] Miceli, M. P., Near, J. P., Rehg, M. T., & Van Scotter, J. R. (2012). Predicting employee reactions to perceived organizational wrongdoing: Demoralization, justice, proactive personality, and whistle-blowing. Human relations, 65(8), 923-954.

[16] Nader, R., Petkas, P. J., & Blackwell, K. (1972). Whistle blowing: The report of the conference on professional responsibility.

[17] Near, J. P., & Miceli, M. P. (1987). Whistle-blowers in organizations: Dissidents or reformers?. Research in organizational behavior.

[18] Near, J. P., & Jensen, T. C. (1983). The whistleblowing process: Retaliation and perceived effectiveness. Work and Occupations, 10(1), 3-28.

[19] Near, J. P., & Miceli, M. P. (1985). Organizational dissidence: The case of whistle-blowing. Journal of business ethics, 4(1), 1-16.

[20] Near, J. P., & Miceli, M. P. (1995). Effective-whistle blowing. Academy of management review, 20(3), 679-708.

[21] Park, H., Blenkinsopp, J., Oktem, M. K., & Omurgonulsen, U. (2008). Cultural orientation and attitudes toward different forms of whistleblowing: A comparison of South Korea, Turkey, and the UK. Journal of business ethics, 82(4), 929-939.

[22] Robinson, S. N., Robertson, J. C., & Curtis, M. B. (2012). The effects of contextual and wrongdoing attributes on organizational employees' whistleblowing intentions following fraud. Journal of business ethics, 106(2), 213-227.

[23] Seifert, D. L. (2006). The influence of organizational justice on the perceived likelihood of whistle-blowing, Unpublished doctoral dissertation. Washington State University.

[24] Stansbury, J. M., & Victor, B. (2009). Whistle-blowing among young employees: Alife-course perspective. Journal of Business Ethics, 85, 281-299.

[25] Treviño, L. K., & Weaver, G. R. (2001). Organizational justice and ethics

program "follow-through": Influences on employees' harmful and helpful behavior. Business Ethics Quarterly, 11, 651–671.

[26] Vandekerckhove, W., & Commers, M. S. R. (2004). Whistle blowing and rational loyalty, building ethical institutions forbusiness: Sixteenth annual conference of the european business ethics network (EBEN). Journal of Business Ethics, 52, 225–233.

第二部分

决策过程和多层次的影响因素

第三章
吹哨行为的决策过程模型

个体观察到不道德行为与发现紧急事件(如失火、流血事件)时的反应不同,一般在发生紧急情况时,人们容易做出本能的快速响应,而观察到不道德行为往往让人左右为难、犹豫不定。如果挺身而出,害怕解决不了问题反而遭遇报复,所以社会上比较普遍的现象是人们学鸵鸟把头埋在沙堆里;但假装看不见不道德行为正在产生的伤害,又可能让观察者受到良心的谴责。因此,潜在的吹哨者往往遭遇道德两难并需要经历复杂的决策过程。鉴于对吹哨行为产生过程的复杂性认识,学者开发了不同的吹哨行为决策机制模型。

3.1 亲社会组织行为模型

吹哨行为属于基于社会交换而对组织公正的一种回应。尽管目前政府组织已经使用金钱激励来诱导吹哨行为,但大多数举报不道德行为的员工是出于与组织的长期关系以及希望终止不道德行为的愿望而进行吹哨行动(Miceli & Near,1992)。基于这种交换关系,内部吹哨者应该说都是亲社会的、忠诚的长期雇员,他们不希望在组织外举报不道德行为,只有在无法解决问题的情况下才对外吹哨。一些吹哨者可能是出于个人利益想要解决组织内部的不道德行为(Schreiber & Marshall,2006)。这些雇员关心组织的生存能力,不想公开损害雇主的声誉。研究表明,一些组织因素会增加内部吹哨行为,如① 支持性的组织文化和道德准则;② 组织已建立了可接受举报的办事机构并制订了吹哨政策;③ 领导者参与式的管理风格;④ 报复的可能性较低。低威胁报复对于想要报告组织内部不法行为的人来说特别重要,尤其是吹哨者在组织中的权力比不法分子小的情况下。

亲社会组织行为(Pro-social behavior,POB)模型(Miceli & Near,1992)提

出,尽管员工意图阻止不道德行为而采取吹哨行动,不道德行为观察者遵循的是经济理性的决策过程,即对吹哨行为进行"收益-成本"的考量。当预期的吹哨收益(如终止不道德行为的伤害)大于成本时(如遭到组织报复、影响职业生涯时),不道德行为观察者才可能采取吹哨行动。因此,POB模型是结果导向的效用主义决策模式(刘燕等,2014)。吹哨行为的触发事件可能涉及许多不同的问题,如针对员工队伍的安全问题、影响消费者的产品质量问题、使公众面临受伤或财产损失和破坏的危险等问题,以及可能影响组织所有部门及其交易对象的财务问题,包括与企业没有直接关系的外部第三方。潜在吹哨者考虑的因素很多,但基本围绕对不道德行为发生的感知。Miceli和Near(1992)开发了五阶段吹哨决策模型,详细说明了吹哨过程的步骤。该过程从一个触发事件开始,个人和情境因素都会影响观察者对不道德行为的认识、对其重要性和后果的评估、对所报告事件的个人责任的确定,以及吹哨或保持沉默的决定。吹哨的决定会引起组织、同伴、家庭成员以及公众的反应。然后,吹哨人评估吹哨后可能得到的回应,包括组织是否采取任何纠正措施以及组织报复等。根据这一评估,吹哨人随后制订决策程序,其中可能包括放弃吹哨,进一步吹哨,以及自愿或非自愿地离开组织。虽然这一过程似乎相对系统化和程序化,但该过程的每一步都涉及吹哨人复杂的情感和认知评价。吹哨的POB模型如图3-1所示。

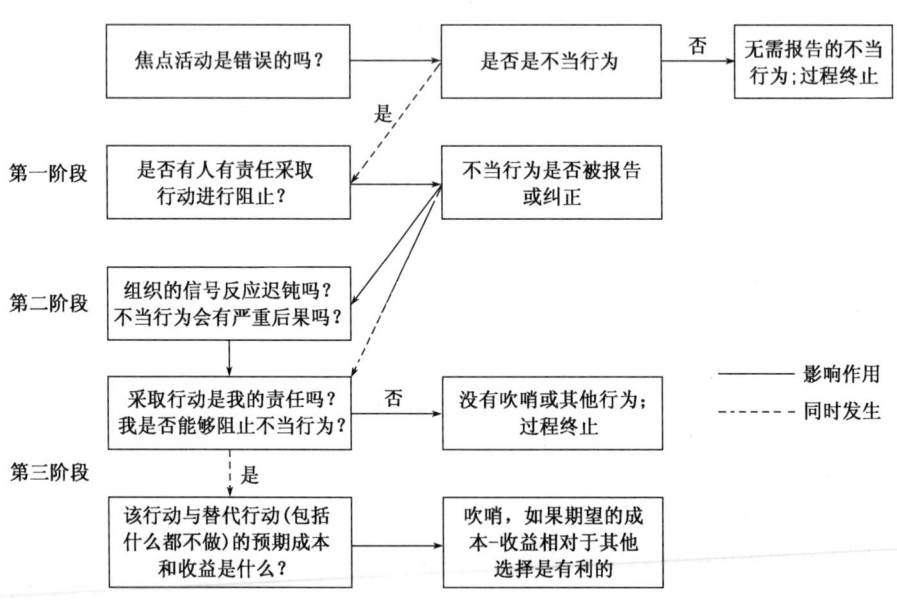

图3-1 吹哨决策的POB模型

POB模型建议观察者做出三个可能导致吹哨的关键决策：① 我是否有责任采取行动；② 我是否有任何可以采取的行动？我认为可以制止这种不法行为吗？如果是这样的话，那么③ 相对于这种行为的成本，预期的收益是否超过了改变行为（或者什么也不做）的收益呢？潜在的吹哨人越觉得有责任感，越相信吹哨应该是一种选择（例如，存在一个潜在的吹哨渠道）。越认为吹哨能够成功制止不法行为，不会造成负面的职业或个人后果，他们就越有动机采取行动(Miceli 等,2012)。因此，POB 模型中的决定包含了将因果变量与结果联系起来的过程。以 POB 模型为基础的实证研究最为多见，研究者验证了不同自变量对吹哨决策的影响，并解释其内在的作用机理是个体或情境因素作用于观察者的心理认知，通过影响收益-成本分析进而影响吹哨决策。例如，一项涉及技术管理人员的情景模拟研究表明，成本和预期收益考量在主管信任、组织氛围约束和吹哨意图中间起到了中介作用(Keil 等,2010)；具有积极情绪的人对吹哨结果的评估会产生积极偏向，因而积极情绪促进吹哨意愿(Gaudine & Thorne,2001)等。

3.2 伦理行为决策模型

Treviño 等(2006)指出吹哨行为是高阶的伦理行为。Rest(1986)的伦理行为四分位模型描述了任何道德行为背后的心理过程，它将复杂的道德推理过程与道德行为结合起来。Rest(1986)认为，道德行为的四个基本步骤是：道德敏感，即发现道德困境的存在；伦理推理，指对道德困境的规范性判断；道德意图，指遵守或不遵守其道德判断的意图；道德行为，是决策者道德选择和个人道德品质的结果。Rest 的模型得到了其他学者所发展的伦理决策模型的呼应。Ponemon(1994)将 Rest 的伦理行为决策模型(Ethical behavior,EB)在一个模拟的吹哨场景进行了研究，提出吹哨行为的四阶段模型：① 第一阶段：意识到不法行为正在发生，某一方的利益正在受到损害；② 第二阶段：对吹哨是否是理想的道德选择进行伦理判断；③ 第三阶段：平衡不同的价值观来产生吹哨的意图；④ 最后阶段：实施道德选择——即吹哨还是不吹哨。伦理行为(EB)决策模型强调道德认知的心理过程，观察者通过道德判断和责任判断决定是否做出吹哨行为。EB 模型与 POB 模型的经济理性决策有很大不同，EB 模型强调道德认知的心理过程，属于道义主义的决策模式。观察者通过道德判断决定是否做出吹哨行为，这会使个体表现出高度的自动性(Blasi,

2005),甚至是快速的直觉反应(Haidt,2001),因为个体的道德伦理水平决定了他可能无视风险。EB模型不否认经济理性的干扰作用,如研究发现内控点或积极情感对道德判断与吹哨意愿的关系产生正向调节作用(Chiu,2003;Zhang,Chiu & Wei,2009);组织工具型伦理氛围对吹哨积极态度与吹哨意愿产生负向调节作用(林林,2011),学者认为这些因素通过影响个体的经济理性而产生影响。Rest(1986)认为,在道德决策过程中,每一步都有各种影响关系强度的因素,一些因素在组织中的社会化过程中产生影响,并可能影响到个体的人格特征。Jones(1991)的一项混合研究表明,个体和情境特征相互作用,调节个体道德决策的心理过程。道德行为是组织因素、人格特征和情境信息的复杂交互作用的结果,影响一个人的道德决策过程。如果将情绪效应和组织感知效应结合起来,人们处于一个积极情绪中,并且认为他们的组织是道德的,那么他们可能会更有信心取得吹哨的成功。吹哨人也更愿意帮助组织实现其道德目标。如若个体认为吹哨是道德的、公正的和理想的选择,将更有动机采取吹哨行动。

道德行为是特定环境中的行为,因为环境对人的行为有限制或鼓励作用,这是通过影响人的心理过程实现的。事实表明,在某些情况下,不道德行为反而可能成为一种常态。道德决策模型认为,意图改变了道德判断与道德行为之间的关系。根据计划行为理论(Ajzen,1991),态度是评价性的,因为它导致对对象的判断,而行为意图是实际行为的直接预测因子。计划行为理论认为,人们通常会选择一种符合规范或得到他人认可的特定行为方式。这意味着,大多数人会选择从众,从众的压力会迫使人们不能按照自己的意愿行事。因此,如果组织的规范提供了线索和信号,使员工为不道德行为和非法行为辩解和合理化,那么即使观察者考虑对所观察到的不法行为吹哨,他们也会选择容忍,因为这是公认的准则。从众的研究也有证据表明,很少有人会选择挑战那些容忍不道德行为的规范,因为这样会受到同事、团体和组织的严厉报复,而且所报告的不道德行为也不太可能得到遏制。以往的研究表明,当领导者和组织规范鼓励道德行为,道德行为得到奖励,不道德行为受到惩罚时,组织中的吹哨行为会比缺乏这种特征的组织更多。

在吹哨情境下,吹哨意图代表了个体在特定情况下选择吹哨的可能性。先前的研究已经证明了在同伴支持的情境下,吹哨意图和吹哨行为之间的关系更显著(Chiu & Erdener,2003)。个人的吹哨意图可以强烈预测其最终行为。道德判断代表一个人的信念,即某一特定行为是最道德的选择或理想的道德选择。吹哨行为的判断包括一个人在多大程度上同意或不同意这样一种观点,即认为举报工作场所的不道德行为是一种公平、公正、可接受的道德行为。由于人们的对错观念存在不同,早期关于吹哨的研究考察了吹哨的伦理性。学者们提出了与吹哨道德有关的各种问题,如匿名性、吹哨前的正常补救措施、组织信息的保密性、对同事或组织的忠诚以及吹哨所涉及的不道德行为的严重性等。一些人认为吹哨是"吹毛求疵",对此表示决不赞成。调查还显示,人们之所以选择保持沉默,是因为他们认为吹哨侵犯了他们对所属团体的忠诚。而吹哨者往往对吹哨的可取性拥有强烈的信念,认为他们只是在做"正确"的事情,只要面临同样的情况,他们会再次这样做。总之,由于吹哨涉及许多伦理的问题,个体对吹哨的伦理评价是一个必要的先行步骤,其结果会预测其是否参与吹哨的决定。考虑到道德态度和行为意图之间的联系,并考虑到意图是行为的前提条件,评价吹哨行为是高度道德行为的人更有可能形成吹哨意图并进一步采取行动。对组织和政策制定者来说,切合实际的问题是吹哨是否真的有效,即吹哨在多大程度上阻止不道德行为的继续发生。如果吹哨之后错误行径仍旧不改,那么即使法律保护了吹哨者的权利,其纠偏效果还是会大打折扣。

3.3 社会信息加工模型

Gundlach, Dougla 和 Martinko(2003)在 POB 模型基础上建立了社会信息加工模型(Social information process, SIP),指个体通过解读不道德行为和行为人的信息而做出吹哨决策,其过程为:① 观察到不道德行为;② 归因(指确定不道德行为事件的原因)和经济理性过程。行为者的印象管理分别影响这两个平行过程;③ 责任判断和感情变化过程(如害怕、理解、愤怒等);④ 做出吹哨决策。SIP 模型从更系统的认知视角解释吹哨决策过程。具体而言,SIP 模型认为吹哨决策经历复杂的认知过程,先有经济理性,后有责任归因,然后进行责任判断并形成感情状态(如愤怒、体谅),在此过程中,不道德行为人的印象管理(如寻找借口、道歉、恐吓等)会使决策者产生某种偏向。

社会信息加工理论有两个核心观点:一是一个人所处的社会环境提供了各种影响其态度和行为的信息,人们通过处理周围的社会信息来更好地理解他们的工作环境,反过来,这个信息加工过程塑造了他们随后的态度和行为;二是当人们面临的社会环境是不确定的、模棱两可的和复杂的,他们更加依赖社会环境提供的信息,从而调整其工作态度和行为。该理论有一个基本的假设前提,即人作为一种生物有机体,通常会基于所处的社会环境以及过去和现在面临的处境,不断地调整自己的态度、行为和信念。这个前提意味着我们可以通过研究个体行为所发生和适应的社会环境,深入地了解和预测个体的行为。个体的活动和行为并不是发生在真空中的,通常会受到复杂的、模糊的社会情境的影响。个体所处的社会环境提供了各种影响其态度和行为的信息,个体对这些信息的解读决定其随后的态度和行为。然而,个体并不是对所有的信息都进行解读,而是选择那些与自己相关的信息,或者通过挑选与自己相似的人的观点作为信息源进行解读,因为相似的人可能对周围的世界持有相似的看法。总而言之,社会信息加工理论认为,人们的态度和行为不仅由自己的需要和目标决定,在很大程度上还受到周围社会环境的影响,并且当自己所处的社会环境具有很高的不确定性时,人们会更加寄希望于从社会环境中获得与工作态度、行为相关的社会信息。

社会信息加工理论说明社会环境通常经过四种途径直接或者间接影响个体的工作态度和行为:① 个体所处的社会环境具备用来描述工作环境特征的信息。例如,同事们公开谈论与工作相关的内容会直接影响到个体对工作的态度。当同事们不断地抱怨自己的工作内容是无聊的、可怕的或者不令人满意的,这个人要么不同意同事们做出的评论,要么会将这些负面的工作评价同化到自己对工作的判断中。员工的工作态度和行为很容易受到其他同事对工作的评价的影响。② 社会环境通过突出某些方面的社会信息吸引个体的注意力,进而影响其工作态度和行为。员工能够从同事频繁的谈话内容中得到与工作相关的某些重要信息,这些信息提示着员工在工作环境中应该注意些什么,进而影响其工作态度的形成。③ 社会环境可以提供一些组织中其他成员如何评价工作环境的线索。当领导对工作不恰当的同事进行处分时,员工既可能认为这个领导缺乏对下属的同情心,也可能认为是领导为了追求项目的成功而实施严格要求。因此,人们对社会信息的解读具有社会情境性,当周围的社会信息越模棱两可时,社会环境的重要性越突出。④ 人们在社会互动的过程中有助于加深或者形成对自己需求、价值观和认知的理解,基于这种理解,人们可以更好地评价周围的工作环境。例如,当同事提出从事的工作不能够允许自己平衡工作和家庭的需求时,这不仅表明工作和家庭的冲突是该工作的重要特征,还表明员工非常重视这一工作特征。

实证研究表明,社会信息加工理论适用于解释组织各层面的现象,社会信息不仅影响个体的态度和行为,也有助于塑造团队层面的相关结果。在个体层面,领导作为组织的重要信息源,对某个员工的信任可能影响到其他员工对该员工的态度。换句话说,当领导对某一员工的信任水平较高时,该员工的同事会认为他是值得信赖的,进而提高自己对该员工的信任。在团队层面,Bhave 等(2010)的研究证实了工作团队是塑造个体知觉、态度和行为的重要社会环境。当团队中的成员经常公开抱怨工作占用了太多的家庭时间时,就会向团队中的其他成员传递工作家庭冲突是当前工作的重要特征的信息,导致员工建立较高的工作-家庭冲突知觉。最近的研究表明,领导者作为重要的信息源,对团队氛围的塑造具有重要影响。具体而言,团队水平的精神型领导有助于提升团队的工作意义氛围,从而对团队的有效性有积极的影响作用(Yang 等,2018)。

亲社会组织行为模型、伦理行为模型和社会信息加工模型的区分与比较见表 3-1。

表 3-1 吹哨行为的决策模型

理论模型	第一阶段	第二阶段	第三阶段	第四阶段
POB 模型	不道德行为的感知;不道德行为是否被报告或纠正	分析不道德行为传递出的信号和造成伤害的程度	判断吹哨责任;吹哨成功的可能性;评估收益-成本	产生吹哨意愿或行为
EB 模型	意识到不道德行为,某方的利益受到了损害	判断吹哨行动是否是理想的道德选择	评估道德价值观、承担责任和道德承诺程度	道德选择,即做出吹哨决策
SIP 模型	观察到不道德行为经济理性	责任归因	责任判断,感情变化	感情变化,做出吹哨决策

来源:刘燕、赵曙明、蒋丽(2014)

3.4 双重加工模型

传统意义上,吹哨行为被组织行为的研究者视为理性的决策过程。典型的代表是 Near 和 Miceli(1985)的吹哨过程模型。这一模型在近三十年被用于研究吹哨行为,然而这一吹哨过程模型在以下三个方面未能充分解释组织中的吹哨行为:① 忽视情感在吹哨决策中的作用;② 忽视吹哨者的动机和处理风格的个体差异;③ 过于强调成本-效益分析在吹哨决策中的作用。

基于上述局限,为补充吹哨行为的理论,Watts 和 Buckley(2017)提出了吹哨的双重加工模型(Double-Process Model),扩展了 Near 和 Miceli(1985)的吹哨过程模型,试图解释个体、组织及社会多层次中吹哨行为的影响因素和决策过程。双重加工模型在以下三方面扩展了先前的吹哨过程模型:① 提出了道德主体的个体特征差异;② 提出了吹哨过程的双重加工过程,即审慎推理(理性)和道德直觉(非理性)过程的交互作用影响吹哨行为和相关结果;③ 识别不同层次影响因素,包括个人、组织和社会层面可能的相互作用对组织中吹哨行为的涌现和后果的影响。吹哨的双重加工模型如图 3-2 所示。接下来将分别阐述个体层、组织层的双过程吹哨机制以及社会层因素对吹哨行为的影响。

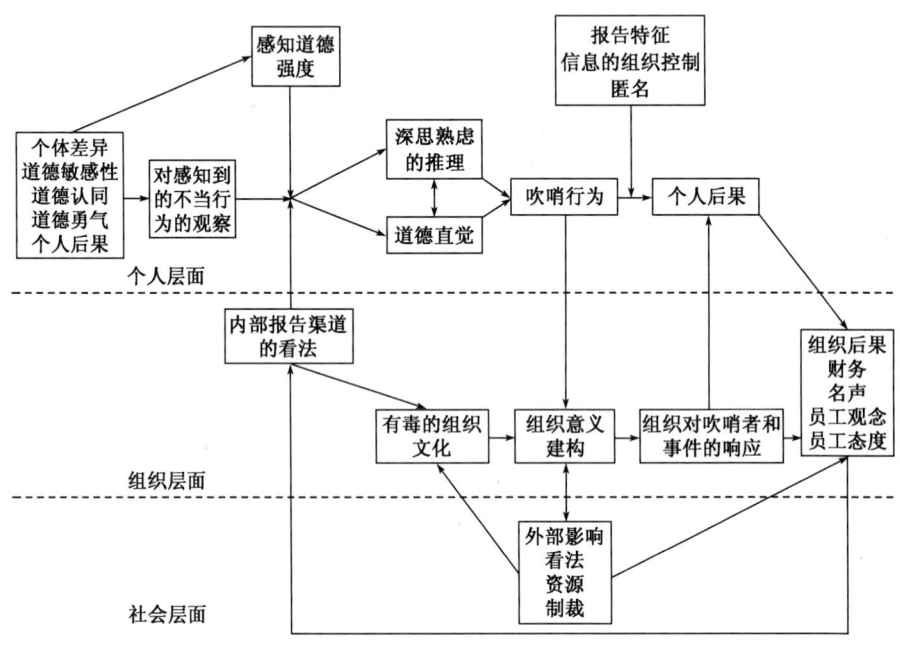

图 3-2 吹哨行为的双重加工模型

个体层过程。道德敏感性、道德认同、道德勇气和亲社会期望较高的个体更有可能察觉到组织中的不道德行为。个体察觉到组织中的不道德行为后,个体会决定如何做以对这种知觉进行回应。吹哨双重加工模型体现在道德直觉和理性判断两条潜在的中介路径上。道德直觉指自动的、充满情感的、评价性的感觉,指对一个人或一件事做出的情感反应。理性判断是指个体有意识地努力处理与事件相关的信息,是理性推理的过程。推理过程不仅仅包括权衡成本和收益,其他基于推理的过程也可能包括寻找额外的信息(例如,调查所感知的不法行为的合法性)、质疑自己和他人的判断、情绪的自我调节、分析个人动机、预测潜在行动的短期和长期后果。然而,道德直觉或理性判断都不可能完全解释个体吹哨的心理过程。吹哨双重加工模型中提出,道德直觉路径与理性判断路径的交互作用影响个体的吹哨行为产生。

对于观察到的不道德行为与感性/理性双重过程判断的关系,道德强度和内部报告渠道感知是两个可能的调节因素。当事件的道德强度增加时,个体道德直觉和理性判断的程度也会增加。然而,理性判断的增加的趋势可能并不总是像道德知觉一样呈直线关系,可能是因为如果感知的道德强度过高,高程度道德直觉可能会限制理性推断可用的认知资源的数量,从而降低个体理性判断的程度,呈现倒 U 型关系。其次,当内部报告渠道被认为充足时,对内部报告渠道的了解提高了理性推理过程进而促进内部吹哨。反之,当内部报告渠道被认为不充分时,会抑制个体进行理性推理的过程进而减少内部吹哨行为。

Kaptein(2011)提出,在感性/理性判断后,个体可能表现出以下行为:① 不作为;② 对抗不道德行为者;③ 通过组织内部渠道报告;④ 使用内部渠道之外的方式进行内部吹哨;⑤ 外部吹哨。一旦个体选择进行吹哨,将会进一步产生相应的个体后果。组织对所披露事件负面信息的控制水平和吹哨人的匿名性影响个人后果的严重性。随着组织对事件信息的控制水平下降,吹哨人后果的严重程度预计会增加。然而,吹哨者的匿名性有可能限制高风险吹哨对个人的影响。

组织层过程。组织文化的毒性对个人和组织层面的吹哨过程都有重要的影响。毒性组织文化的特征包括:① 道德标准沟通不佳;② 领导者的可信度较弱;③ 普遍缺乏报告或纠正组织错误的个人问责制;④ 缺乏对员工决策的支持;⑤ 奖励员工沉默;⑥ 处罚内部吹哨;⑦ 不充分利用合法吹哨渠道。毒性文化对个体吹哨的影响体现在以下方面:高程度的毒性组织文化可能会抑制个体使用内部报告渠道进行吹哨,从而促使个体进行外部吹哨。在高度毒性文化的组织环境下,拥有高度道德敏感性和道德认同的个体更有可能因为伦理价值的冲突而选择不加入组织或离职。

毒性文化在组织层的影响体现在对于领导者意义建构的作用。图 3-2

显示了当个体做出吹哨行为时,在组织层面上,领导者必须决定如何对吹哨者和报告的不道德行为做出反应,而在做出反应之前,意义建构是一套领导者用来理解组织危机的心理过程。当领导者的意义建构水平较低时,更容易做出非理性的反应,对吹哨者和吹哨行为的看法更为消极。领导者的意义建构受到组织文化的影响,组织的毒性文化与领导者的意义建构可能呈现负相关关系,也就是说,当组织的毒性文化氛围较强时,领导者更容易对吹哨者和吹哨事件产生负面的感知。

毒性文化环境影响领导者的意义建构,意义建构进而影响组织对于吹哨人和吹哨事件的反应。组织领导人可以采取一系列可能的应对措施,消极的措施如沉默(即忽视问题)、公开报复(如解雇)、隐蔽报复(如社会孤立);积极的措施如识别和惩罚对组织不道德行为负责的各方、奖励吹哨人。而组织的毒性文化越强,组织越有可能采取消极的措施;领导者的意义建构程度越高,实施消极措施可能性越小。与之相反,毒性文化与积极的组织反应可能呈负相关,意义建构与积极的组织反应可能呈正相关。

如图3-2所示,组织对吹哨者和吹哨事件的回应方式会产生组织后果,组织后果主要包括财务损失、名誉损失、员工认知和员工态度的改变。首先,由于诉讼、政府制裁、向吹哨者和组织不道德行为的受害者支付大量费用,以及纠正组织流程的成本,外部吹哨可能产生严重的财务后果,进而影响公司的股价和长期财务业绩。其次,吹哨,尤其是外部吹哨往往会损害组织的声誉,从而损害组织与其利益相关者之间的关系。因此,如果外部吹哨事件处理不当,有可能导致组织对具有强道德感的应聘者的吸引力下降,只能吸引不关心道德名誉的应聘者,进而助长当前的组织毒性文化。再者,外部吹哨可能导致个体积极的组织认知和态度(如公正感知、组织承诺)的下降,进而增加个体的工作退缩行为、减少组织公民行为等。

社会层过程。社会层因素如外部认知、资源和制裁影响个体和组织层面的吹哨过程和结果。首先,社会层因素对个体吹哨的影响体现在外部机构(如政府机构、媒体)可以提高吹哨人的可信度,并为吹哨人提供保护,使其免受组织报复。如果通过调查,外部机构发现几乎没有证据证明吹哨人报告的合法性,这些机构很可能会否认吹哨人的报告或忽略报告。因此,外部机构可能会支持或抑制吹哨者。其次,社会层因素有可能影响组织领导对吹哨事件的理解,以及对吹哨者和不道德行为的回应。例如,媒体影响公众对吹哨的看法(如激起对吹哨者的同情,羞辱组织)。吹哨者如果被组织或媒体正式或非正式地贴上标签(例如叛徒、流言、受害者、英雄、圣人),这一信号可能影响组织的认知和决策。最后,外部机构也可能起惩罚作用,如对违反法律的组织进行制裁。

参考文献

[1] 林林. (2011). 揭发积极态度与揭发意向关系的实证研究. 南京大学, 硕士学位论文.

[2] Ajzen, I. (1991). The theory of planned behavior. Organizational behavior and human decision processes, 50(2), 179-211.

[3] Bhave, D. P., Kramer, A., & Glomb, T. M. (2010). Work-family conflict in work groups: social information processing, support, and demographic dissimilarity. Journal of applied psychology, 95(1), 145-158.

[4] Blasi, A. (2005), "Moral character: a psychological approach", in Lapsley, D. K. and Power, F. C. (Eds), Character Psychology and Character Education, University of Notre Dame Press, Notre Dame, IN, pp. 18-35.

[5] Chiu, R. K. (2003). Ethical judgment and whistleblowing intention: Examining the moderating role of locus of control. Journal of Business Ethics, 43, 65-74.

[6] Chiu, R., & Erdener, C. (2003). The ethics of peer reporting in Chinese societies: Evidence from Hong Kong and Shanghai. International Journal of Human Resource Management, 14, 335-353.

[7] Gaudine, A., & Thorne, L. (2001). Emotion and ethical decision-making in organizations. Journal of Business Ethics, 31, 175-187.

[8] Gundlach, M. J., Douglas, S. C., & Martinko, M. J. (2003). The decision to blow the whistle: A social information processing framework. Academy of Management Review, 28, 107-123.

[9] Haidt, J. (2001). The emotional dog and its rational tail: a social intuitionist approach to moral judgment. Psychological Review, 108(4), 814-34.

[10] Jones, T. M. (1991). Ethical decision making by individuals in organizations: An issue-contingent model. Academy of management review, 16(2), 366-395.

[11] Kaptein, M. (2011). From inaction to external whistleblowing: The influence of the ethical culture of organizations on employee responses to observed wrongdoing. Journal of Business Ethics, 98, 513-530.

[12] Keil, M., & Park, C. (2010). Bad news reporting on troubled IT projects: Reassessing the mediating role of responsibility in the basic whistleblowing model.

Journal of Systems and Software, 83(11), 2305 - 2316.

[13] Miceli, M. P., & Near, J. P. (1992). Blowing the whistle: The organizational and legal implications for companies and employees. New York: Lexington.

[14] Miceli, M. P., Near, J. P., Michael T. R., & Van Scotter, J. R. (2012). Predicting employee reactions to perceived organizational wrongdoing: Demoralization, justice, proactive personality, and whistle-blowing. Human Relations, 0(0), 1 - 32.

[15] Near, J. P., & Miceli, M. P. (1985). Organizational dissidence: The case of whistle-blowing. Journal of Business Ethics, 4(1), 1 - 16.

[16] Ponemon, L. A. (1994). Comment: Whistle-blowing as an internal control mechanism: Individual and organizational considerations. Journal of Practice & Theory 13, 118 - 130.

[17] Rest, J. (1986). Moral Development: Advances in Research and Theory. New York: Praeger.

[18] Schreiber, M. E., and D. R. Marshall. 2006. Reducing the risk of whistleblower complaints. Risk Management 53 (11): 42 - 45.

[19] Treviño, L. K., Weaver, G. R., & Reynolds, S. J. (2006). Behavioral ethics in organizations: A review. Journal of Management, 32, 951 - 990.

[20] Watts, L. L., & Buckley, M. R. (2017). A dual-processing model of moral whistleblowing in organizations. Journal of Business Ethics, 146(3), 669 - 683. https://doi.org/10.1007/s10551 - 015 - 2913 - 9.

[21] Yang, M., & Fry, L. W. (2018). The role of spiritual leadership in reducing healthcare worker burnout. Journal of Management, Spirituality & Religion, 15(4), 305 - 324.

[22] Zhang, J., Chiu, R., & Wei, L. (2009). Decision-Making process of internal whistleblowing behavior in china: Empirical evidence and implications. Journal of Business Ethics, 88, 25 - 41.

第四章
吹哨行为产生的要素模型

除了吹哨行为产生过程的阶段性划分,学者从不同视角对吹哨行为决策过程中的要素及其要素的形成原因进行了探讨,从而形成多种吹哨过程的要素模型。有研究强调不道德行为的严重性及这种感知的来源和原因,也有研究强调不道德行为观察者的压力、机会和合理化或能力,还有研究强调吹哨行为和不道德行为的属性、价值观和结果等。

4.1 吹哨行为的原则性异议模型

原则性组织异议指个人在工作场所因遵从良心而拒不遵守现行政策或做法而提出抗议和/或改变组织现状的努力(Graham,1986)。该模型解释了个人决定举报违反公正、诚实或经济标准的不道德行为的原因。原则性异议模型提出,对组织内不道德行为吹哨的可能性随着观察者对不道德行为严重性的感知和个人报告责任的归属而增加,而随着感知到的个人成本而减少。不道德问题被视为严重问题的程度取决于情况的客观特征、他人对问题严重性的明确评估以及任何夸大或最小化问题严重性的个人倾向。它可以用许多方法来衡量,例如,对经济的影响、造成的伤害,以及不法行为发生的频率。

Graham(1986)认为行为的严重性既受行为的客观特征的影响,也受观察者夸大或最小化行为严重性的影响。Miceli 和 Near(1984)以及 Near 和 Miceli(1985)强调严重性在吹哨中的重要性。因为观察者很可能会报告他们认为是不当的行为,并预期其对公众、同事和组织构成危险。除了个体本身的因素以外,组织文化在组织公民对该不道德行为严重性的看法中扮演重要角色。一个组织对不道德行为的容忍可能会影响组织成员对事情严重性的看法。如果组织文化中对于不道德行为是模棱两可的态度,那么观察者就会低估问题的严重性而更可能按照组织文化所传递的规范选择不积极地报告所观察到的不道德行为。一项对内部审计人员的调查表明,当观察者在道德上或角色上不觉得有必要报告不道德行为时,他们报告不道德行为的可能性较小。因为报告这类行为可能要冒一定的风险,特别是组织中反对吹哨行为的人比较多的情况下。如果组织文化鼓励角色创新、独立思考和行动以及广泛参与,那么报复的风险则较小。

4.2 吹哨行为的三角模型

Latan 等(2019)以欺诈三因素(压力或财政激励、机会和合理化)模型为基础,提出了吹哨三角模型。他们通过 PLS-PM 方法的分析,发现以上三因素与吹哨意图之间存在显著的关系。吹哨三角模型如图 4-1 所示。

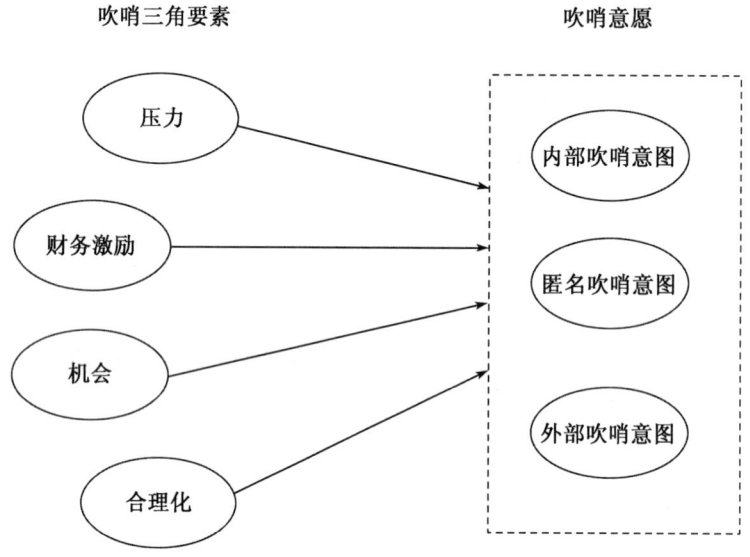

图 4-1 吹哨三角模型

首先是压力的影响。"压力"一词包含负面含义,压力通常与组织环境中出现的挑战相关联。压力是一种与未来威胁相关的情感负担,因此这个因素可以干扰潜在吹哨者吹哨的动机。这是因为压力会对吹哨者的生活和事业产生负面影响。正如计划行为理论所能解释的,吹哨者受到个人、组织和社会的压力,其中包括名誉损失、遭遇不公等心理压力,导致潜在的吹哨者选择沉默。

以下这些外部压力都构成了吹哨的障碍:① 被解雇的风险;② 不公平待遇的风险;③ 害怕将来遭到报复;④ 名誉损失的风险。Latan 等(2019)的研究以印度尼西亚的环境为背景,他们发现在遇到不道德行为时,组织成员往往会保持沉默,这可能会给职员和组织带来负面影响,例如违反道德准则,导致制裁和吊销执照等。压力在不同的语境中有不同的含义。压力可以来自吹哨人内部(内部压力),也可以来自吹哨人外部(外部压力)。内部压力与观察者的个人道德、伦理和宗教价值观有关,这可能鼓励他揭露不道德行为。这种压力通常源于社会责任感和观察者揭示真相的责任感。外部压力与威胁或报复有关,这种压力通常会降低吹哨人的积极性,因为它会对职业和职业生活产生潜在的负面影响。揭发严重不法行为时,吹哨者通常面临外部压力。而价值观、道德观、宗教忠诚、职场满意度等内在因素是吹哨人下决心的主要来源。道德和宗教忠诚促使吹哨者举报不法行为。道德行为的个人道德标准也驱使吹哨者举报。这些吹哨者除了认识到自己的个人道德水平受到父母和老师道德行为的影响外,还受其他特征影响,如心理控制源、宗教价值观、组织承诺、个性、个人信仰和情绪等。吹哨者有高内部控制点和高水平的道德推理。他们高度参与自己的组织,并对其有良好的态度。然而,印度尼西亚文化背景下,对吹哨者的保护措施非常低,消极压力的作用要比积极压力强。一些吹哨者有勇气举报不法行为,尽管他们知道自己未来将面临的风险。这种行为通常与内部控制点和吹哨者拥有的高道德推理有关(Berger 等,2017)。外部压力在影响吹哨者在高度不确定的情况下举报不道德行为的意图方面起着更重要的作用。当面临的威胁大于获得的利益时,吹哨者将选择保持沉默。其次是揭发丑闻的财政激励措施。财务激励旨在鼓励任何人举报违规、逃税、贿赂、贪污和会计欺诈等不道德行为的相关信息。吹哨者可以通过匿名在线系统报告此类信息,并在法规或最高管理层认为适当的情况下获得补偿(Guthrie & Taylor,2017)。经济激励为员工提供个人利益,相比之下,社会或道德激励通常难以量化,且取决于社会规范、道德标准、文化和环境。然而,当道德行为得到更广泛的接受和更严格的检举立法时,社会和道德的激励会更强烈。

举报不道德行为的机会是吹哨三角模型的第二个重要因素。当报告不道德行为的道德或法律义务得到现有组织政策的支持时,每个人(如专业会计师)都有机会报告不道德行为。一些增加吹哨机会的因素在不同的国家有所不同,如不同的组织支持系统、工作场所规范和匿名举报渠道。保护吹哨者的组织支持和立法可能会影响在匿名举报渠道可用的情况下披露不道德行为的机会。此外,工作场所普遍存在的规范也培养了举报不道德行为的道德意识。研究人员将这种披露的机会类比为程序正义(Latan等,2019)。当吹哨者拥有足够的技能和知识,如信息技术和技术能力时,也会出现机会,这有助于吹哨行为。此外,所观察到的不道德行为的特点也可能影响吹哨的机会和意图。例如,损失的大小、欺诈证据的说服力、与欺诈行为人的接近程度以及欺诈的长期影响都可能影响吹哨的决策过程。

  组织公正理论认为,当吹哨者意识到公司存在举报程序时,程序公正就产生了。根据这一理论,员工吹哨者在感知到组织公正文化时更愿意举报不道德行为。吹哨者在有足够的资源(竞争力、获取信息的渠道、资源)的情况下决定举报不道德行为。渠道选择(内部与外部)将取决于吹哨者自己对揭露其关注的问题的真实性的评估。这些资源可以是组织内部的,也可以是组织外部的,它们可以帮助或保护吹哨者。内部资源包括程序、控制、道德规范、股东积极性和公司治理机制;外部资源包括法律保护、补偿以及不会被制裁或报复。以往的研究表明,组织结构、组织责任感和组织公平文化等变量都会影响吹哨行为。吹哨更可能发生在那些被认为对投诉反应迅速、官僚作风较少的组织中。机会还涉及组织控制的质量(包括感知的或实际的)、举报程序的存在性和清晰度,以及投诉接受者的特征。组织控制质量包括公司治理质量、过程质量和公司内部控制质量。吹哨程序的质量包括程序的存在和规范性。公司明确指出了反报复行动、组织文化中道德和公平的重要性、工会的存在以及与组织公平感相关的所有其他因素。需要强调的是,要感知到真正的机会,吹哨者还应信任投诉的接收者(例如,审计委员会、直接主管或财务当局),并且吹哨者应对收到充分的回复充满信心。

  第三个因素是吹哨的合理化。合理化是吹哨者在面临道德问题时根据道德标准选择特定行为的内部正当化过程。这是一种心理机制,吹哨者根据自己的想法决定是否应该举报所发现的不道德行为。对于那些具有较高道德标准的人来说,理性化的过程可能很容易,因为他们不必让自己相信这些不道德行为是非法或不道德的。相反,对于那些道德标准较低的人来说,合理化的过程可能很困难。有这样道德标准的人在面对不道德行为时,可能会重新思考,保持沉默。合理化是很难理解的过程,因为它涉及许多心理因素。认知失调理论可以部分解释潜在吹哨者的心理决策过程。对于个体而言,吹哨行为是一个困难的决定。根据认知失调理论,当人们做出一个困难的决定时,他们需要为自己的选择辩护或合理化,以减少不一致或不和谐认知之间的紧张和不适。例如,当一个人知道吸烟会导致严重疾病而决定吸烟时,认知失调就存在了。个人可以选择停止吸烟,也可能合理选择继续吸烟。在吹哨的情况下,吹哨行为中有两种类型的不和谐,一种是吹哨行为和意识到自己的工作可能受到威胁之间的不和谐,另一种是当个人决定吹哨时,其他利益相关者(如员工和股东)将因吹哨行为而遭受财务方面的后果。在这两种情况下,吹哨者可能会感到不适,因为他或她的吹哨行为及其潜在后果之间不协调。通过关注替代选择的积极特征以及拒绝替代选择的消极特征,可以减少认知失调。然而,失调减少过程的目的不是为了达到一致性,而是为了使行为合理化。在吹哨的情况下,吹哨者可以使用利他原因或个人原因合理化他们的行为。利他原因主要包括对组织、顾客和社会的好处,而个人原因考虑奖励、报复和法律保护等。合理化行为是一种认知过程,个体使用该过程来减少伴随"不良"行为的负面情绪。然而,Festinger(1957)提出的认知失调理论并不提倡单一的"道德自我"观点。从这个角度出发,吹哨行为的合理化并不等同于欺诈行为的合理化,因为吹哨不是一种消极行为。然而,吹哨行为会因其负面的后果而给吹哨者带来影响。因此,吹哨者需要对自己的决定合理化,以便说服自己吹哨的决定比保持沉默要好。例如,说服自己吹哨是一个明智和谨慎的决定,或者是问心无愧的唯一选择。由于保持沉默和知道欺诈正在发生之间的不协调,也需要合理化负面行为。合理化主要用于分析负面行为(如欺诈),但也可以类似地用于检查积极行为(如吹哨)。

4.3 吹哨行为的钻石模型

Smaili & Arroyo(2019)提出吹哨行为的钻石模型,即在欺诈三因素发展的吹哨三角模型上增加第四个要素,即吹哨人的能力,因为这种能力使个人能够将举报不道德行为的机会变为现实。吹哨行为钻石模型如图4-2所示。

根据计划行为理论,吹哨者会经历个人和社会压力(内部)以及组织压力(外部)。由于个人和社会的压力,吹哨行动往往是通过网络平台和社交媒体进行的。由于外部吹哨者遭遇的报复较少,而且通过网络渠道举报可以匿名。有时,个人和社会的压力可能会给吹哨者更大的勇气,其目的是帮助受害者和预防更广泛的损害。相反,由于组织压力,内部吹哨者往往选择对观察到的不道德行为保持沉默。这是因为在通过内部机制揭露组织不道德行为时,对吹哨者缺乏保护。研究表明,压力对吹哨意图有正向影响(Smaili & Arroyo,

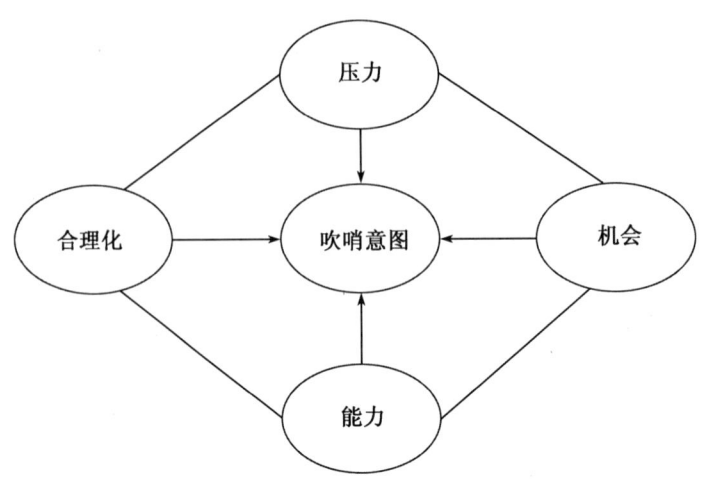

图4-2 吹哨行为的钻石模型

2019),内部压力促使吹哨者采取行动。

吹哨者在举报组织不道德行为时会考虑财务激励。这一揭露不道德行为的动机因素受到了高度重视。经济激励和补偿计划旨在鼓励吹哨者举报可能导致巨额经济损失的不法行为。通常,观察者使用匿名在线渠道报告他们的发现,并获得预定的奖励。使用匿名在线渠道是为了保持个人身份的机密性,防止对吹哨者的报复。事实上,有几个监管机构为所有人提供财务激励,这被认为是一种有效的方法以促进揭露组织中的不道德行为,并及时采取纠正行动。一些研究早已表明,薪酬和经济激励可以触发吹哨者采取行动(Andon等,2018)。除了经济激励,还有社会和道德激励(Brown等,2016)。

一些因素会增加外部吹哨者的机会,如开放的举报渠道、旁观者的支持、家人和朋友的支持,以及道德价值观和道德标准。此外,信息技术在网络举报意向中也发挥着重要作用。利用在线举报渠道,可以通过信息、照片和视频广泛分享信息,速度快,匿名性强。此外,来自社交媒体或网站提供商、技术(硬件和软件)和公众的支持为在线举报提供了更多的机会。一些学者甚至将这种披露机会类比为程序正义。当程序正义的氛围升高时,观察者可能会选择在面对不道德行为时不保持沉默。机会还涉及不道德行为的类型和吹哨者,这可能需要不同的举报渠道。例如,当欺诈行为发生在网上时,披露欺诈也倾向于使用网上平台。此外,外部吹哨人可能被迫选择在线渠道举报不道德行为,而不是内部渠道,因为他们没有内部渠道进入组织。Smaili 和 Arroyo

(2019)的理论说明,额外的机会增加了吹哨的潜力,吹哨者希望对不法行为大声疾呼。

Smaili 和 Arroyo(2019)将合理化定义为一个认知正当化的过程,这是决定举报真相的基础,代表了吹哨人在面对不法行为时考虑其作为(或不作为)的推理过程,最终做出符合其自身道德标准的决定。合理化是一种认知过程,使观察者能够区分实际发生的事情和应该发生的事情。对于具有较高道德标准的观察者来说,合理化的过程可能并不困难,因为他们可以在吹哨之前轻松做出决定,并确定一个不道德行为的实例是严重的、非法的还是不道德的。然而,对于道德标准较低的观察者来说,合理化进程可能不会进展得那么顺利,因为他们往往参与较少,更害怕举报不道德行为。在这种情况下,观察员不想承担任何风险,因此可能保持沉默。

能力主要指吹哨人处理不道德行为的能力。Wolfe 和 Hermanson(2004)认为,能力是欺诈三因素模型的一个重要因素,因为它涉及帮助观察者说话的心理和技术因素。吹哨能力的特征包括:处于正确的吹哨位置;有揭露、举报违法行为的信心;有足够的技术技能;有能力在受到报复威胁时采取行动。能力因素还与吹哨者的主动性人格有关。一般而言,那些具有主动性人格的人在工作场所采取行动时会感到更自在(Miceli 等,2012)。就在线举报意图而言,在线平台需要一定的操作能力。因此,一个高能力的吹哨者能够更容易地通过这些平台举报违法行为。换句话说,他们不会经历更多传统方法带来的报复和威胁的恐惧(Latan 等,2020)。相反,能力较低的观察者可能因此选择保持沉默。根据 Boyle 等(2015)之前的研究,吹哨者的能力确实有助于他们举报不道德行为。

4.4 手段-目的链模型

根据 Gutman(1997)的手段-目的理论(means-end chain theory,以下简写为 MEC),Kenny 和 Bushnell(2020)将吹哨的决策解释为一个认知结构,包括三种类型的激励因素——属性、结果和价值观,它们在层次上相互关联。属性可以定义为外部吹哨行为的不同方面或特征,员工通过这些方面或特征认为外部吹哨行为能够带来预期的结果,实现吹哨行为的最终价值。结果是指吹哨人期望从外部吹哨中得到的积极结果。价值观是一个人的原则,作为重要事物的内在参照。阶梯技术有助于揭示属性、结果和价值之间的层次联系。

阶梯技术最初用于向消费者推销产品,这种技术经常被用来寻找"决策的深层驱动因素"。MEC 理论和阶梯技术的应用,有助于更好地理解个人如何选择外部吹哨,而不仅仅是分析个人因素对吹哨决定的影响。

外部吹哨的重要属性是改变的权力、警告不道德行为的严重性、呼吁调查、公开披露以及作为社会成员的责任。被调查者认为重要的外部吹哨的预期结果是纠正错误,让违法者承认自己的罪行,让那些做错事的人受到惩罚,重获荣誉,减少纠正错误所需的时间以及解决问题。被调查者认为促进外部吹哨的最终目标价值包括真相、公共利益(公共健康和安全、环境、竞争、知情权和消费者利益)、挑战滥用权力和金钱、良心、对组织的忠诚、人权、公平(程序性和实质性),社会公正(平等权利和机会)。研究发现,外部吹哨者的主要目的链包括两个具体属性(改变权力和严重不道德行为警告)、两个功能性后果(纠正不道德行为,使违法者承认自己的罪行)。对外吹哨的决定在很大程度上是由这些认知因素驱动的。吹哨应被视为一个长期的过程,而不是一次性的决定。大多数吹哨人最初都会在组织内部对威胁公共利益的不道德行为表示担忧,因为他们不想伤害自己的雇主。此外,在不同的文化背景下,人们更喜欢内部举报,而不是外部举报。然而,在吹哨人吹哨后因为不公正的原因而被忽视或发现自己在组织内部受到排斥之后,吹哨人可能会继续向外部人士披露有关工作场所的不道德行为的信息。已有研究指出吹哨动机是由他们的个人经历形成的,他们通过在工作场所看到其他不成功的内部吹哨人的经历,或者遭遇内部吹哨不成功后,会尝试通过外部渠道停止不法行为。Weiskopf 和 Tobias Miersch(2016)在对一起举报案件的分析中,描述了吹哨者在整个过程中是如何改变的,从最初认为内部吹哨会通过阻止不道德行为来改变公共利益,到进一步尝试通过向外部"说实话"来实现改变。外部吹哨而非内部吹哨包含了"改变权力"或"警告公众"的属性,其预期后果是"纠正错误行为"或揭露"坏人",但支撑这些属性和后果的价值是真相。

4.5　三层次吹哨模型

Vandekerckhove(2010)提出了三层次吹哨模型,该模型基于对 20 世纪 90 年代澳大利亚和英国立法发展的研究,包括一个内部层(组织)和两个外部层(监管机构和公众)。

三层次吹哨模型的原则并不是让组织就其不道德行为直接对公众承担责

任,而是对所吹哨的问题(即不道德行为)和反馈这些问题的人(即吹哨人)做出适当的负责任的处理。该模型在两方面保持平衡:一方面公开披露有关组织不道德行为的信息(即公众的知情权),另一方面出于组织利益的考虑,将此类信息屏蔽在公共领域之外。由内到外的三层次吹哨模型如图4-3所示:

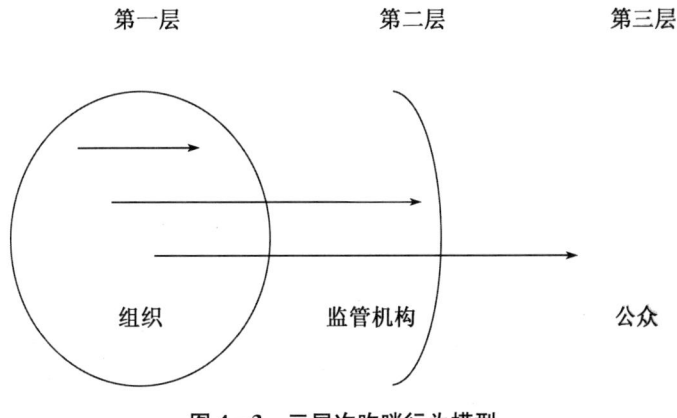

图4-3 三层次吹哨行为模型

在第一层,即内部层面,员工向组织内部主管、高层管理人员、董事会成员或其他指定人员(如道德专员、合规经理和内部审计人员)检举揭发组织中的不道德行为。在第二层,即外部层面。吹哨人向组织以外的监管机构或代表更广泛大众社会的任意机构检举组织存在的不道德行为。一般来说,吹哨行为是逐步进行的。只有当第一层吹哨未获得成功,吹哨者认为在组织内部进行吹哨会导致报复行为或吹哨不能得到正向反馈时,即组织未能纠正应该承担责任的不道德行为,未能正确处理吹哨者和所举报的问题时,才能进入第二层吹哨阶段。尽管公众不知道"哨子"已经被吹向外部接收者,但第二层接收者仍要对发生不道德行为的组织进行调查并采取行动。在这一阶段,吹哨人所揭发的内容包括不道德行为的信息和有关组织未能正确处理内部吹哨者的信息。在第三层,即外部层面,涉及的是能够确保吹哨者所提供的信息和指控通过媒体被更广泛的公众所知晓的接收者。除了第二层吹哨的内容外,第三层吹哨还关注各种信息实体的信息:不法行为、组织未能正确处理内部吹哨的信息、监管机构或其他第二层接受者没有认真处理等问题。从这个意义上说,第三层接收者起着监督第二层接收者的作用。

吹哨者保护立法《Council of Europe Recommendation(2014)》的原则中实施规定,吹哨人向内部报告问题时,给予吹哨人保护(第1层);当组织没有采取行动或对吹哨人进行报复时,吹哨人向监管机构进行揭发(第2层);如果监管机构未能采取行动或事件紧急,则向公众披露信息(第3层)(Lewis & Vandekerckhove,2018)。

参考文献

[1] Andon, P., Free, C., Jidin, R., Monroe, G. S., & Turner, M. J. (2018). The impact of financial incentives and perceptions of seriousness on whistleblowing intention. Journal of Business Ethics, 151(1), 165–178.

[2] Berger, L., Perreault, S., & Wainberg, J. (2017). Hijacking the moral imperative: How financial incentives can discourage whistleblower reporting. Auditing: A Journal of Practice & Theory, 36(3), 1–14.

[3] Boyle, D. M., DeZoort, F. T., & Hermanson, D. R. (2015). The effect of alternative fraud model use on auditors' fraud risk judgments. Journal of Accounting and Public Policy, 34(6), 578–596.

[4] Brown, J. O., Hays, J., & Stuebs Jr, M. T. (2016). Modeling accountant whistleblowing intentions: Applying the theory of planned behavior and the fraud triangle. Accounting and the Public Interest, 16(1), 28–56.

[5] Festinger, L. (1957). A theory of cognitive dissonance (Vol. 2). Stanford university press.

[6] Gundlach, M. J., Douglas, S. C., & Martinko, M. J. (2003). The decision to blow the whistle: A social information processing framework. Academy of Management Review, 28, 107–123.

[7] Graham, J. W. (1986). Principled organizational dissent: A theoretical essay. Research in Organizational Behavior, 8, 1–52.

[8] Gutman, J. (1997). Means-end chains as goal hierarchies. Psychology and Marketing, 14(6), 545–560.

[9] Guthrie, C. P., & Taylor, E. Z. (2017). Whistleblowing on fraud for pay: Can I trust you? Journal of Forensic Accounting Research, 2(1), A1–A19.

[10] Kenny K, Bushnell A. (2020). How to Whistle-Blow: Dissensus and Demand. Journal of Business Ethics, 164.

[11] Latan, H., Jabbour, C. J. C., & de Sousa Jabbour, A. B. L. (2019). 'Whistleblowing triangle': Framework and empirical evidence. Journal of Business Ethics, 160(1), 189–204.

[12] Latan H, Jabbour C, Jabbour A. (2020). Social Media as a Form of Virtual Whistleblowing: Empirical Evidence for Elements of the Diamond Model. Journal of Business Ethics, (3).

[13] Lewis D, Vandekerckhove W. (2018). Trade Unions and the Whistleblowing Process in the UK: An Opportunity for Strategic Expansion?. Journal of Business Ethics, 148(4), 1–11.

[14] Miceli, M. P., & Near, J. P. (1984). The relationships among beliefs, organizational position, and whistle-blowing status: A discriminant analysis. Academy of Management Journal, 27, 687–705.

[15] Miceli, M. P., Near, J. P., Rehg, M. T., & Scotter, J. R. (2012). Predicting employee reactions to perceived organizational wrong-doing: Demoralization, justice, proactive personality, and whistle-blowing. Human Relations, 65(8), 923–954.

[16] Near, J. P., & Miceli, M. P. (1985). Organizational dissidence: The case of whistle-blowing. Journal of Business Ethics, 4(1), 1–16.

[17] Smaili, N., & Arroyo, P. (2019). Categorization of whistleblowers using the whistleblowing triangle. Journal of Business Ethics, 157(1), 95–117.

[18] Vandekerckhove, W. (2010). European whistleblower protection: tiers or tears? In D. Lewis (Ed.), A global approach to public interest disclosure (pp. 15–35). Northampton, MA: Edward Elgar.

[19] Weiskopf, R., & Tobias-Miersch, Y. (2016). Whistleblowing, parrhesia and the contestation of truth in the workplace. Organization Studies, 37(11), 1621–1640.

[20] Wolfe, D. T., & Hermanson, D. R. (2004). The fraud diamond: Considering the four elements of fraud.

第五章
多理论视角下吹哨者的个体特征

吹哨行为是一种自愿的风险性的行为。组织行为领域的学者指出,吹哨者具有独特的、区别于大部分人的个体特征,这些特征使得他们在观察到不道德行为时不是把头埋在沙堆里假装看不见,而是会采取各种办法实施高伦理标准的吹哨行为。围绕"谁是吹哨者"的命题研究者已经展开了大量理论与实证的研究,从不同理论视角识别了吹哨者的独特特征对吹哨决策的影响。

5.1 权力视角下的人口统计学特征

5.1.1 权力理论与吹哨行为

Near 和 Miceli(1987)最早以权力理论解释吹哨行为。权力理论基于资源依赖理论,该理论指出,因为组织依赖多种社会角色获取关键资源,因此控制关键资源的人在组织中拥有更高的权力。吹哨行为是对不道德行为施加影响的过程,潜在吹哨者的权力决定吹哨行为的影响力,因而影响对吹哨效果的预期及成本和收益评估,进而影响吹哨行动的发生。权力视角的研究关注个体的人口统计学特征、工作地位特征等其他相关变量。

Molm(1987)研究了权力与其使用之间的关系,假设可用的权力程度是相关实体之间相对依赖性的函数。她的实验数据分析表明,权力使用随着权力失衡而增加,而实际权力往往大大低于其潜在的权力。她指出权力功能实际上是一种依附关系。在这种关系中,依附程度较低的一方拥有较大的权力,而权力在结构上是以双方的关系以及实际的控制为基础的。组织成员与组织本身之间的内在关系是权力的悬殊,通常组织处于有利方,而吹哨者被视为更加依赖的实体。吹哨从根本上挑战管理者的管理特权,暴露了管理错误,无论这种错误是有意还是无意的,都要从上级管理层或监管机构或公众监督等外部机构进行审查。因此,管理层的反应几乎是普遍的防御(Alford,2001)。管理层的攻击往往导致吹哨者边缘化,无论是来自组织还是来自同行和同事。Alford(2001)描述这种边缘化的特征是,吹哨者是一个"太空行走者",即被排除在组织事务和活动之外的人,好像他或她根本就不在那里。因此,吹哨者变得非常清楚自己的权力,或者更准确地说是清楚自己缺乏权力。为了进行吹哨行动,吹哨者需要极大的信念和压倒性的自我意识,才能承受和抵制他们行使权力。政府认识到这种权力差距,加强了法律以保护吹哨者不受指责和报复。组织员工有三种选择来解决组织内部面临的伦理问题情况:① 退出组织;② 表达不满(即吹哨);③ 保持沉默。任期越长的员工对组织的归属感越强,他们可能更愿意发表意见而不愿离职。这也与组织权力理论的预测相一致。在组织权力理论中,拥有更长任期的员工可能拥有更大的权力来影响变革,因此可能更喜欢吹哨而不是退出或沉默。

权力表现为影响力,即观察者能够说服举报接受者终止不法行为,而且他们需要确定吹哨不会受到组织的报复。例如,由于金融分析师的权威和专业知识,他们可能是可信的,并且对欺诈有特定的影响力。但是,如果他们面对的问题是年龄歧视,则他们的财务和会计专业知识可能就无关紧要。在后一种情况下,他们的影响力比在前一种情况下要小。即使是地位较低的观察者也可能具有社会影响力,例如,一位长期受人尊敬的秘书可能会影响老板。吹哨人的影响力可能来自许多合法或不合法的来源,而且可能超越工作场所的关系。例如,观察者可能认为,举报接受者可能会对举报问题做出反应,因为他们是朋友;观察者也可能认为举报接受者可以说服不法行为人放弃该行为,因为他受互惠规范的约束。

5.1.2 年龄、性别、教育程度

普通意义的权力体现在年龄上。吹哨者一般更年长,年长的管理者通常比年轻的管理者对组织运作有更多的了解,对其组织内的正式和非正式权力和控制系统有更深入的了解。有了这些信息以及懂得如何从组织的角度更合理地处理不道德行为,年长者与新员工相比在适当的应对行为上可能面临更少的模糊性和不确定性。而且,他们对组织更加忠诚和有更坚定的承诺,因此,可以预期年长的管理人员往往在揭发欺诈和不法行为方面比年轻人受到的限制更少。另外,年长的员工比年轻的员工在他们的价值体系中更安全,因

此在漫长的吹哨过程中和面对报复时,他们更愿意捍卫这些价值观(Chiu,2003)。近年来反腐败运动的背景下,吹哨成为中国公民打击官员渎职、失职和不作为的法律武器。年轻和经验不足的人往往有更高的吹哨意愿;中国老年人则更保守,他们不太可能挑战现状,也不太愿意说出自己的真实观点。今天的中国年轻人较少受到传统价值观的影响,他们不接受家长制的观念(Chiu & Erdener,2003)。因此,他们不会将倾听高层级同事和组织权威视为礼貌、服从和忠诚的美德。此外,中国年轻一代为了保护社会的共同利益或福利,被教导要直言不讳和揭露问题(Chiu,2003)。

性别对与吹哨有关的各种伦理行为的影响历来结果不一,很少有人直接研究性别与吹哨行动的关系。Sims 和 Keenan(1998)研究了性别对吹哨倾向的影响,他们的实证研究发现男性更可能发生吹哨行为。其他也有研究发现,女性比男性更不可能成为吹哨者(Micheli & Near,1992)。学者指出,女性倾向于服从大多数人的意见。这种倾向可能导致她们利用内部规定的机制来报告错误行为。而男性可能较少坚持管理意见或组织政策,会比女性更频繁地求助于外部渠道。也有研究发现,尽管男女都支持吹哨是每个人在目睹不道德行为时都应该做的事情,但女性更有可能采取行动。性别对吹哨的反应对于企业管理非常重要,企业和组织可以将重点放在如何鼓励不同性别员工看到不道德行为进行吹哨。

教育水平与吹哨也存在关系。一个受过更多教育的人可能更能够认识和评估各种真实的或隐含的不道德行为,以及理解纠正这种错误行为的责任。Near 和 Micheli(1995)认为,教育和培训有助于提高员工的权力、地位和工作保障,使他们有更多的自由来吹哨。而且受过高等教育和培训的员工有更高的能力来识别各种形式的不法行为,并有更多的替代性渠道来帮助他们吹哨,而且他们对雇主的忠诚度也更少,比受教育程度较低的员工更有能力找到新的工作(Dworkin & Baucus,1998 年)。

5.1.3 职业、职位、任期

Miethe(1999)对工人的"性别、文化程度、年龄、职业地位、在公司工作年限、一般态度和心理信念"进行了调研。尽管这些特征中的每一个都对吹哨行为产生一定影响,但只有职业和职位变量对吹哨过程产生重大影响。他发现,外部审计师或负责检查组织行为的个人与其他类别的员工相比,会表现出更大的吹哨可能性。外部审计员不仅应查明组织中的问题,并倡导将组织矫正行动作为一项不可或缺的职务职能,而且还应遵守职业道德守则和法律要求,以揭露组织的不道德行为。Miethe(1999)还发现,护士的职业吹哨发生率高,这是因为护士与病人之间的私人关系密切,对病人的责任高于对组织的责任。

研究表明,实际的吹哨很可能通过工作级别和组织任期来预测。更高级别的员工更有可能接触到组织成员,他们有能力在公司内部进行准确的变革(Keenan,2000)。与控制理论和权力理论相一致,任期更长、工作级别更高的组织成员通常拥有更强的权力基础(与年轻人和新同事相比),因此他们可能对自己通过吹哨在组织内实施变革的能力更有信心。换言之,这些人可能更确信,他们所冒的吹哨风险不会白费。组织层级较高的员工和在组织中工作时间较长的员工可能对组织所信奉的价值观有更深刻的理解、欣赏和承诺,从而更愿意保护这种文化。不过,虽然工作级别越高的个体越有可能揭发组织不道德行为,当组织中地位较高的成员告发时,组织成员可能会感到更大的背叛感。因此,工作级别较高的成员可能面临更高的风险。由于组织越来越多地从组织外部招聘高级管理和监督职位,而不是从内部晋升(这是基于任期的晋升制度中的典型情况)。在这些情况下,组织中高层次的人不一定更有价值,也不一定与组织成为一个整体,从而更有可能吹哨。

可以看出,研究者对很多人口统计学变量的检验得出了互相矛盾的结论,如性别、年龄、任期与吹哨行为的关系均存在肯定、否定和无关的结论(刘燕等,2014)。工作地位特征如角色责任、工资、绩效、专业地位、管理职位等也象征个体在组织中的权力,与吹哨行为的关系研究同样得出了模糊结论,如研究者认为当报告不道德行为是工作岗位描述的责任之一,则表明组织赋予了吹哨者合法的权力(Near, Dworkin & Miceli,1993),但 Mesmer-Magnus 和 Viswe-svaran(2005)对已有十项角色责任的实证研究进行了元分析,发现角色责任与吹哨倾向存在肯定的关系,而与吹哨实际行为只有微弱的关系。Lee,Heilann, Near(2004)的研究发现管理职位与吹哨行为并无关系,而 Rothwell 和 Baldwin(2007)的研究却发现管理职位显著影响吹哨倾向和吹哨行为。工作绩效、工作层级和专业地位的检验也取得了相似的矛盾结果。情境平衡力(situation-specific leverage)代表吹哨者掌控不道德行为局面的非正式权力,它的大小与专业知识和权威、超出工作以外的人际关系等因素有关。Miceli 等(2012)、Michael 等(2008)分别用实证研究检验证明了吹哨者的情境平衡力对吹哨行为的正向影响作用和对组织报复的负向影响。

5.2 特质视角下的个体特征

5.2.1 人格特征

关于吹哨意图和行为与个体特质间的相关性，通常通过社会心理学来解释。目前研究表明主动性人格与员工的吹哨有关(Miceli等，2001)。主动性人格源于人们控制周围环境的需要，反映在个人采取行动影响环境的程度上。在招聘和雇佣高度积极主动的人方面，似乎没有什么负面风险，因为积极主动的个性不仅与组织内部的吹哨有关，而且还与销售成功等其他积极成果有关。这些发现为那些批评吹哨的人重新思考自己的观点提供了更多的理由，即积极主动的人可以在销售、亲社会组织行为和解决问题方面为组织提供非常积极的资源。Bjørkelo和Matthiesen(2010)研究发现"大五"人格中的外向性、低亲和性以及支配性对吹哨决策有显著的正面影响。主动性人格与"大五"人格中的自觉性和外向性特征接近，Miceli等(2012)、Miceli等(2001)证实主动性人格特质显著影响雇员的内部和外部吹哨行为。Liu等(2016)的研究发现主动性人格越强的员工，越可能产生对内吹哨行为。即便自私自利的工具性伦理氛围提示可能吹哨无效和产生较高成本，积极主动的观察者也不会采取鸵鸟策略，而是依然选择对内吹哨以阻止不道德行为。这是因为具有主动性人格的人倾向于寻找机会，表现出主动性并坚持不懈地带来有意义的改变，他们不会受制于情境和规范带来的压力，喜欢迎接挑战，并乐观地相信自己有能力挑战成功。Liu等(2016)的研究发现积极主动的人不喜欢对外吹哨，但是如果处于自利的工具型伦理氛围下，他们会选择对外吹哨。这是因为积极主动的员工是解决问题的"开拓者"，他们会坚持不懈地努力，直到解决组织存在的问题，为组织带来有意义的改变。因此，当他们评估环境后认为，对内吹哨在自利氛围的组织中可能无法取得成效时，就会积极寻求替代方案——向外吹哨。积极主动的人原本不喜欢对外吹哨，但如果他同时具有较高的道德认同水平，则对外吹哨的意愿就会从无到有大大提高。低自尊的不道德行为观察者可能由于对大多数组织活动漠不关心，在情境中他们会退缩。因此，与高自尊的人相比，他们不太容易吹哨，他们不认为自己会被相信或者为组织或他人带来改变。

5.2.2 道德特质

从道德和伦理的角度来看,吹哨不仅是正当的,而且可以被视为绝对必要的,以防止对人的伤害,或满足多种其他社会要求。然而,为了保持道德完整性,即坚持一套道德价值观,个人几乎肯定会发现他自己与忠于组织的义务相冲突,这是道德完整性与诚实或保护他人同样重要的方面。Dungan等(2015)的心理学研究表明,吹哨与否在于两种基本道德观的选择:公平和忠诚。当公平感超越忠诚感,吹哨的概率将会增加;反之则会降低。他们借助道德量表,测量研究对象的道德得分,尤其是公平感和忠诚感方面的得分。研究者接着给研究对象设置不同情况的吹哨选择:针对陌生人、不怎么熟的人、亲密朋友和家人的不同程度的犯错行为,包括从小费瓶里偷一块钱到杀死一个便利店的老板。在所有这些情况当中,公平感更强的人吹哨比例更高。更有意思的是,让研究对象写一篇论文来论证和支持某一种道德感也会影响他们之后的吹哨行为。另一项研究让研究对象用笔描述真实世界中的不道德事件,如果在他们的叙述用词当中公平相关的词汇更多,那么这样的人吹哨的概率也更高。

道德可以定义为一种内在持有的道德价值观信念,使人能够感知对与错、好与坏、真与假之间的差异(Maroun & Atkins,2014)。吹哨的具体依据是道德义务和判断、良心或社会正义、个人完整性、职业责任和道德以及勇气,因此吹哨不是以常规和重复的方式发生,而是以例外的方式发生(Watts & Buckley,2017)。采用规范观点解释吹哨的研究人员声称,道德是举报不道德行为的最重要动机。Alleyne等(2013)提出了一个概念模型,用于理解外部审计师的吹哨意图,认为员工的外部吹哨可以被认为是道德上允许的义务。道德是导致个人在组织中吹哨的导火索。吹哨是一个艰难的选择,只有少数具有道德毅力和强烈社会正义感的人才能做出。检举法和职业道德准则正是基于这样一种检举不法行为的观点,即人们有动机检举不法行为,认为自己的行为在道德上是正确的,尽管他们知道可能会面临严重的负面后果,付出吹哨的代价,但也会获得吹哨的好处。

道德决策的研究表明,人们的道德偏好并不一定总是导致行为意图。这种差异可以用预期的不良结果或成本大于收益来解释。当人们达成一种道德判断,即行为的理想道德选择之后,下一步就是考虑是否将道德选择付诸实践。道德相关研究变量还包括认知道德发展、道德认同和道德观等。组织有机会在其成员中创造道德代理人,促进成员的道德认同。道德行为可以增强道德认同,使它在一个人的整体自我概念中更为核心。管理者应该关注在组织成员中发展道德认同,因为只有强烈的道德认同感才能引导员工发展道德代理模式,使其能够在一致的基础上从事道德行为。组织通过他们的行为加强员工的道德认同发展,而员工的道德行为加强了组织成员作为一个群体的道德认同文化。然而,培养道德沉默的组织发展道德认同机会较少,可能导致成员之间的道德行为较少。Gundlach 等(2003)指出道德观与吹哨行为的关系十分复杂,受到归因、责任判断或情绪的中介影响。Mesmer-Magnus 和 Viswesvaran(2005)的元分析研究发现道德判断与吹哨倾向有关,与实际吹哨行为无关。道德困境的强度会影响个人的报告意图,具有高度专业承诺的审计师更有可能报告观察到的不道德行为(Menk,2011)。

5.2.3 绩优者与自我效能感

Hollander(1958)的特质模型表明,那些被认为是团队和组织目标的最佳贡献者(即具有高工作绩效)将有更大的自由偏离团队或组织规范。具体来说,工作表现良好的员工更有可能在组织内积累人际资源,从而提供一定的自由度来举报不道德行为而不遭受报复,而且更重要的是实现预期的改变。资源依赖理论认为,当一方拥有另一方所依赖的资源时,该方将更加强大。在吹哨的背景下,一个拥有更好工作表现的个人对组织更有价值,从而使他们能够有资格去报告不道德行为(Micheli & Near,2002)。权力关系理论表明,个人通过拥有有价值且不易替代的特征(例如,独特的技能、良好的工作表现、任期或职位地位、可信度)来获得和行使各种权力。因此,工作表现较好的吹哨者更有可能成功地说服组织行为者停止不道德行为,同时也增加了他们报告(或打算报告)不道德行为的可能性。

自我效能感与自我概念和社会学习理论有关,并被定义为"对一个人完成某一绩效水平的能力的判断"(Bandura,1986),指一个人对所从事的行为产生预期结果的信念。自我效能感与内部控制点有关,表明相关的人格类型会相信他们控制自己的生活,并且他们可以对自己的生活和相关事件的结果产生有意义的影响。具有高自我效能感的个体不会轻易地从挫折中退缩,而是会继续努力。具有高自我效能感的个体对延迟满足有更大的期待,表现出更高的承诺,在制订问题解决和应对策略方面更勤奋和有效。自我效能感可以代表一个重要的个人特质来影响吹哨行为。自我效能感使个体能够忍受一种潜在的压力和困难的情况,这种情况通常与吹哨有关。Near 和 Miceli(1985)在一项对 12 000 名联邦政府雇员的调查中发现,效能感是决定吹哨的主要动机。自我效能感所激发的动机,成为解释吹哨行为的内在因素。吹哨者对自我效能有某种程度的信心,也就是说,相信所采取的行动会对个人或组织行为产生某种影响,因而会促进吹哨行动。

组织是由具有不同自我效能感的个体组成的,无论个人自我效能水平如何,任何员工都可能会意识到道德违规。内控点和自我效能是影响个体伦理决策的重要变量,Chiu(2003)通过实证研究发现,内控点对伦理判断与吹哨倾向的关系起调节作用;MacNab 和 Worthley(2008)发现自我效能对内部吹哨倾向产生正面影响。Worthley(2008)在美国和加拿大的多地区背景下,研究了影响吹哨决策的个人因素,将自我效能作为内部吹哨倾向的预测因素。他们的研究发现,在美国和加拿大,自我效能感影响被试者的内部吹哨倾向,而经验丰富、管理经验丰富、工作经验丰富的被试者自我效能感水平较高,性别对自我效能感也存在一定影响。

5.3　情感视角下的个体特征

根据 Watson(2000)的观点,情感是一种现象学的情感状态,它有两个主要维度,即积极情感和消极情感。大量证据表明,情感可以影响组织行为的几种重要形式,包括亲社会组织行为、组织冲突、领导-成员关系等。事实上,George 和 Jones(1996)特别指出,情绪在工作环境中起着至关重要的作用。情绪是一种波动和变化的状态,捕捉人们每一刻、每一小时和每一天的感受。Rest(1986)认为,在决策过程中,情绪可能影响个体对未来后果的预期,并可能增加或减少将道德判断转化为行动的可能性。具有积极情绪的人更愿意帮助他人、保护组织并提出有利于组织的建议,同时对吹哨结果的感知和评估会产生积极偏向,因而促进吹哨决策的产生(Gaudine & Thorne,2001)。Henik(2008)研究指出愤怒的情绪促进吹哨行动,而害怕报复的情绪促使观察者不采取吹哨行动。Zhang 等(2009)以中国雇员为样本研究发现,积极情绪在伦理判断与吹哨倾向之中起正向调节作用。

处于积极情感中的人倾向于使用直接的、以问题为中心的应对策略,并参与向上的影响活动来影响组织变革。有积极情感的人通常也更具自我效能,更有自信。这些特征将为一个人增加更多独特的优点,使他有更多的力量来抵抗压力和影响他人(Greenberger 等,1987),如通过吹哨行为来阻止不道德行为的继续危害。此外,积极情感的人更有道德感,更有同情心,更少恐惧,更有自信,也更关心他人的福利。因此,当积极情感的人不得不对对错做出道德判断,而这种判断又影响到他人的福利时,他们更有可能将自己对什么是对的判断转化为做对的事情的意图,如吹哨行为。另一方面,社会心理学的研究表明,经历积极情感的人更有可能保护他们的组织,并提出建设性的建议来改善他们的组织幸福感。

消极情感是一种经历主观痛苦的持久的倾向。消极情感高的人对自己和他人更挑剔,他们经历了更多的压力、焦虑、紧张、愤怒、恐惧和内疚(Watson & Clark,1984)。招聘人员可能倾向于忽略那些消极情绪很高的应聘者,因为他们会被认为不热情、难以相处或难以取悦。但是,负性情感得分高的员工比负性情感得分低的员工更容易识别错误行为。一项关于消极情感的研究结果表明,消极情感促进对不法行为的观察,但不一定促进吹哨(Miceli 等,2001)。拥有消极情感的人如果是其他方面的优秀人才会给工作带来宝贵的能力。已有研究指出,一个人在吹哨事件后的积极经历与他将来吹哨的意愿密切相关,另一方面,担心遭到严重报复对员工举报不道德行为有很大的抑制作用。这些情感反应在吹哨决策过程中起着重要作用(Miceli,1999)。随着研究的积累,人们越来越清楚地认识到,积极情感影响决策和其他思维的过程是一个微妙的、复杂的、与语境相关的过程,而不仅仅是一个简单的主效应。虽然积极的情感确实与愉快的思想有关,而且思想的内容更积极,但积极情感并没有不加区别地将人们的决定偏向积极的方向。

5.4 社会纽带视角下的个体特征

5.4.1 社会纽带相关理论与吹哨行为

社会纽带视角的研究关注了潜在吹哨者与组织、同伴或上司的关系对吹哨行为的影响。这一视角的研究主要基于三个理论:一、运用社会交换理论分析,学者认为工作成就感、工作安全感、工作满意度、报酬满意度、工作承诺和组织承诺等会激发员工的亲社会行为,因而推测同样影响吹哨行为。但实证研究既发现了肯定的关系,也发现了否定的关系或 U 形关系,说明这些变量的影响存在中介机制的黑箱。Vadera 和 Aguilera(2009)认为个体如何看待和解释忠诚度是理清这些关系的关键。二、运用社会网络和社会信息过程理论分析,工作中的社会纽带影响个体对正义的判断和感知(Stansbury & Victor,2009),工作同伴能够证实观察者的伦理感知,并且对潜在吹哨者提出吹哨行动的系统参考意见,增加吹哨行动的合法性。如果潜在吹哨者得到工作同伴的支持,则加强了对吹哨结果的良好预期,促进吹哨行为的产生,这一结论得到了实证研究的支持(Michael 等,2008;Henik,2008)。三、运用社会学习和社会交换理论分析,伦理型领导通过树立伦理榜样和建立互惠关系使下属表现出正面的伦理回报行为(Brown & Treviño,2006)。Keenan(2000)的研究发现,上司和高管团队影响成员吹哨倾向及其渠道的选择。Brown 等(2005)的研究发现,伦理型领导对员工主动报告工作中的管理问题发挥有效作用;Bhal 和 Dadhich(2011)的研究表明,伦理型领导和领导-成员交换关系显著影响员工的揭发行为。刘燕等(2015)的研究发现,包容型领导促进下属吹哨意愿的产生,上司代表性促进这一正向影响。

5.4.2 组织认同

群体认同背后的基本动机是使得个人的集体自尊感得到增强,即个体对群体的认同为积极看待自身提供了基础。因此,具有高度认同感的个体拒绝或避免那些在情感上和行为上挑战他们自我概念的经历。组织认同指组织成员在认知上、情感上或两者之间将其组织成员身份与自我概念联系起来。组织认同增加了员工对组织的忠诚,并激励他们为组织的最佳利益而行动(Pratt,2000)。组织中的不道德行为不仅会损害组织及其成员的物质利益,还会破坏组织的声誉,而且还具有被公开曝光的风险。因此,企业中存在不道德行为可能会削弱组织认同程度高的员工的集体自尊。高度组织认同的员工可能会以积极的态度采取吹哨行动以制止组织中正在发生的不道德行为。与此同时,高度认同的员工将自己的命运与组织的命运紧密联系,并倾向于代表组织行事,而不考虑作为个人可能会承受的牺牲和有害影响。虽然吹哨行为可能会被高层管理掩盖或忽视,遭到报复的可能性也较大,但相比低组织认同的员工,高组织认同的员工面对不道德行为时,更有可能成为吹哨者。另外,集体感、相互依赖感等组织纽带特征会降低吹哨行为发生的概率。Tyler 和 Blader(2005)研究发现,当鼓励员工认同其组织的道德价值观时,他们会从本质上更有动力遵守组织的道德标准。员工越认同一个组织的道德规范,他们的认同感就越会受到他人不道德行为的威胁或伤害,他们就越有可能采取行动制止和纠正不道德行为,无论是通过对抗、向管理层报告,或者拨打热线。

5.4.3 组织承诺

组织承诺是个人对所属组织的目标和价值观的认同和信任,以及由此带来的积极情感体验。Meyer 和 Allen(1991)提出三成分模型,将其分为情感承诺、持续承诺和规范承诺。情感承诺表现为对组织目标和价值观的认同和接受;持续承诺表现为个体随着对组织的投入增加而意识到沉没成本,从而愿意留在组织中;规范承诺表现为员工认同对待工作的一般道德标准,感到有责任留在组织中。已有研究指出,表现出较高组织承诺的个人更愿意留在组织中,因此在观察到不道德行为正在对组织产生危害时更有可能吹哨而不是退出组织(特别是持续的不道德行为的影响令人不安或不可接受时)。拥有更长任期的员工往往拥有高水平的权力和组织承诺,因而他们可能会试图通过吹哨来纠正组织问题。大多数吹哨者认为自己是非常忠诚的员工,他们试图使用"直接建言"(内部举报)来举报不道德行为,但通常会被拒绝,并因此受到惩罚。这些人认为他们是以忠诚的方式行事,试图提醒最高管理层注意观察到的不道德行为,以帮助组织制止对其产生进一步损害。忠诚是员工依附导致积极组织行为(如吹哨)的主要机制(Vadera 等,2009),然而,外部吹哨往往被视为对组织忠诚的背叛。因此,将个体依附与外部吹哨相联系的研究导致了不一致的研究结果。例如,实证研究发现,组织承诺与外部吹哨之间存在正相关、负相关和不相关三种结论。在医院环境中,Sims 和 Kroeck(1994)发现,员工情感承诺的增加与被认为是自我服务的道德行为呈负相关。在另一项研究中,Miceli 等(1991)发现,对组织的承诺对所有类型的吹哨都有直接的积极影响。

5.4.4 组织公正感与组织支持感

组织公正和组织支持有助于促进一种有利于内部吹哨的积极主动的环境。组织公正包括分配公正、程序公正和互动公正,分别被定义为对结果、程序和与管理层互动的公平性的感知(Colquitt 等,2001)。分配正义源于公平理论。公平理论支持个体通过计算投入(如教育、智力和努力)与结果的比率来感知结果的公平性。除公平外,还制订了平等和需求分配规则。平等是指无论投入多少,自己和他人的结果都是平等的;需要是指根据个人的相对需要来分配资源。这三个分配规则(公平、平等和需要)适用于不同的社会环境,如工作(公平分配)与家庭(平等和需要)。组织公正感和组织支持感对吹哨行为关系的研究包括以下几个方面：一、Near,Dworkin 和 Miceli(1993)最早运用公正理论解释员工吹哨过程。他们认为员工对组织系统的满意和结果的满意共同作用影响吹哨决策。对组织系统的满意取决于组织对待吹哨行为的程序公正和分配公正程度，由于感知到的公正性使员工对吹哨结果产生良好的预期和满意度，因而影响吹哨决策。Treviño 和 Weaver(2001)研究发现员工感知到组织公正并伴随相应的伦理计划时，更愿意报告管理问题。Goldman(2001)的研究证明了程序公正和渠道公正正向影响员工的外部吹哨行为。Seifert(2006)研究发现雇员感知到渠道公正性促进内部吹哨行为。Miceli 等(2012)基于信号理论分析指出，组织中的不道德行为传递了组织管理不善的负面信号。吹哨渠道是组织管理系统的一部分，观察到组织中不道德行为的员工因此会怀疑组织渠道的公正性，因此不采取吹哨行动，结论得到了数据检验的支持。二、运用社会交换理论分析，认为组织支持感会强化员工的正面行为。Miceli 等(2012)的研究指出，工作场所中的不道德行为伤害社会和心理环境，影响雇员的士气，减少他们的组织支持感，因此没有观察到组织中不道德行为的人比观察到的人感知到更多的组织支持；同时，相比之下，具有更多组织支持感的人相信良好的组织功能系统会自我纠正不道德行为，因此，与非观察者和不采取行动者相比，吹哨者感知到更少的组织支持感，该结论得到了数据检验的支持。

5.5　个体的工作角色

如果吹哨者的工作角色要求他们举报不道德行为，他们的心理可能会更强大并认为可以取得吹哨的成效，因为吹哨者是在自己的权限内行事。一些特定工作角色的员工会报告他们工作中发现的不道德行为。角色规定的吹哨者可能被视为行为一致，并且比那些没有被要求报告不道德行为的人更具可信度。美国对吹哨的统计发现，非审计职能的联邦雇员有30%～51%的吹哨，而内部审计主任约90%的人会吹哨。这是因为内部和外部审计职业通过报告不道德行为来保护公共利益的义务是基于他们本身的工作角色。当内部审计员感到道德要求，而不仅仅是工作角色要求他们这样做时，他们会更加频繁地告发；当公众受到人身伤害时，他们会使用外部渠道进行吹哨。与政府和企业人员相比，内部审计主任有举报的倾向，报复的发生率较低，这归因于内部审计主任报告道德行为的程序更好。

与内部审计师相比,管理会计师除了缺乏对举报的专业支持外,他们还经常面临来自雇主的压力要求他们从事不道德的行为,例如,以牺牲公众利益为代价保护组织。因举报而受到的报复强度也可能是工作角色相关。如果组织中的管理会计不受工作角色的约束去报告不道德行为,可能面临激烈的报复。这是因为管理会计师不像内部审计师那样负有报告不道德行为的既定责任(Seifert,2006)。报告不道德行为的管理会计可能面临严重报复的风险,例如,失去工作和职业。另外,主管身份与吹哨行为具有一定的正向关系,这是因为规范员工行为和执行标准是主管的共同责任。角色身份也经常要求主管报告不道德行为。鉴于上级主管往往要为下属的不道德行为负责,吹哨与他们的角色是一致的。而管理层倾向于应用规则进行管理,特别是要求报告不道德行为的规则,这应该也会增加主管吹哨的可能性。

参考文献

[1] 刘燕,李锐,赵曙明.(2016).包容性领导与下属揭发意愿的关系:一个被调节的中介效应模型.心理科学(01),144-150.

[2] Alford, J. R. (2001). We're all in this together. What is it about government that Americans dislike, 28-46.

[3] Alleyne, P., Hudaib, M., & Pike, R. (2013). Towards a conceptual model of whistle-blowing intentions among external auditors. British Accounting Review, 45(1), 10-23.

[4] Bhal, K. T., & Dadhich, A. (2011). Impact of ethical leadership and leader-member exchange on whistle-blowing: The moderating impact of the moral intensity of the issue. Journal of Business Ethics, 103, 485-496.

[5] Bandura, A. (1986). Social foundation of thought and action. Social Cognitive Theory (Prentice-Hall, Englewood Cliffs, NJ).

[6] Bjørkelo, B., Einarsen, S., & Matthiesen, S. B. (2010). Predicting proactive behaviour at work: Exploring the role of personality as an antecedent of whistleblowing behaviour. Journal of Occupational and Organizational Psychology, 83(2), 371-394.

[7] Brown, M. E., Treviño, L. K., & Harrison, D. A. (2005). Ethical leadership: A social learning perspective for construct development and testing. Organizational behavior and human decision processes, 97(2), 117-134.

[8] Brown, M. E., & Trevino, L. K. (2006). Ethical leadership: A review and future directions. Leadership Quarterly, 17, 595–616.

[9] Chiu, R. K. (2003). Ethical judgment and whistleblowing intention: Examining the moderating role of locus of control. Journal of business ethics, 43(1), 65–74.

[10] Chiu, R., & Erdener, C. (2003). The ethics of peer reporting in Chinese societies: Evidence from Hong Kong and Shanghai. International Journal of Human Resource Management, 14(2), 335–353.

[11] Colquitt, J. A. (2001). On the dimensionality of organizational justice: a construct validation of a measure. Journal of applied psychology, 86(3), 386.

[12] Dungan, J., Waytz, A., & Young, L. (2015). The psychology of whistleblowing. Current Opinion in Psychology, 6, 129–133.

[13] Gaudine, A., & Thorne, L. (2001). Emotion and ethical decision-making in organizations. Journal of Business Ethics, 31(2), 175–187.

[14] George, J. M., & Jones, G. R. (1996). The experience of work and turnover intentions: Interactive effects of value attainment, job satisfaction, and positive mood. Journal of Applied Psychology, 81(3), 318.

[15] Goldman, B. M. (2001). Toward an understanding of employment discrimination claiming: An integration of organizational justice and social information processing theories. Personnel Psychology, 54(2), 361–386.

[16] Greenberger, D. B., Miceli, M. P., & Cohen, D. J. (1987). Oppositionists and group norms: The reciprocal influence of whistle-blowers and co-workers. Journal of Business Ethics, 6(7), 527–542.

[17] Gundlach, M. J., Douglas, S. C., & Martinko, M. J. (2003). The decision to blow the whistle: A social information processing framework. Academy of Management Review, 28, 107–123.

[18] Henik, E. (2008). Mad as hell or scared stiff? The effects of value conflict and emotions on potential whistle-blowers. Journal of Business Ethics, 80(1), 111–119.

[19] Hollander, E. P. (1958). Conformity, status, and idiosyncrasy credit. Psychological review, 65(2), 117.

[20] Menk, K. B. (2011). The impact of materiality, personality traits, and ethical position on whistle-blowing intentions. Virginia Commonwealth University.

[21] Keenan, J. P. (2000). Blowing the whistle on less serious forms of fraud: A study of executives and managers. Employee responsibilities and rights journal, 12(4), 199–217.

[22] Lee, J. Y., Heilmann, S. G., & Near, J. P. (2004). Blowing the whistle on

sexual harassment: Test of a model of predictors and outcomes. Human relations, 57(3), 297-322.

[23] Liu, S. M., Liao, J. Q., & Wei, H. (2015). Authentic leadership and whistleblowing: Mediating roles of psychological safety and personal identification. Journal of Business Ethics, 131(1), 107-119.

[24] MacNab, B. R., & Worthley, R. (2008). Self-efficacy as an intrapersonal predictor for internal whistleblowing: A US and Canada examination. Journal of Business Ethics, 79(4), 407-421.

[25] Maroun, W., & Atkins, J. (2014). Section 45 of the Auditing Profession Act: Blowing the whistle for audit quality?. The British Accounting Review, 46(3), 248-263.

[26] Mesmer-Magnus, J. R., & Viswesvaran, C. (2005). Whistleblowing in organizations: An examination of correlates of whistleblowing intentions, actions, and retaliation. Journal of business ethics, 62(3), 277-297.

[27] Meyer, J. P., & Allen, N. J. (1991). A three-component conceptualization of organizational commitment. Human resource management review, 1(1), 61-89.

[28] Molm, L. D. (1987). Linking power structure and power use. Social exchange theory, 101-129.

[29] Miceli, M. P., & Near, J. P. (2002). What makes whistle-blowers effective? Three field studies. Human relations, 55(4), 455-479.

[30] Miceli, M. P., Dozier, J. B., & Near, J. P. (1991). Blowing the whistle on data fudging: A controlled field experiment. Journal of Applied Psychology, 21, 271-295.

[31] Miceli, M. P., &Near, J. P. (1992). Blowing the whistle: The organizational and legal implications for companies and employees. New York: Lexington.

[32] Miceli, M. P., Near, J. P., Michael T. R., & Van Scotter, J. R. (2012). Predicting employee reactions to perceived organizational wrongdoing: Demoralization, justice, proactive personality, and whistle-blowing. Human Relations, 0(0), 1-32.

[33] Miceli, M. P., Van Scotter, J. R., Near, J. P., & Rehg, M. T. (2001). Response to perceived organizational wrongdoing: Do perceived characteristics matter? in Darley, J. M., Messick, D. M. & Tyler, T. R. (Ed.). Social Influences on Ethical Behavior in Organizations. London: Erlbaum, 119-135.

[34] Michael, T., Miceli, M. P., Near, J. P., &Van Scotter, J. R. (2008). Antecedents and outcomes of retaliation against whistleblowers: Gender differences

and power relationships. Organization Science, 19, 221-240.

[35] Miethe, T. D. (1999). Whistle blowing at work. Boulder, CO: Westview Press.

[36] Near, J. P., & Miceli, M. P. (1985). Organizational dissidence: The case of whistle-Blowing. Journal of Business Ethics, 4, 1-16.

[37] Near, J. P. & Miceli, M. P. (1987). Whistle-Blowers in Organizations: Dissidents or Reformers, in B. M. Staw & L. L. Cummings (Ed.), Research in Organizational Behavior, Greenwich Conn: JAI Press, 9, 321-368.

[38] Near, J. P., Dworkin, T. M., & Miceli, M. P. (1993). Explaining the whistle-blowing process: Suggestions from power theory and justice theory. Organization Science, 4, 393-411.

[39] Near, J. P., & Miceli, M. P. (1995). Effective whistle-blowing, academy of management. The Academy of Management Review, 20, 679-710.

[40] Pratt MG (2000) The good, the bad, and the ambivalent: managing identification among Amway distributors. Adm Sci Q 45(3): 456-493.

[41] Rest, J. (1986). Moral Development: Advances in Research and Theory. New York: Praeger.

[42] Rothwell, G. R., & Baldwin, J. N. (2007). Ethical climate theory, whistle-blowing, and the code of silence in police agencies in the state of Georgia. Journal of Business Ethics, 70, 341-361.

[43] Seifert, D. L. (2006). The influence of organizational justice on the perceived likelihood of whistle-blowing, Unpublished doctoral dissertation. Washington State University.

[44] Sims, R. L., & Keenan, J. P. (1998). Predictors of external whistleblowing: Organizational and intrapersonal variables. Journal of Business Ethics, 17, 411-421.

[45] Sims, R. L., & Kroeck, K. G. (1994). The influence of ethical fit on employee satisfaction, commitment and turnover. Journal of Business Ethics, 13(12), 939-947.

[46] Stansbury, J. M., & Victor, B. (2009). Whistle-blowing among young employees: A life-course perspective. Journal of Business Ethics, 85, 281-299.

[47] Su, L., & Swanson, S. R. (2019). Perceived corporate social responsibility's impact on the well-being and supportive green behaviors of hotel employees: The mediating role of the employee-corporate relationship. Tourism management, 72, 437-450.

[48] Treviño, L. K., & Weaver, G. R. (2001). Organizational justice and ethics program "follow-through": Influences on employees' harmful and helpful behavior.

Business Ethics Quarterly, 11, 651–671.

[49] Tyler, T. R. and S. L. Blader. (2005). Can Business Effectively Regulate Employee Conduct? The Antecedents of Rule Following in Work Settings, Academy of Management Journal 6, 1143–1158.

[50] Vadera, A. K., & Aguilera, R. V. (2009). The role of IHRM in the formulation and implementation of ethics programs in multinational enterprises. In P. Sparrow (Ed.)

[51] Vadera, A. K., Aguilera, R. V., & Caza, B. B. (2009). Making sense of whistle-blowing's antecedents: Learning from research on identity and ethics programs. Business Ethics Quarterly, 19(4), 553–586.

[52] Watson, D. (2000). Mood and temperament. Guilford Press.

[53] Watson, D., & Clark, L. A. (1984). Negative affectivity: the disposition to experience aversive emotional states. Psychological bulletin, 96(3), 465.

[54] Watts, L. L., & Buckley, M. R. (2017). A dual-processing model of moral whistleblowing in organizations. Journal of Business Ethics, 146(3), 669–683.

[55] Zhang, J., Chiu, R., & Wei, L. (2009). Decision-making process of internal whistleblowing behavior in China: Empirical evidence and implications. Journal of Business Ethics, 88(1), 25–41.

第六章
领导与同事对吹哨行为的影响

与吹哨者的个人特征相比,情境变量也可以解释个人吹哨决策的差异。这些情境变量包括领导特征和同事支持。在部门/团队层面,由于领导者扮演组织代理人的角色,其体现出的领导特征是影响员工吹哨行为最为重要的因素之一。学者用社会交换理论解释管理层或主管的支持对员工吹哨决策的影响,说明互惠规范是员工决定吹哨的缘由;也有学者用社会学习理论解释领导特征的影响,说明领导者通过树立榜样使下属效仿,或通过制订规范、标准或制度以阐明、说服和支持下属的吹哨行为。另外,工作同伴影响个体对正义的判断和感知,并且可能提出系统的参考意见,增加吹哨行动的合法性和成功可能性。

6.1 领导特征的影响

6.1.1 包容性领导

包容性领导(inclusive leadership)是指领导者鼓励并邀请员工参与并认可个体所做的贡献(Nembhard & Edmondson,2006)。在此概念提出的基础上,Carmeli,Reiter-Palmon 和 Ziv(2010)从领导者与追随者的关系和互动机制出发探讨领导的作用机制,主张领导者坚持以人为本的管理原则,将包容性领导描述为领导者能够倾听和关注追随者的需求,在与追随者的互动中表现出开放性(openness)、有效性(availability)和易接近性(accessibility),是关系型领导的特殊形式和核心。包容性领导是一种重视员工需求、擅于倾听员工观点和认可员工贡献的领导方式。包容性领导讲求公平,对处于劣势群体的人,如女性、残障人士等能平等对待;包容性领导尊重竞争和合作,依靠尊重、认知、响应和责任这四个角色来与下属进行互动,并协调和促进员工实现组织目标。包容性领导的主要特点是擅于倾听和尊重员工,促使员工参与,积极投入到组织目标当中。包容性领导可以带来员工的积极工作态度和积极工作行为;通过鼓励员工参与可以降低组织内的等级差异感知,提高员工心理安全感知;包容性领导会促进员工组织承诺、工作满意度的提升,对于员工的工作行为也具有积极促进作用。

研究表明,包容性领导能够提高员工的心理安全感和自我效能感,从而为员工建言提供支持,促使员工工作中的积极参与(齐蕾等,2019);包容性领导会提高员工积极的心理感知和态度,从而促进员工的主动行为(唐娅婷等,2021;孔靓等,2020);包容性领导还对员工创造力和团队绩效有积极影响(李群等,2021;陈慧等,2021)。研究者认为包容性领导的作用主要来源于以下:首先,包容性领导具有开放性,能够尊重员工的个性,愿意倾听员工的观点和建议,能为员工的发展提供良好的外在环境支持;其次,包容性领导的易接近性和可用性,大大降低了领导和员工之间的权力距离,减少了员工在工作过程中的顾虑。再次,包容性领导乐于与员工探讨期望的目标,认可员工的贡献,对员工的成长和进步给予反馈,能够满足员工在目标实现过程中的认可需求。

刘燕等(2016)的研究发现,包容性领导促进下属的内部吹哨行为,这是由于包容性领导是公正和道德的表率,这使下属相信向损害他人或组织的非伦理行为吹哨是包容性上司鼓励和支持的行为,从而增加对吹哨"合法性"的感知;同时,包容性领导是与专制、独裁和排他的领导方式相对立的,为此,吹哨行为尽管可能涉及对当下组织管理的挑战和批评,但下属并不会担心冒犯或得罪具有包容性特征的上司;更为重要的是,包容性领导接纳和认可下属的意见和贡献,并且尊重下属为改进工作而做出的努力(Nembhard & Edmondson,2006),这使得下属会对吹哨结果持有良好预期,如非伦理行为被制止和惩戒,吹哨行为得到上司的肯定、赞扬和感激等。如果缺少这样的良好预期,下属预感吹哨的结果是徒劳的,那么即使潜在吹哨者不担心报复,也不会愿意投身于这种行为。

6.1.2 真实性领导

Avolio,Luthans 和 Walumbwa(2004)吸收来自积极组织行为、变革性领导和伦理型领导的观点,将真实性领导(authentic leadership)定义为"源自积极心理能力和高度发达的组织环境,导致领导者及其同事更大程度的自我意识和积极的自我调节行为,从而促进积极自我开发的过程"。通过整合变革性领导理论和伦理型领导理论,Avolio 等(2004)进一步构建了真实领导理论以说明领导者如何应对安然事件等不确定和不断变化的环境中出现的伦理危机。真实性领导包括四个维度,如自我意识、平衡处理、关系透明性和内化道德(Walumbwa 等,2008)。对于真实性领导者来说,自我意识是指领导者意识到自己的长处、短处和动机的程度,以及辨别员工如何认识自己的领导力。平衡处理意味着征求意见,甚至挑战领导人的权威。关系透明是指暴露自己,例如,公开表达和分享想法、看法和信息。内化道德表明,领导者的行为受其内在道德价值观和信念的引导,而不是受外部压力(如组织腐败或来自同伴的威胁)的引导。

真实性领导在塑造组织行为(如组织公民行为)和员工工作态度(如组织承诺)方面发挥积极作用(Avolio 等,2004)。领导者的真实行为可以提高信任和下属的道德认知,从而促进追随者的道德行为。首先,真实性领导者关注对员工行为的监控,并意识到腐败和不道德行为会破坏组织的运作,因此,他们会愿意接受员工的吹哨行为以发现下属的不道德行为。第二,真实性领导者公开透明地表达并与下属分享想法、价值观和规则,从而提高员工的信任。不道德行为的观察者可能因此而知道什么是"正确的事情",并将向主管报告视为他们的责任。第三,真实性领导者向吹哨者索取信息,对吹哨人披露的信息进行公平处理,为团队成员提供公正的渠道和支持从而鼓励吹哨行为。

当上司重视披露的信息时,不道德行为的观察者可能会做出积极的反应,如通过内部渠道进行披露,从而减少吹哨的外部风险。真实性领导的高内化道德观更有可能使组织标准和制度合法化,规范道德决策,抵制不法分子的报复。在道德和价值信念标准的激励下,员工会自告奋勇,而不是屈服于来自组织权威和同事威胁的外部压力(Liu 等,2015)。真实性领导者遵循内在的道德价值观,捕捉积极的自我发展,因此往往赢得追随者的强烈信任。在进行内部检举之前,错误行为的观察者通常通过评估他们对领导者的信任程度来预测人际关系风险。如果观察者怀疑领导者的正直和正义抑制不法行为,他们可能保持沉默以避免潜在的风险。有证据表明,怀疑监管者限制不道德行为的能力的潜在吹哨人更有可能保持沉默(Lewis & Kender,2010)。信任领导者的员工倾向于进行内部吹哨而不是外部吹哨。因此,真实性领导者会从信任的角度降低吹哨者的人际风险。Li 等(2013)发现,真实领导可以提高下属对自我表露行为的信任。真实性领导者的高道德视角和诚信可以通过他们的社会影响力和角色塑造来塑造群体价值观和道德体系。中国的集体文化取向使得群体成员更重视人际关系而不是经济利益。人际关系和道德取向之间的价值冲突使潜在吹哨者的思想复杂化,从而降低了成员的吹哨意图。真实性领导者在面对价值困境时,始终如一的道德规范和行为会促进追随者的道德行为(Walumbwa 等,2011)。潜在的吹哨者受到公开讨论中道德认知结构的启发,减少了内化道德和实际行动之间的差异。真实性领导者会激励潜在的吹哨者按照他们的道德价值观行事。Hannah 等(2011 年)发现,一个人的道德能力被真实性领导所激活,从而促进道德行为和亲社会行为。真实性领导激活了不道德行为观察者在两难时的决策取向,这使他们能够将披露不道德行为作为个人责任而采取行动。

Henik(2008)提出吹哨包含五个阶段:第一,观察到事件发生;第二,潜在吹哨人做出行动决定;第三,采取吹哨行为;第四,向组织提交报告;第五,组织向吹哨者提供反馈,并根据反馈决定未来的行动。真实性领导在第二阶段和第五阶段发挥重要作用。在这种情况下,如果一个潜在的吹哨者不是唯一的责任人,那么观察不道德行为的个人责任通常会产生分散。真实性领导者可以促进下属的自我意识和最佳自尊,使其在不受社会影响和压力的情况下服从自己的信念和责任。如果观察者发现有不道德行为,他们可能会按照真实领导激活的内在道德价值观而吹哨,在这种情况下,潜在吹哨者通常会单独行动。在第五阶段,领导者的反馈会影响下一次的决策。如果员工向领导举报不道德行为,具有高度真实性的领导会以高度诚信来透明地信息处理和抑制不道德行为。领导者的公正回应增加了吹哨的可能性。此外,潜在的吹哨者觉得被真实性领导者公平对待时会更倾向于帮助组织指出关键的运作问题。相反,缺乏真实性领导特征的领导者可能会忽视以前的错误行为或不公正地对待吹哨者,潜在的吹哨者就可能会保持沉默。

真实性领导作用于一个人的真正价值观,这种价值观塑造了行为模式,促进了行为的完整性,即领导者言行之间的一致程度。当员工因为信任具有高度诚信和足够能力的领导者而感到心理安全时,他们会向领导者发出组织中的不道德行为警告。当不法分子攻击吹哨者的举报行为时,领导者可以公平地处理冲突。此外,当领导者和员工之间建立了强大的信任关系时,被感知的报复行为就会减少。员工面对的报复越弱,他们吹哨的可能性就越大。在团队心理安全的氛围下,吹哨人如果发现不道德行为,会感到受到领导和成员的安全对待。真实性领导者鼓励成员按照内在的价值观行事,这有助于非观察者分享他们知道的信息,无论这些信息是否是真实的。高的团队心理安全使每个成员都互相尊重,即使他们做出不适当的吹哨。在这种情况下,所有潜在的吹哨者都会忽略对不法分子或其他人报复的恐惧。因此,真实领导者通过建立团队心理安全来帮助潜在的吹哨者说出他们所知道的。

6.1.3 伦理型领导

伦理型领导是指管理者在工作中表现出符合伦理规范的行为,并在人际互动中通过双向沟通、强制等方式促使下属学习和效仿(Brown 等,2005)。伦理型领导的特点是突出领导者的道德伦理,强调领导者作为道德榜样对下属的影响。领导者通过把自己树立为有吸引力和可靠的角色模范,来引导下属学习和遵守一定的伦理标准(Brown & Mitchell,2010)。在先前有关领导者特质与领导有效性研究的基础上,Treviño 等(2000)首先清晰地指出了伦理型领导包含道德人(ethical person)和道德管理者(ethical manager)两个方面。前者指的是领导者具有诚实、正直等个性特征,做正确之事,以及做出合乎伦理的决策;后者指的是领导者通过可视化的行动为下属树立榜样,并运用奖惩制度进行道德和价值观的传播,进而影响下属的道德/不道德行为。之后,Treviño 等(2003)对伦理型领导进行了明确的定义,从而为深入理解伦理型领导的内涵和影响提供了基础。他们指出,伦理型领导是通过角色示范和道德管理影响下属行为的领导风格。Brown 等(2005)根据社会学习理论,对伦理型领导的内涵进行了较为规范和系统的界定,并解释了伦理型领导者在组织情境中如何担任道德管理者的角色。根据他们的观点,伦理型领导指的是领导者通过个人行动和人际关系向下属展示了什么是规范和恰当的行为,并通过双向沟通、强化和决策的方式,将这些行为推广到下属成员当中。后续的研究进一步发展了伦理型领导的定义。例如,伦理型领导会习惯性地将道德准则融入员工的信念、价值观和行为之中。De Hoogh 和 Den Hartog(2008)指出,伦理型领导是按照具有社会责任的方式指导下属实现有利于组织、成员、其他利益相关者以及社会目标的过程。尽管到目前为止,学者们对伦理型领导的定义仍存在分歧,但已有的实证研究绝大多数采用了 Brown 等(2005)的定义。

上述学者所提出的伦理型领导的概念框架为伦理型领导与吹哨行为的关系研究奠定了基础。Treviño 等(2003)通过访谈法归纳出了伦理型领导的五个核心成分,分别是:① 以人为导向。关心、尊重、发展和善待他人;② 可见的道德行动和特质。领导者作为角色榜样,践行道德准则;③ 设定道德标准和责任。通过合理的奖惩机制引导下属的行为;④ 广泛的道德意识。维护组织和群体的利益;⑤ 决策过程。保证公平与公开。De Hoogh 和 Den Hartog(2008)提出,伦理型领导包括道德和公平、角色界定和权力分享等三个维度。伦理型领导由尊重他人、服务他人、关心公平、表现真诚和构建社群五个方面组成。Khuntia 和 Suar(2004)通过问卷调查发现,伦理型领导包含授权、动机与性格这两个重要的维度。伦理型领导涵盖了正直、利他主义、集体动机和鼓励四个维度。之后,Eisenbeiss(2012)提出了伦理型领导具有人道、公平、责任和可持续性,以及中庸这四个核心的道德导向。

社会学习理论是解释伦理型领导作用机制的基本理论之一。在组织中,伦理型领导正直、诚信、言行一致,积极践行道德准则,很容易成为下属效仿的角色典范;通过沟通和强制等措施要求下属遵守伦理规则,奖励伦理行为、惩罚非伦理行为,也向员工传递了组织对待积极/消极行为态度的信号。因此,无论是伦理型领导的直接示范作用,还是奖励/处罚(非)伦理行为传递的信号,员工都非常清楚不能实施消极怠工、损公肥私等反生产行为。在中国,虽然近年来社会大众的道德意识出现或多或少的滑坡,但仁义道德、敬重领导等传统儒家文化在人们内心根深蒂固,"德高望重"的领导应该依然具有影响力。伦理型领导有助于推动下属对领导的信任感。首先,由于伦理型领导正直、言行一致、无偏无私、强调授权,这些特征有助于员工通过推理判断提升认知信任,即员工会由于伦理型领导值得信赖而愿意相信他。其次,伦理型领导在日常工作中关心、尊重员工,并提供各种支持行为,这些行为有助于双方形成高水平的社会交换关系,进而提高员工对领导的情感信任,即员工会由于领导对自己的关爱和照顾而愿意相信他。事实上,相关研究也证实了伦理型领导可以激发员工对领导的信任。比如,伦理型领导能提升员工"圈内人"的身份感知,双方表现出积极的信任关系(Walumbwahw 等,2011)。伦理型领导可以提高下属对领导的认知和情感信任水平(涂乙冬等,2014)。张永军(2017)依据社会交换理论,实证研究验证了伦理型领导作为一种"好"的领导方式,能够显著增强员工对领导的信任和领导认同进而减少反生产行为。Khan 和 Soomro(2020)研究也发现,伦理型领导能够促进程序公平和增加下属的领导信任,可以最大限度地减少员工心理资源的消耗,提高工作满意度。

当领导者鼓励道德行为,并且道德行为得到回报和不道德行为受到惩罚时,道德行为的发生就会越来越多,包括对观察到不道德行为的吹哨行为。高层管理的伦理特征建立了一个规范行为的伦理模范,决定了什么是组织可以接受的,即什么是良好和适当的行为。已有多项研究证实员工对高层管理人员在日常商业活动中的行为的认知对自我报告的不道德行为有很大的影响。已有研究发现伦理型领导促进员工主动报告工作中的管理问题(Brown等,2005),促进其吹哨意愿(Bhal & Dadhich,2011;Keenan,2000)。伦理型领导正直、诚信,营造积极的伦理氛围与文化,鼓励员工做正确的事,惩罚不道德行为,是员工的学习典范。通过观察和学习,员工便知道检举他人不道德行为是被鼓励的,也是安全的(张永军,2016)。Zhang等(2016)通过对企业的访谈调查发现,伦理领导者不仅自身具有伦理性,还通过制订伦理标准、经常与追随者就伦理问题进行沟通、使用奖惩来支持追随者的伦理行为来加强其伦理管理实践。当领导是道德的,员工更有可能克服吹哨的高风险,因为员工认为他们的领导是可信的伦理型领导。员工可以通过观察一个有伦理道德的领导者如何对待同事来间接了解吹哨行为是被接受的,员工的道德潜能被激发,他们将试图满足该领导者对不道德行为的吹哨的预期,促进吹哨行为。Cheng,Bai和Yang(2019)研究表明,伦理型领导者作为榜样角色影响下属,他们被认为是值得信任的、负责任的,并且可能会公开反对不恰当的行为以提高组织有效性,这种行为可能会被下属模仿,降低下属感知到的组织政治氛围,进一步增加吹哨的意愿与行为。成瑾等(2021)提出伦理型领导作为一种领导方式,一方面通过组织政策、组织奖惩等创造相应的组织氛围,影响员工的内部吹哨行为;另一方面也通过言传身教、个人行动和人际交往等改变员工的道德状态,影响员工的内部吹哨行为。伦理型领导能降低员工的道德推脱意识,从而正向影响员工内部吹哨意向。

6.1.4 变革性领导

变革性领导(transformational leadership)是指领导通过个人的魅力、组织内部的愿景激励和人性化关怀等方式,来激发员工的工作热情,从而维持组织的高效运作(Bass,1985)。变革性领导者善于激发员工的创造力,乐于向下属展示美好未来,并通过激发下属更高层次的需求来实现更高层次的目标和推动组织变革。Bass和Avolio(1994)进一步提出了变革性领导四维度结构,即感召力、领导魅力、个性化关怀、智力激发。其中,感召力是领导者构建组织发展愿景,通过与员工充分沟通使其认同组织愿景、明确工作意义,激发员工工作热情。领导魅力是指领导能使员工产生信任和跟随的行为,包括领导者成为下属行为的典范、得到下属的认同、尊重和信任,变革性领导者一般具有高层次的理想、道德要求、价值观、信念、使命感以及较强的个人魅力,深受下属的爱戴和信任。员工认同和支持领导所倡导的愿景规划,并对其成就一番事业寄予厚望。个性化关怀是领导者根据员工的不同特点,对员工工作和职业予以关注并提供支持和指导,从而提高员工工作能力。智力激发是指领导者鼓励员工创新、挑战自我,即向员工灌输新观念,启发员工发表新见解并鼓励员工尝试从新角度思考工作中遇到的问题,积极运用新手段、新方法解决问题,从而提升员工解决问题的能力。

变革性领导者采取特定的方法来激励员工。尽管他们没有放弃奖励员工表现的做法,但变革性领导者非常注重吸引追随者或激励员工的内在动机。因此,这种领导风格被视为对交易方法的补充,或是建立在交易实践基础之上。变革性领导者能够从本质上激励员工,因为他们表现出多种行为和实践。首先,变革性领导者通过传达吸引员工的、有吸引力的使命,提供鼓舞人心的动机(Effelsberg & Solga,2015)。在这种做法下,他们还"以高标准挑战追随者,传达对未来目标的乐观态度,并为手头的任务提供意义"。第二,他们给予每位员工个性化的考虑,因为他们通过指导员工并解决他们的需求和担忧来个性化与员工的互动。第三,变革性领导者表现出理想化的影响力,这意味着他们"为道德和伦理行为设定了高标准,对未来充满信心,并为效仿设定了高标准"。最后,这些领导者利用智力刺激来激励追随者在需要变革时挑战传统的假设和陈腐的思维。本质上,变革性领导者提高了追随者对结果重要性的认识,以及如何通过超越自身利益来实现这些结果。

作为一种管理实践,变革性领导已经被证明对于下属的态度、工作绩效和行为有积极影响。例如,田瑾等(2021)发现变革性领导能缓解员工职业倦怠,提升员工幸福感;张君和王国洪(2020)研究发现变革性领导能够通过提高自身的工作投入水平从而提高团队创新绩效。相较于领导高目标清晰度,在领导低目标清晰度的情形下,变革性领导与领导投入水平的联系更强;张艳和姚禹含(2021)实证研究验证了变革性领导与员工创新行为之间的正相关关系。相关研究也表明,变革性领导可能对吹哨产生积极影响。首先,变革性领导者为员工提供个性化的考虑,这包括领导者的关心和培养以及每个追随者的个人发展。在组织中,个性化的考虑被认为是提高领导与员工关系质量和增强员工对领导支持的必要条件。员工从领导者那里获得支持会使员工感到更自在和更少受到威胁。在吹哨方面,揭露错误行为的个人有时会面临巨大的职业和个人生活风险。但支持性的、威胁性较小的环境可以减轻个人对举报不道德行为的焦虑。因此,与不受支持的员工相比,受支持的员工更容易对举报不道德行为感到放心。其次,变革性领导者鼓励追随者以道德的方式行事,例如,变革性领导者提高了追随者的道德能力、道德效能和道德勇气。道德能力意味着个人有能力评估替代方案的道德后果。在吹哨研究理论中,判断吹哨行为是否是错误行为是预测行为的关键,这与变革性领导理论所支持的道德能力是一致的。道德效能是指员工具备处理道德状况的能力和技能。当个体意识到自己有能力纠正行为时,他们更可能报告不道德行为,这与道德效能是一致的。最后,道德勇气有助于个人在冲突中解决问题(Zhu等,2011)。尽管有可能遭到报复,但举报不道德行为的个人仍会这样做。这种决心显然与道德勇气是一致的。因此,这一推论也表明变革性领导会对吹哨态度产生积极影响。

实证研究支持变革性领导对吹哨态度有正面影响的观点。Caillier (2015)对横截面数据进行了两次检验,两次结果都表明变革性领导与揭露不道德行为的舒适度呈正相关。变革性领导对吹哨态度产生积极影响的原因有很多。例如,变革性领导者创造了一个没有威胁性的工作环境,人们发现,这种环境可以降低举报不道德行为可能遭到报复的程度。另外,变革性领导者鼓励员工在面临道德困境时做正确的事情,这促使变革性领导者的下属比不鼓励这些行为的领导者的下属更有可能举报非法或不道德的活动。因为员工可能不会害怕报复,而是认为他们正在做领导所支持和激励的事情(Caillier & Sa,2017)。

6.1.5　交易性领导

交易性领导(transactional leadership)是在既存的系统和文化情景下发挥作用的领导者类型,交易性领导者注重结果、时间和效率。为了更好地达到预期的效果和回避风险,他们把精力更多地投放在对过程的监控,以获得更好的结果(Bass,1985)。交易性领导者制订明确的绩效目标,观察员工实现这些目标的情况,并根据员工实现这些目标的进展情况对其进行奖惩。交易性领导强调个人目标,而不是组织或集体目标。交易性领导主要包含两个维度:权变奖励(contingent reward)和例外管理(management by exception)。权变奖励指领导者和员工通过协商达成某种契约后,员工会按照双方协议的内容展开工作。任务完成后,领导者按事先的约定,根据具体完成情况给予相应的奖赏。权变奖励型领导的主要特征体现在物质奖励和承诺性权变奖励两个方面。物质奖励是领导者根据员工工作完成情况,支付给一定的奖酬。承诺性的权变奖励指领导者向下属承诺,如果完成工作任务,会根据事先商定好的奖励办法对员工进行奖励,如职位的提升等。但是,如果员工不能按照事前约定的内容完成工作,则可能面临来自领导者相应的惩罚措施,如降薪等。因此,交易性领导的权变奖励行为是一种奖惩分明的领导行为。它有明确的责任界限和清晰的工作目标。在交易性领导管理下的员工清楚地知道自己要做什么、做完后会得到什么奖赏或者惩罚。由于奖励是用来诱使员工提高绩效的,所以促使员工努力的是外在动机。例外管理指领导通过对员工工作过程进行控制而避免出错的领导方式。该种类型的领导者对员工工作过程中出现的偏差、错误给予及时纠正,以确保员工高效完成工作任务。Bass(1998)进一步将交易性领导中的例外管理维度划分为积极例外管理和消极例外管理两个方面。消极例外管理更多地体现在领导的不作为方面,被认为不重视员工的工作过程,只在乎工作结果。只有当员工在工作中出现错误,或者有违反规定的行为发生后,该领导者才会出面给予干预。

由于交易性领导奉行"论功行赏"的处事风格,争论的核心问题是交易性领导对员工积极的工作行为存在负面影响。交易性领导主张资源的交换关系,而这种交换关系有可能阻碍员工愿意尝试新办法的动机的产生。但也有很多研究结论支持交易性领导对相关结果变量的积极影响效应。学者们研究发现,交易性领导增加员工的知识管理活动,促进其创新绩效(苗宏慧,2019)。交易性领导促进团队成员共享领导,进而提升团队创造力(顾琴轩和张冰钦,2017)。交易性领导也能增加员工的心理授权和组织公正感(Pieterse等,2010;Yan-Hong Yao等,2014)。部分学者也验证了交易性领导的消极作用,如Houghton和Yoho(2005)通过实证研究发现,交易性领导对下属的心理授权产生负面影响。

研究表明,交易性领导对吹哨行为产生影响。首先,内部控制源和自我效能感水平较高的员工更有可能做出道德判断,并有较高的吹哨意图。这表面上是因为自我效能感和心理控制源增强了观察者的信心,使他们相信自己有能力最终制止和/或纠正不道德行为,从而减轻报复的认知威胁。这意味着,潜在的吹哨者的动机是他们的报告将获得成功的可能性。但交易性领导强调"密切监控追随者的任何偏差和错误,以便尽快采取纠正措施"(Groves & LaRocca,2011)。因此,拥有此类管理人员的机构中的员工可能会表现出较低的自我效能感,因为他们对自己能力的信心可能会因其活动受到严格监督而被损害,说明交易性领导可能会降低员工自我效能感,从而影响吹哨行为。然而,由于交易性领导注重纠正错误,组织中的员工可能不会害怕因举报不道德行为而遭到报复,因为员工可能会认为他们在协助这些领导进行监督工作。另外,交易性领导也会影响道德认同(Zhu 等,2011),这一结构与增加吹哨态度的潜在动机一致组成维度,其基本原理是,交易性领导者倾向于建立正式的指导方针和明确的制度,以提高和控制追随者的道德品质和价值观水平。特别是,交易性领导者可能会实施"例外管理",主要侧重于设定明确的目标,监控追随者的表现,并根据组织中的正式标准处理不道德行为。此外,为了提高员工做出道德决策的能力以及监控他们的道德行为和道德认同,交易性领导者试图制订外在的奖惩。通过这种方式,表现出交易领导行为的领导者可能会提高道德标准和道德水平以及公司员工的态度。实证研究支持这一推测。Zhu 等(2011)对工人进行了实地调查研究后发现,交易性领导提升了员工的道德认同水平。交易性领导管理下的员工不会觉得他们会因为吹哨而受到报复,因为领导强调与吹哨一致的动机和行为。研究发现,在交易性领导下,员工对报复的恐惧比在不实行交易性领导的组织或团队要低。这是由于交易性领导者密切关注员工的错误和失误,报告非法或不道德活动的员工会认为吹哨有助于组织减轻员工的非法活动。

6.2　领导-成员交换关系的影响

领导-成员交换(Leader-member Exchange,LMX)是指由于领导的时间、精力和资源的有限性,领导会区别对待下属,建立远近亲疏、质量不同的交换关系(Graen & Uhl-Bien,1995)。这种关系的形成主要有3个阶段:首先,通过沟通、交流等方式,对"圈内""圈外"成员进行初步的区分。其次,通过工作中的交流以及工作任务的展开,对领导-成员交换关系进行进一步的调整,初步建立稳定的联系。最后,领导-成员交换关系,会从单一的直线联系上升为整个"关系"网络,从而形成"圈内成员"与"圈外成员"。所谓"圈内人",是指领导-成员交换关系中,极少数与领导者交换质量较高的员工,而其余的下属与领导者之间局限在正式的工作关系范围之内,这部分下属常被称为"圈外人"(Cropanzano 等,2017)。"圈内人"将会超越正式的层级关系,高质量的互动关系将是圈内成员与领导相处的本质和内核。"圈内人"会想领导之所想,和领导的利益保持一致,在领导需要信息和建议进行决策时,贡献出更多的智慧和解决方案,以此来表达对领导赏识的回报。而"圈外人"与领导遵从正式的层级关系,本质上是任务导向的。因此,"圈外人"很难有机会参与到组织决策中来,并且对领导和组织缺少感情投入,只关注自身绩效的完成。

Liden和Maslyn(1998)的四维结构说得到了大多数学者的认同,包括情感、忠诚、贡献和专业尊敬四个方面。情感,指领导与成员双方建立起来的,主要基于个人相互吸引而非工作或专业知识方面的彼此间的情感体验。在早期LMX发展阶段和形成后的稳定阶段,情感起了决定作用。双方的情感是影响信任、忠诚和责任的基本因素。因此,情感是LMX的基本变量,会对LMX质量产生影响。贡献,指领导与成员关系中双方对共同目标所付出努力的数量、方向和质量方面的知觉。高质量的关系是指领导和部属之间有价值资源的更多的交换。绩效好的部属更能够给领导留下深刻印象,得到资源和支持。忠诚,指领导与成员中的一方对另一方的目标和个人品质公开表示支持。研究表明,忠诚对LMX的发展和维系产生影响。领导通常会让忠诚的部属去做需要独立做出判断和承担责任的任务。专业尊敬指领导与成员关系中双方彼此所拥有的,在工作领域中的声誉的知觉程度。胜任工作是发展高质量关系的核心标准,因此领导和成员对彼此胜任工作的能力和专业素养的知觉对LMX的质量有重要的影响。也有学者将领导-成员交换区分为六个维度的变量,分别是尊敬、信任、忠诚、喜欢、自由和相互支持(Schriesheim等,1999),以及影响、灵活性、信息、关注、支持和任务。

由于组织内部资源有限,领导对于满足了自己角色期望的下属,不仅会给予物质上的奖励,还会给予更多的关怀、信任,逐渐形成以领导为中心的非正式团体,领导与下属也从原来的经济性交换关系变为既有经济性又有社会性的复杂交换关系。Graen和Cashman(1975)针对新员工的社会化研究结果表明领导者对新员工角色的关注对于新员工的发展是相当重要的。对每个领导者及其下属,领导-成员交换过程都将经历互相评价、互相信任、互相忠诚几个阶段,这是一个领导者及其下属双向互动的过程。随着时间的推移,保持高交换关系的员工被视为"圈内人",领导和下属的关系趋于稳定。属于圈内人的下属会得到领导较多的关心、支持和较多的时间资源等,而和圈外下属的关系只限于履行工作职责和任务。"圈内人"关系的特点是高度的信任、相互交流、支持和忠诚;圈外人关系的特点则与圈内人关系的特点相反。领导-成员交换不仅包含资源的交换,还包含情感的交换。"圈内人"与"圈外人"之分是领导-

成员交换关系的主要内容,对下属的工作资源及工作绩效产生不同程度的影响。

自LMX这一概念诞生以来,关于其对个体、组织层次行为的影响研究受到了关注。LMX代表了领导与下属的交换关系,不同类型和程度的LMX会对员工组织或者团队产生不同的影响。现有研究大多集中于对员工的影响,如提高员工绩效、工作满意度、组织承诺等,大致可分为以下三种作用:① 对积极行为的促进作用。高LMX领导提供了更多的支持,员工感知到更多心理授权,因此促进了绩效的提高(张银普等,2020)。高LMX的员工有强烈的责任感,为工作付出更多努力,更能从事主动创新行为(徐本华等,2021)和建言行为(潘亮和杨东涛,2020)。LMX也有利于员工在与领导的互动中获得更多的指导、职务信息和激励,增加员工的内部人身份认知,提高员工敬业度(施丹等,2019)。在高质量的领导-成员交换关系下,员工对组织的心理契约更强,组织公民行为和组织承诺更多,工作满意度更高,工作绩效更出色,更愿意进行知识共享(Dulebohn等,2012;Gottfredson等,2020;刘淑桢等,2020);② 对消极行为的抑制作用。Lee(2005)的研究表明,处在高LMX中的员工会产生对组织更高的情感承诺。根据社会交换理论和互惠原则,高LMX中,员工可以利用从领导那里得到的支持等资源为工作的完成提供便利,提高工作效率,增加业绩,并减少消极行为。张端民(2017)研究发现,高质量的领导-成员交换关系会减少员工的沉默行为。在高质量的领导-成员交换关系中,员工会将组织中存在的问题及时汇报给领导,从而减少沉默行为。而在低质量的领导-成员交换关系中,员工不信任领导,或出于自我保护的目的而选择沉默来避免领导的批评;③ 可能带来的消极影响。领导-成员交换理论认为,在高水平的领导-成员交换关系下,领导者将下属视为内部人员,即组织中的"圈内人";反之,领导者会将下属视为外部人员,即组织中的"圈外人"。前者更易获得较多的信息和资源、晋升机会、授权、工作绩效、绩效评价结果,具有较高的组织公民行为和较低的离职倾向,与其领导者之间会有更多的相互信任、尊重和忠诚。当组织成员被视为"圈内人"时,领导者会对其表现出更多的支持和帮助,并给予其更高的期望。而下属也愿意表现出更多的积极行为,更加积极主动地完成甚至超额完成领导者所布置的任务,并减少离职倾向等消极行为。例如,林英晖和程垦(2016)发现,领导-成员交换会导致员工的组织承诺增加,从而增加其亲组织不道德行为。李好男和孔茗(2021)研究表明,高水平的领导-成员交换关系导致员工产生感知偏离容忍,进而导致工作偏离行为增加。Greenbaum等(2018)研究表明,当领导-成员交换水平较高时,员工倾向于模仿领导者的权宜行为,即出于自私目的而从事不道德行为以取得工作上的成功。

此外,领导-成员交换关系也会影响下属的吹哨意愿和行为。对于下属来说,领导的支持,尤其是在举报不道德行为时非常重要。领导者和成员之间的交流质量决定下属是否有动机做出额外的角色行为,如吹哨行为。直接领导在下属吹哨中发挥着重要作用,既有道德行为,又有高度的交换关系。领导-成员交换关系植根于领导与每个下属之间的社会交换。这意味着下属有义务通过额外的角色行为来回报高质量的关系。高质量的人际关系的特点是领导者和成员之间的合同外交流超出了正式的工作内容;低质量的关系主要是在工作描述的范围内进行合同交换。下属对这些关系的一种回报方式是限制或限制扩大他们的角色,使他们要么只遵守合同,要么将他们的行为扩展到超出正常角色要求的范围(即参与公民行为)。通过改变投资或回报来维持领导-成员二元关系中的权益。从本质上说,这意味着与领导进行高质量互动的下属在额外的角色行为方面会得到回报。

由于吹哨是一种额外的角色行为,尽管道德领导行为可以通过提供支持和保护以防止报复来鼓励吹哨,但LMX是一种让员工乐于投身于亲社会行为并超越职责范围报告道德问题的原因。LMX也建立在社会交流的基础上,因此通过公平的交流可以促进吹哨行为。LMX与利他主义、责任心、体育精神、礼貌和公民美德呈正相关。如果领导者超出了正式的工作描述的范围,发展了额外的角色关系,下属会通过亲社会和利他的吹哨行为来回报他们的行为。研究表明,在高质量的领导-成员交换关系中,领导与员工之间信任度较高,员工为了回报领导的信任,往往会付出超出其职责范围之外的努力。在人-环境互动模型中的研究中,数据分析的结果发现,伦理型领导和积极的LMX在高风险情境中对吹哨行为的促进作用更为显著。领导-成员交换质量也显著正向影响员工的吹哨意愿(Bhal & Dadhich,2011)。

6.3　同事态度和表现的影响

6.3.1　同事支持

同事支持(Coworkers Support)源自社会支持,是指在工作背景下,个体从组织中其他同等地位的成员那里获得的关怀和照顾。国内外学者对于同事支持的定义有不同的看法。Fisher(1985)将同事支持定义为员工在处理压力情况时受到的情感安慰、所需信息以及工具性帮助的友谊或职场关系的数量和质量。Iverson 和 Buttigieg(1999)将同事支持定义为员工个人从其社会网络成员那里得到的关心和考虑程度。Dennis(2003)认为同事指处于同等地位水平的一批人,他们之间的帮助支持和激励就称为同事支持。鞠芳辉等(2008)认为同事支持是指当员工在他的工作中需要共享知识和专长,或需要同事的鼓励和支持时,得到来自同事的帮助。戴春林等(2011)将同事支持定义为在同一工作单位中,处于同等地位的个体之间相互提供的情感、信息和工具等方面的支持和帮助。学者们一般将同事支持分为情感支持和工具支持(Poortvliet,Anseel & theuw,2015)。情感支持通常指的是基于友谊和个人关心的行为,如对其他员工表达关心、尊重或信任;而工具性支持指的是有形的援助,如提供物质援助或工作所必需的物质、资源、指导或知识(Chou & Robert,2008)。

同事支持可以显著降低个体的心理压力,与个体绩效也具有一定相关性(Sargent & Terry,2000);同事支持通过员工的内部动机和积极情绪的中介作用影响员工的创造力。Zhou 和 George(2001)的研究发现,员工感知到的同事支持程度越高,其工作满意度和幸福感水平也会越高,并且对其发挥创造力也是有帮助的。当同事愿意提供支持和帮助时,员工既可以从同事那里得到与任务相关的知识和技能,也容易将同事作为商讨新问题、新想法的伙伴,从而促使产生解决问题的新方法。在决定做出积极的行为之前,员工通常会去评价通过自己和别人的行动能够使工作得到改进的可能性。当一个员工与周围同事关系融洽,同事们愿意与之分享相关知识和技能并给予鼓励时,则该员工就有更多的机会产生新的想法并付诸实施。杨英等(2013)指出,同事支持感越强,心理授权对个体行为的影响就越大。同事支持能够使员工知觉到自己身处于适合自己的环境,并从中获得愉快感觉,帮助员工处理或抵御压力事件,因此同事支持能够影响员工因压力而产生的反应,并调节压力对员工心理的影响。彭坚等(2021)研究表明同事支持调节领导风格与下属主观幸福感的关系。具体而言,组织和领导的资源和传达的友善信息会使员工相互支持与信任,在组织中形成良好的氛围。员工感受到来自同事的支持与善意,会对目前的工作状态和工作环境感觉到满足,进而主观幸福感得到提高。以工作为基础的社会支持(包含同事与上司支持),能够调节工作不安全感对工作不满意、工作搜寻,以及退缩行为的影响。例如,当员工心理感受到不愉快时,通过与同事交流或讨论,或接受来自同事的工作上或生活上必要的帮助,能舒缓心中的不愉快的感觉,并获得一定的心理满足。当个体的心理契约遭受破坏时,个体可能会体验到一种不愉快的感觉,甚至会面临巨大的心理压力。然而,此时如果个体感受到较高水平的同事支持,则其因心理契约破坏而产生的心理压力会大大下降,因而仍然会展现较多的组织公民行为,如对组织内不公平的事件进行举报。依据社会信息加工机制,同事的切身体会都会成为一种重要的外部信息,促使他们给予组织中的同伴以支持,一方面为自己的同伴创造一个积极的工作环境,使得员工保持正面的情绪状态;另一方面也会缓解同事的负面情绪。如果一个人在资源或信息方面更加依赖于团队,或者如果他的任务高度依赖于团队中的其他人,那么他更有可能对团队中的不道德行为吹毛求疵。如果大多数群体成员高度可信,或者举报人感到不安全,那么举报倾向就会增加。

工作中的社会纽带影响个体对正义的判断和感知(Stansbury & Victor,2009)。研究发现,工作同伴能够证实潜在吹哨者的伦理感知,并且可能提出系统参考意见,增加吹哨行动的合法性(Miceli 等,2012;Stansbury & Victor,2009);工作同伴的支持会潜在地保护或改善观察者受到的组织报复,降低预期的成本并加强预期的收益(Michael 等,2008),因此工作同伴的支持能促进吹哨意愿和行为。研究指出,与报复相关的背景变量包括高层管理人员、主管和同事的支持,以及组织氛围。然而,缺乏主管和最高管理层的支持可能预示着对举报人的报复,但同事的支持与感知到的或经历过的报复并无直接关系(Near & Miceli,1986)。这一发现可能是由于同事发起的报复发生率较低,同时也表明了吹哨行为的组织规范。在不允许检举的组织中,同事可能不太愿意为吹哨者提供支持或保护,以使自己免受报复。Barnett 等(1990)讨论了个人可能被驱使报告与同伴有关的问题的可能原因。从事吹哨活动的潜在原因包括个人的宗教信仰以及道德意识及观察到同伴的不道德行为。

6.3.2 同事排斥

个体在其所在的团队中遭到排斥是一种伤害很大的情感体验。积极情感的体验和存在(或缺乏)与实现目标的利益有关,而消极情感的体验和存在(或缺乏)与伤害、损失和威胁有关,这些伤害、损失和威胁是在目标受阻时产生的。排斥挫败了归属感、自尊、控制力等基本需求,对基本需求的威胁减少积极影响和增加消极影响。排斥也会阻碍一个人保持积极的人际关系的能力和在工作中产生良好的声誉。尽管最近的研究表明,被排斥的威胁增加了团队成员的压力,使他们通过参与亲群体的不道德行为来表现忠诚(郭金元,陈志霞,2021)。当这种威胁被意识到时,忠诚和同伴的顺从压力就会降低。排斥是一种消极的体验,威胁人的基本需求,剥夺个人未来的回报,导致积极情绪减少,消极情绪增加。反过来,这些产生的情感状态降低了成员再现与社会交流来源相关的情感的动机,最终降低了与队友"相处"的动机和参与行动的动机(王荣,鲁峥嵘,蒋奖,2013)。因此,排斥降低了对团队成员个人义务的看法,使被排斥的成员从社会压力中解脱出来,与他们积极与团队成员建立联系,最后导致帮助成员隐藏不道德的行为。

相比之下,被排斥的成员更有可能报告团队的不道德行为。来自团队成员的偏见反映了"社会性死亡",并威胁到关系、效能和/或认知需求。排斥也会使个人从财务或其他方面获得机会或利益,而这些机会或利益是团队将来可能获得的。基于社会交换理论,排斥是团队成员的一种消极行为,会受到消极的回报。吹哨在不道德的团队看来是不可取的,因为它违反了团队的合规规范,并可能会给相关人员带来严重后果。基于社会交换理论,团队成员报告团队不道德行为的决定会受到他们被队友排斥的影响。当成员受到团队成员的积极对待时,比如参加非正式的团队会议,他们会对团队做出积极的回应。与此一致的是,社会心理学中的从众研究表明,当人们受到良好的待遇时,他们很可能会遵从团队的利益和行为,因为社会认同与从众的关系是一种社会交换关系。此外,根据非道德亲组织行为理论模型,积极的社会交换关系使员工能够中和与行为相关的道德要求,提高他们对有利于交换中其他方的非道德行为的接受度(严秋斯,隋杨,郝雪晶,2021)。根据这一模型,积极的社会交换关系会使员工忽视和原谅不道德的行为,让他们从特定角色的角度看待行为,并创造忠诚来回报团队给予他们的待遇。因此,与队友有积极社会交换关系的团队成员不太可能报告他们团队的不道德行为,因为他们会轻视这种行为的负面影响,为了成为一个好的队友而隐瞒这种行为。

参考文献

[1] 陈慧,梁巧转,丰超.(2021).包容型领导如何提升团队创造力?——被调节的链式中介模型.科学学与科学技术管理,42(04),142-157.

[2] 成瑾,贺玉婷,王萃英.(2021).近朱者赤:伦理型领导如何影响员工内部揭发意向?.中国人力资源开发,38(03),18-32.

[3] 戴春林,李茂平,张松.(2011).同事支持研究的回顾与思考.企业研究(08),145-146.

[4] 顾琴轩,张冰钦.(2017).虚拟团队变革型和交易型领导对团队创造力的影响机理:共享领导视角.中国人力资源开发,(11),6-16.

[5] 郭金元,陈志霞.(2021).领导排斥对员工亲组织非伦理行为的影响:自我提升动机的中介作用.商业经济与管理(05),44-55.

[6] 鞠芳辉,谢子远,季晓芬.(2008).善待员工的工作不满:工作不满与员工创新性的关系实证研究.中国工业经济(06),108-117.

[7] 李好男,孔茗.(2021).领导-成员交换如何以及何时影响员工偏离行为?社会控制理论的视角.中国人力资源开发,38(03),6-17.

[8] 李群,唐文静,闫梦含.(2021).包容型领导对制造业新生代员工创新绩效的影响——一个跨层双中介模型.华东经济管理,1-9.

[9] 林英晖,程垦.(2016).领导-部属交换与员工亲组织非伦理行为:差序格局视角.管理学,29(5),57-70.

[10] 刘淑桢,叶龙,褚福磊,郭名.(2020).领导—成员交换对知识型员工知识分享的影响——基于社会关系视角.软科学,34(07),22-26.

[11] 刘燕,李锐,赵曙明.(2016).包容性领导与下属揭发意愿的关系:一个被调节的中介效应模型.心理科学(01),144-150.

[12] 孔靓,李锡元,章发旺.(2020).包容型领导对员工主动性行为的影响:组织自尊与差错管理氛围的中介作用.管理评论,32(02),232-243.

[13] 潘亮,杨东涛.(2020).代际视角下相对的领导-成员交换关系对员工建言行为的影响研究.管理学报,17(04),518-526.

[14] 施丹,陶祎祎,张军伟,陈蕾.(2019).领导-成员交换关系对产业工人敬业度的影响研究.管理学报,16(05),694-703.

[15] 唐娅婷,王玮,李永鑫.(2021).包容型领导对员工行为的影响:权力距离的作用.心理研究,14(01),52-58.

[16] 苗宏慧.(2019).变革型和交易型领导风格对员工创新绩效的影响.社会科学战线,(12),240-244.

[17] 彭坚,邹艳春,康勇军,张旭.(2021).参与型领导对员工幸福感的双重影响:感知同事支持的调节作用.心理科学,44(04),873-880.

[18] 齐蕾,刘冰,魏鑫.(2019).包容型领导对员工建言行为的双重作用机制研究.商业经济与管理,(10),40-48.

[19] 田瑾,毛亚庆,田振华,杜媛.(2021).变革型领导对教师幸福感的影响——社会情感能力与师生关系的中介作用.教育学报,17(03),154-165.

[20] 涂乙冬,陆欣欣,郭玮,王震.(2014).道德型领导者得到了什么?道德型领导、团队平均领导?部属交换及领导者收益.心理学报,46(09),1378-1391.

[21] 王荣,鲁峥嵘,蒋奖.(2013).工作场所排斥与员工角色内外行为:归属感的中介作用.心理科学(05),1176-1180.

[22] 徐本华,邓传军,武恒岳.(2021).领导成员交换与员工主动创新行为:一个被中介的调节模型.管理科学,34(02),44-55.

[23] 严秋斯,隋杨,郝雪晶.(2021).亲组织不道德行为的解释机制与理论模型.心理科学进展(02),338-352.

[24] 张端民.(2017).领导-成员交换与员工沉默行为:组织公平与传统性的作用.预测,36(03),14-20.

[25] 张君,王国洪.(2020).变革型领导对团队创新绩效的影响机制分析.企业经济,39(09),37-43.

[26] 张艳,姚禹含.(2021).心理资本和变革型领导与员工创新行为——工作价值观的调节效应.财经问题研究,(07),138-145.

[27] 张银普,骆南峰,石伟,万金,张译方,杨小进.(2020).中国情境下领导—成员交换与绩效关系的元分析.南开管理评论,23(03),177-187.

[28] 张永军.(2016).敢做还是要做:伦理型领导对员工揭发意愿的影响.商业经济与管理,(03),56-64.

[29] 张永军.(2017)伦理型领导与员工反生产行为:领导信任、领导认同与传统性的作用.管理评论,29(12),106-115.

[30] Avolio, B. J., Luthans, F., & Walumbwa, F. O. (2004). Authentic leadership: Theory building for veritable sustained performance.

[31] Barnett, T. R., Cochran, D. A., & Taylor, G. S. (1990). The Relationship between Internal Dissent Policies and Employee Whistleblowing: An Exploratory Study. In 50th annual meeting of the Academy of Management, San Francisco.

[32] Bass, B. M. (1985). Leadership and performance beyond expectations. New York: Free Press.

[33] Bass, B. M. (1998). Transformational leadership: industy, military, and educational impact. Erlbaum, Hillsdale, NJ.

[34] Bass, B. M., & Avolio, B. J. (Eds.). (1994). Improving organizational effectiveness through transformational leadership. sage.

[35] Bhal, K. T., & Dadhich, A. (2011). Impact of ethical leadership and leader-member exchange on whistle blowing: The moderating impact of the moral intensity of the issue. Journal of business ethics, 103(3), 485-496.

[36] Brown, M. E., Treviño, L. K., & Harrison, D. A. (2005). Ethical leadership: A

social learning perspective for construct development and testing. Organizational behavior and human decision processes, 97(2), 117 - 134.

[37] Brown, M. E., & Mitchell, M. S. (2010). Ethical and unethical leadership: Exploring new avenues for future research. Business Ethics Quarterly, 20, 583 - 616.

[38] Caillier, J. G. (2015). Transformational leadership and whistle-blowing attitudes: Is this relationship mediated by organizational commitment and public service motivation?. The American Review of Public Administration, 45(4), 458 - 475.

[39] Caillier, J. G., & Sa, Y. (2017). Do transformational-oriented leadership and transactional-oriented leadership have an impact on whistle-blowing attitudes? A longitudinal examination conducted in US federal agencies. Public Management Review, 19(4), 406 - 422.

[40] Carmeli, A., Reiter-Palmon, R., & Ziv, E. (2010). Inclusive leadership and employee involvement in creative tasks in the workplace: The mediating role of psychological safety. Creativity Research Journal, 22(3), 250 - 260.

[41] Cheng, J., Bai, H., & Yang, X. (2019). Ethical leadership and internal whistleblowing: A mediated moderation model. Journal of Business Ethics, 155(1), 115 - 130.

[42] Chou, R. J. A., & Robert, S. A. (2008). Workplace support, role overload, and job satisfaction of direct care workers in assisted living. Journal of health and social behavior, 49(2), 208 - 222.

[43] Cropanzano, R., Dasborough, M. T., & Weiss, H. M. (2017). Affective events and the development of leader-member exchange. Academy of Management Review, 42(2), 233 - 258.

[44] De Hoogh, A. H. B., & Den Hartog, D. N. (2008). Ethical and despotic leadership, relationships with leader's social responsibility, top management team effectiveness and subordinates' optimism: A multi-method study. The Leadership Quarterly, 19(3), 297 - 311.

[45] Dennis, C. L. (2003). Peer support within a health care context: a concept analysis. International journal of nursing studies, 40(3), 321 - 332.

[46] Dulebohn, J. H., Bommer, W. H., Liden, R. C., Brouer, R. L., & Ferris, G. R. (2012). A meta-analysis of antecedents and consequences of leader-member exchange: Integrating the past with an eye toward the future. Journal of Management, 38(6), 1715 - 1759.

[47] Effelsberg, D., & Solga, M. (2015). Transformational leaders' in-group versus out-

group orientation: Testing the link between leaders' organizational identification, their willingness to engage in unethical pro-organizational behavior, and follower-perceived transformational leadership. Journal of Business Ethics, 126(4), 581–590.

[48] Eisenbeiss, S. A. (2012). Re-thinking ethical leadership: An interdisciplinary integrative approach. The Leadership Quarterly, 23(5), 791–808.

[49] Fisher, W. R. (1985). The narrative paradigm: An elaboration. Communications Monographs, 52(4), 347–367.

[50] Gottfredson, R. K., Wright, S. L., & Heaphy, E. D. (2020). A critique of the leader-member exchange construct: Back to square one. The Leadership Quarterly, 31(6), 101–385.

[51] Graen, G. B., & Uhl-Bien, M. (1995). Relationship-based approach to leadership: Development of leader-member exchange (LMX) theory of leadership over 25 years: Applying a multi-level multi-domain perspective. The Leadership Quarterly, 6, 219–247.

[52] Greenbaum, R. L., Mawritz, M. B., Bonner, J. M., Webster, B. D., & Kim, J. (2018). Supervisor expediency to employee expediency: The moderating role of leader-member exchange and the mediating role of employee unethical tolerance. Journal of Organizational Behavior, 39(4), 525–541.

[53] Groves, K. S., & LaRocca, M. A. (2011). An empirical study of leader ethical values, transformational and transactional leadership, and follower attitudes toward corporate social responsibility. Journal of business ethics, 103(4), 511–528.

[54] Hannah, S. T., Avolio, B. J., & Walumbwa, F. O. (2011). Relationships between authentic leadership, moral courage, and ethical and pro-social behaviors. Business Ethics Quarterly, 21(4), 555–578.

[55] Henik, E. (2008). Mad as hell or scared stiff? The effects of value conflict and emotions on potential whistle-blowers. Journal of Business Ethics, 80(1), 111–119.

[56] Houghton, J. D., & Yoho, S. K. (2005). Toward a contingency model of leadership and psychological empowerment: when should self-leadership be encouraged?. Journal of Leadership & Organizational Studies, 11(4), 65–83.

[57] Iverson, R. D., & Buttigieg, D. M. (1999). Affective, normative and continuance commitment: can the 'right kind' of commitment be managed?. Journal of management studies, 36(3), 307–333.

[58] Keenan, J. P. (2000). Blowing the whistle on less serious forms of fraud: A study of executives and managers. Employee responsibilities and rights journal, 12(4), 199–217.

[59] Khuntia, R., & Suar, D. (2004). A scale to assess ethical leadership of Indian private and public sector managers. Journal of business ethics, 49(1), 13-26.

[60] Khan, A. N., Khan, N. A., & Soomro, M. A. (2020). Influence of ethical leadership in managing human resources in construction companies. Journal of Construction Engineering and Management, 146(11), 4020125.

[61] Lee, J. Y., Heilmann, S. G., & Near, J. P. (2004). Blowing the whistle on sexual harassment: Test of a model of predictors and outcomes. Human Relations, 57, 297-322.

[62] Lewis, D., & Kender, M. (2010). A survey of whistleblowing/ confidential reporting procedures in the top 250 FTSE firms. London: SAI Global.

[63] Li, F., Yu, K. F., Yang, J., Qi, Z., & Fu, J. H. y. (2013). Authentic leadership, traditionality, and interactional justice in the Chinese context. Management and Organization Review.

[64] Liden R C, Maslyn J M. (1998). Multidimensionafity of Leader-Member Exchange: An Empirical Assessment through Scale Development. Journal of Management, 24(1), 43-72.

[65] Liu, S. M., Liao, J. Q., & Wei, H. (2015). Authentic leadership and whistleblowing: Mediating roles of psychological safety and personal identification. Journal of Business Ethics, 131(1), 107-119.

[66] Miceli, M. P., Dozier, J. B., & Near, J. P. (1991). Blowing the whistle on data fudging: A controlled field experiment. Journal of Applied Psychology, 21, 271-295.

[67] Miceli, M. P., Near, J. P., Michael T. R., & Van Scotter, J. R. (2012). Predicting employee reactions to perceived organizational wrongdoing: Demoralization, justice, proactive personality, and whistle-blowing. Human Relations, 0(0), 1-32.

[68] Michael, T., Miceli, M. P., Near, J. P., &Van Scotter, J. R. (2008). Antecedents and outcomes of retaliation against whistleblowers: Gender differences and power relationships. Organization Science, 19, 221-240.

[69] Near, J. P. & Miceli, M. P. (1987). Whistle-Blowers in Organizations: Dissidents or Reformers, in B. M. Staw& L. L. Cummings (Ed.), Research in Organizational Behavior, Greenwich Conn: JAI Press, 9, 321-368.

[70] Nembhard, I. M., & Edmondson, A. C. (2006). Making it safe: The effects ofleader inclusiveness and professional status on psychological safety and improvement efforts in health care teams. Journal of Organizational Behavior, 27(7), 941-966.

[71] Pieterse, A. N., Knippenberg, D. V., Schippers, M., & Stam, D. (2010). Transformational and transactional leadership and innovative behavior: the moderating role of psychological empowerment. Journal of Organizational Behavior, 31(4).

[72] Poortvliet, P. M., Anseel, F., & Theuwis, F. (2015). Mastery-approach and mastery-avoidance goals and their relation with exhaustion and engagement at work: The roles of emotional and instrumental support. Work & Stress, 29(2), 150-170.

[73] Sargent, L. D., & Terry, D. J. (2000). The moderating role of social support in Karasek's job strain model. Work & Stress, 14(3), 245-261.

[74] Schriesheim C. A, Castro. S L, Cogliser C. C. (1999). Leader-Member Exchange (LMX) Research: A Comprehensive Review of Theory, Measurement, and Data-Analytic Practices. Leadership Quarterly, 10(1), 63.

[75] Stansbury, J. M., & Victor, B. (2009). Whistle-blowing among young employees: A life-course perspective. Journal of Business Ethics, 85, 281-299.

[76] Treviño, L. K., Brown, M., & Hartman, L. P. (2003). A Qualitative Investigation of Perceived Executive Ethical Leadership: Perceptions from Inside and Outside the Executive Suite. Human Relations, 56(1), 5-37.

[77] Walumbwa, F. O., Avolio, B. J., Gardner, W. L., Wernsing, T. S., & Peterson, S. J. (2008). Authentic leadership: Development and validation of a theory-based measure. Journal of Management, 34(1), 89-126.

[78] Walumbwa, F. O., Mayer, D. M., Peng, W., Wang, H., Workman, K., & Christensen, A. L. (2011). Linking ethical leadership to employee performance: the roles of leader-member exchange, self-efficacy, and organizational identification. Organizational Behavior & Human Decision Processes, 115(2), 204-213.

[79] Yan-Hong Yao, Ying-Ying Fan, Yong-Xing Guo, Yuan Li. (2014). Leadership, work stress and employee behavior. Chinese Management Studies, 8(1), 109-126.

[80] Zhang, F.-W., Liao, J.-Q., & Yuan, J.-M. (2016). Ethical leadership and whistleblowing: Collective moral potency and personal identification as mediators. Social Behavior and Personality: An International Journal, 44(7), 1223-1231.

[81] Zhou, J., & George, J. M. (2001). When job dissatisfaction leads to creativity: Encouraging the expression of voice. Academy of Management journal, 44(4), 682-696.

[82] Zhu, W., Riggio, R. E., Avolio, B. J., & Sosik, J. J. (2011). The effect of leadership on follower moral identity: Does transformational/transactional style make a difference?. Journal of Leadership & Organizational Studies, 18(2), 150-163.

第七章
文化和伦理氛围对吹哨行为的影响

影响吹哨行为的情境变量包括组织和社会两类因素,这些情境因素可能影响个体的价值观和伦理特质,也可能通过影响个体的认知而影响对吹哨行为的成本和利益分析,从而鼓励或阻碍员工举报企业中的不道德行为。组织和社会情境因素的重要方面是文化和氛围。文化视角下的研究变量涉及民族文化、组织伦理文化和伦理氛围等。

7.1 国家文化的影响

文化承载的价值观、伦理观和正义观自然会通过社会化和文化融合而给个体带来影响。一个人对道德标准的看法可能会造成对吹哨活动的不同态度。由于社会化和文化融合对个体的价值观和伦理观产生了重大的影响,因此文化与吹哨行为存在一定的关系。国籍是构建一个文化群体的一种常见方式,文化在功能上使国家成员能够解释和理解他们的世界和他们的经历。作为一个特定社区的共同组织和思考方式,文化为群体提供了身份和价值观,并最终影响重要决策和社会行为。在欧美语境中,人被视为一组内在的、个人的属性,包括能力、才能、个性特征、偏好、主观感觉状态、信念和态度。每个人都被定义为一个自治的、自由选择的、独特的、为成功和成就而奋斗的个体。个人主义文化下的固有假设是,一个人主要是努力让自己感觉良好。相反,集体主义文化集中了与他人的持续联系,如社区、移情、互惠、忠诚、尊重和社会义务。集体主义文化注重与他人相互依存的联系,社会关系、规定的角色、群体规范和团结是根深蒂固的。个人被期望服从,自我以满足他人的期望并为社区、机构或国家的利益而工作。

一些实证研究已经检验了不同文化背景下的吹哨行为。Schultz 等

(1993)调查了法国、挪威和美国的管理人员和专业人员对可疑行为报告的态度是否不同,并发现法国受访者报告可疑行为的倾向低于挪威和美国的受试者。Brody(1999)发现,美国和台湾会计学生在举报方面的道德观点和判断存在显著差异。台湾受试者对解决组织困境的集体责任感比来自更具个人主义的美国文化下的受试者更大。澳大利亚受试者更容易接受和参与检举,并断言检举作为一种内部控制机制,在更具个人主义的澳大利亚文化中,可能比印度和中国文化更有效。根据 Hofstede(1991)对文化维度的划分和文化意义的阐述,吹哨的主观规范在不同的文化中可能存在一定的差异,集体主义文化中的个体比个人主义文化中的个体更可能按照重要他人的主观规范行事,已有研究指出,来自集体主义文化的参与者的主观规范和意图之间的一致性更高。由于强调集体主义文化引导行为的主观规范,泰国文化下的成员在检举方面有更强的规范,泰国文化下的成员持有的较强的检举规范比美国文化下的成员持有的较弱规范对吹哨的影响更大。此外,集体主义文化成员所持有的更强的规范可能会对他们的吹哨态度产生更大的影响。处于集体主义文化中的人通常行为举动要符合相互依赖他人的关系期望,并对群体目标做出反应;而个人主义文化中的人受到对自我的关注是中心特征。从众的动机是管理自己的自我概念,即人们遵从他人的期望是为了增强自己的自我价值感和自尊,而不是群体凝聚力。中国人的低个人主义意味着他们在群体中具有很强的凝聚力。人们期望个人为了群体的幸福而牺牲自己的幸福。中国员工会将组织视为自己的群体,会将组织的福利置于自身利益之上。然而,在加拿大这样的高度个人主义社会中,个人需要照顾自己和直系亲属。与集体主义社会相比,个人主义文化中的个人对家庭以外的人的忠诚度不高。日本人认为他们的直接同事是他们所在群体的一部分,而不是组织的一部分。因为来自集体主义国家的代表高度重视对群体内成员的保护,他们不愿意报告不道德的行为,而中国人认为组织是他们的团队,而不是同事或主管。中国集体主义社会非常强调对群体的忠诚。由于员工的不道德行为往往对组织有害,中国参与者对组织的忠诚可能导致他们愿意牺牲自己的利益,保护组织的利益。因此,当组织的利益与同事的利益发生冲突时,中国人认为对组织的忠诚更为重要。

在长期导向方面,中国员工因其长期取向的一种面向未来的观点,个人对雇主的依赖程度很高,并且倾向于看重雇主,因此长期导向文化下的员工更愿意报告不道德行为,因为这些行为往往会损害组织的福祉。加拿大人的短期取向会导致他们更加关注当前,而不是担心不道德行为对未来的影响。他们对雇主的依赖程度较低,对自己的重视程度高于雇主。因此,短期取向的社会不太愿意报告员工的不道德行为,因为他们比长期取向的社会更不关心组织的福利。

在权力距离方面,在中国这样的高权力距离社会中,企业中的监管者被认为是不可接近的、无可指责的,并且有权享有特权。监管者的决定更为重要,这些决定较少受到人们的审查。人们普遍认为企业中应该存在一定程度的不平等。下属的自主提问被认为超出了他们的职责范围。因此,下属较少质疑上司与同事的行为。因为上司被视为是高人一等的人,中国人不愿意质疑他们的行为。他们有权享有特权,以牺牲组织利益为代价的不道德行为不会像同事那样容易受到质疑。员工会倾向于认为这些行为对主管来说是好的,但对他们的同事来说不是。因此,中国人不愿意举报上司的不道德行为。在中国运营的组织应意识到培训员工的重要性,使其认识到无论行为人是否是主管,都应举报不道德行为。在权力距离较低的国家,如加拿大,人们相信组织内部的不平等应该减少,而监管机构应该既不是不可接近的,无可指责的,也没有权利享有特权。因为低权力距离的社会需要权力不平等的理由,这些社会中的人愿意审视和质疑监督者的行为,倾向于对主管和同行的不道德行为一视同仁。因此,对于加拿大人来说,报告同事和主管的不道德行为不会有显著差异。

国家文化对吹哨行为的影响研究可归纳为以下三类:① 比较跨文化背景下吹哨行为方式或影响因素的差异。如研究发现韩国、土耳其和英国的大学生都倾向于正式、匿名和内部吹哨方式(Park, Blenkinsopp, Oktem & Omurgonulsen,2008);加拿大和美国样本的个体自我效能对内部吹哨意愿的影响不存在显著差异(MacNab & Worthley,2008);泰国和美国的大学生的吹哨主观规范虽然不同,但都影响吹哨意愿,而前者的关系更紧密(Trongmateerut & Sweeney,2013);② 检验文化维度的影响。如 Park,Rehg 和 Lee(2005)对韩国公务员的研究发现,儒家伦理中的"父为子纲"文化阻碍吹哨意愿,而"夫为妻纲"文化促进吹哨意愿;横向集体主义促进吹哨意愿,而纵向集体主义对吹哨意愿没有影响;③ 探索特定文化背景下的吹哨行为产生机制,如 Skivenes 和 Trygstad(2010)发现,挪威公共部门员工在观察到不道德行为时大多数采取吹哨行为,并且卓有成效,很少受到组织报复,这与已有研究发现存在较大不同。研究证明,挪威组织存在的沟通文化、集体安排和法律意识是促进吹哨行为的主要原因。

7.2 儒家文化和集体主义的影响

儒家思想是基于孔子(公元前552—479年)的教导,孔子是儒家思想的核心人物,他提出了日常生活中人际关系中的道德义务或实践伦理。他的教导已经成为东亚国家指导人们良好行为的伦理准则的核心部分。在《论语》中,孔子提出"君子义以为上""君子喻于义,小人喻于利""见义不为,无勇也"。《论语》一直是儒家伦理教义的来源,对它的尊重到现在也仍然植根于亚洲国家,为日常生活中的伦理角色期望和义务提供了重要的标准。儒家思想中的道德思想是指导亚洲东部国家个人行为的社会文化基础,是关于日常生活的一套广泛的伦理角色和期望,如日本、中国和新加坡。儒家思想的核心人物孔子在《五伦》中提出了道德义务或道德规范,即五种基本关系:统治者-臣民、父亲-儿子、丈夫-妻子、兄弟和朋友,并为上述每一种关系提出了各种道德准则和美德。孔子的这些教导,指的是"期望的价值观"和"期望的社会行为",长期以来一直是东亚国家指导人们良好行为的伦理准则的核心部分。儒家伦理的核心被概括为五条实用的道德戒律,它们支配着五种最重要的人际关系:父子之间的感情、君主和臣民之间的忠诚、夫妻角色的区分、年轻人对老年人的礼貌和朋友之间的信任。这些儒家的道德原则作为政治、社会和家庭关系的行为规则中,最重要的伦理成分是基于主权者和主体之间的正义的忠诚,今天被重新解释为对组织的忠诚。在儒家伦理中,真正的忠诚受到高度鼓励,在这种忠诚中,个体必须毫无保留地说话,即使指向君主的错误行为。儒家伦理哲学还强调基于年龄和性别的人际关系的严格等级秩序。对于家庭和社会关系,孔子和他的弟子们要求孩子对父母(无论是在世的还是去世的)表现出关爱,要求年轻一代对长辈表现出礼貌。"孝"是"对祖先的尊敬和对父母的服从、尊重和经济支持"。在父子关系中,儿子必须服从父亲,必须照顾年迈的父母。儒家伦理强调年轻人对老年人的礼貌,例如,以一种方式,尤其是长辈的愿望总是得到尊重。在儒家伦理中,女性不同于男性,儒家传统认为女人应该待在家里服从丈夫。根据孔子的教导,朋友之间的信任永远不应该被忽视,要努力信守诺言,帮助有需要的朋友,保持诚实。儒家还强调的伦理属性是对家庭的奉献。家庭的概念今天已经扩展到组织中主管和他们的下属之间的关系。公司是一个家庭主导的系统,它将强有力的父权制权威延伸到组织行为。组织成员永远无法摆脱父母对孩子的服从和控制的儒家道德义务。

集体主义也是亚洲社会的文化特征之一。Englehart(2000)认为,亚洲文化的特点是这样一套价值观,包括服从权威,对群体的强烈忠诚,以及个人身份淹没在集体身份中。多年来,个人主义和集体主义的特征解释了不同文化中个人行为和动机的发展和呈现(Hofstede,1991)。根据这一理论,集体主义强调以群体为基础的价值观,如忠诚、和谐、合作、团结、从众,以及毫无保留地接受组织中的规范、态度和价值观。在集体主义中,组织比员工更重要,员工被要求使他的个人需求和愿望符合组织目标。对于集体主义者来说,组织的繁荣或声望被认为高于个人。这些员工认为,组织目标应该优先于个人目标,组织必须通过提供一定程度的保护来回报员工的忠诚。集体主义的这些特征在某种程度上与一个组织中儒家伦理的家族主义相重叠。由于这种组织文化,员工对组织的需求更加顺从或敏感,避免表达任何可能破坏和谐的意见。他们不坚持追求可能危及他们与其他员工或组织关系的个人目标。他们被训练得更忠诚、更依赖、更有凝聚力,这与那些生活在以个人为中心的文化中的人形成鲜明对比,这些人更有可能拥有超脱、距离和自立等特征。在这方面,集体主义社会中人们的态度与个人主义社会中人们的态度有很大不同,在个人主义社会中,雇员之间的冲突被认为是可以接受的。在集体社会的组织中,与他人对抗和冲突是不可取的,因此应该避免。对于大多数集体主义者来说,与一个组织直接对抗可能被认为是背叛,或者至少是粗鲁的;或者它可能被视为以一种偏离组织的方式表达自己的观点,似乎是挑衅和不服从的。相比之下,有个人主义态度的人更容易接受意见冲突作为社会互动的一部分。自力更生作为一种个人特征,对个人主义者来说往往比集体主义者更重要。

Park 等(2005)探讨了影响吹哨意愿的两个亚洲社会典型的文化和心理特征维度,分别是儒家伦理和集体主义。在亚洲国家,这样的文化特征对吹哨持有一种否定的态度。例如,2001年反腐败法在韩国通过,当有关条款涉及保护披露组织中不道德行为的员工提供法律支持时,引发了国内一系列严重的争议。最强烈的反对意见认为,该法律违背了深深扎根于韩国社会的儒家伦理和集体主义的思想。批评者认为,这种"激进主义"只与西方文化中以个人为中心的社会相兼容,而不是与基于儒家思想和集体主义的亚洲社会相兼容。他们认为,在像韩国这样的儒家和集体主义社会,突然接受吹哨会产生相当负面的结果,对组织的和谐造成可怕的后果。在亚洲伦理行为研究中,文化对吹哨的影响虽然是一个重要的问题,但很少得到实证研究。香港有一些讨论文化对吹哨的影响研究,例如,有研究引用了《论语》,分析了一名香港政府药剂师揭露组织内部不道德行为的案例,将儒家伦理评价为鼓励吹哨的哲学行为规范。从个体层面而言,儒家伦理对个人举报不道德行为意图的影响会因儒家伦理的五个组成部分中的内涵而有所不同。报告同事的不道德行为可能会被认为是一种破坏权威的行为,或者是一种破坏同事之间关系和组织群体和谐的行为。因此,这表明一些儒家文化的一些维度与吹哨意图之间存在负面关系。另一方面,君主和臣民之间的忠诚、夫妻角色的区分等儒家伦理,长期以来被认为是一个高尚的人的道德品质,如果一个人希望成为正义的人,他会认为当观察到不法行为时,臣民应该大声疾呼并站出来纠正它。因此,这两个维度又预示了与吹哨行为的意图的积极关系。个人主义和集体主义的理论可能适用于个人举报组织中不法行为的意图,传统研究让我们假设个人主义者会比集体主义者更积极地对待吹哨。个人主义倾向于寻求自力更生或不同于群体,但他们也可能会出于自身利益考虑而不想报告错误行为,因为他们认为保持沉默带来的个人利益比吹哨更重要。集体主义者在表达自己的意图时不太容易屈服于权威,这意味着集体主义可能会鼓励吹哨,但集体主义也可能强调从众的价值,这意味着会对吹哨意图产生负面影响。Park 等(2005)的研究发现,儒家伦理对吹哨意图有着显著但复杂的影响。父子之间的感情对内部和外部吹哨意图有负面影响,而夫妻角色的区分对这些意图有正面影响,集体主义的影响因集体主义的具体类型而异。

7.3 组织伦理文化的影响

组织的伦理文化是组织环境的一个组成部分,可以定义为组织环境中阻碍不道德行为和促进道德行为的因素。伦理文化代表了非正式组织环境的一部分,而政策、流程和计划则代表了正式组织环境的一部分。基于美德的商业组织理论说明,一个组织的美德可以决定于组织文化在多大程度上促进道德,并阻止不道德的员工行为。Kaptein(2010)对 150 个不同的由失败的组织文化导致的错误行为案例进行了定性分析。通过探索性和验证性因素分析,发现了组织伦理文化的七个维度。(1) 清晰性。第一个文化维度是清晰性,指组织在多大程度上使道德期望,如价值观、规范和原则对员工来说是具体和可理解的。这种清晰程度决定员工对观察到的不道德行为的反应。文化越清晰,员工就越有责任维护它,观察到不道德行为的员工就越有可能面对错误行为人,向管理层报告,并拨打热线。清晰度越高,员工就越认为不作为会成为不道德行为者的同谋。通过举报不道德行为，员工也表明了他们对违反规范的理解。相比之下，容忍不道德行为则意味着不道德行为"没有那么错"，从而造成混乱，破坏清晰性。当一个组织没有明确的标准来区分是非时，外部报告的可能性较小，因为与该组织违反自己的标准相比，更难追究该组织对未被定义为错误的行为的责任。违反这些标准可能是报告的理由，但如果违反了社会或利益相关者定义为合法和错误违反的规范，则最有可能被向外部报告。在这种情况下，重要的不是组织规范的明确性，而是社会规范的明确性。

(2) 地方和高级管理层的一致性。组织伦理文化的第二和第三个维度是地方和高级管理层的一致性，这是指管理者将组织标准应用于自己行为的程度。在这种情况下，管理者扮演着榜样的角色，加强了道德的重要性和标准的清晰性。如果员工信任上级，他们更可能向上汇报。Near 和 Miceli(1996)发现，内部吹哨者比不活跃的观察者与管理层有着更大的价值一致性。如果管理层没有犯下相同类型的越轨行为或与所观察到的越轨行为无关，则员工更可能向管理层报告不道德行为。热线通常被认为是一种举报不道德行为的手段，当管理层与不道德行为有牵连时，或不道德行为举报处理不尽人意时。拨打热线的员工实际上是在揭发他们的直接上级，因为主管通常要为下属的不道德行为负责。管理层的价值一致性越高，员工联系热线的可能性就越小，通知主管或其他经理的可能性就越大。Callahan 和 Dworkin(1994)指出，参与不道德行为的管理人员级别越高，层级报告系统就越没有用，因为它相当于向不法行为人报告不法行为——即使系统允许匿名举报。关于外部举报，当地和高级管理层都存在负面关系。当管理者不被视为榜样，因此不太值得信任时，员工更有可能向他们信任的外部组织或机构举报不道德行为，因为员工会向他们感觉舒服的个人或组织举报。此外，管理层参与不道德行为越多，报告得到有效处理的可能性就越小，外部报告就越被视为制止和纠正不道德行为的唯一选择。管理一致性和对抗性之间的关系不太容易预测。一方面，管理层的一致性越差，员工就越不能依靠管理层的干预来制止不道德行为，他们就越需要自己采取行动。同时，管理层的一致性越差，员工就越感觉不到管理层的支持，他们就越不愿意面对犯错者(Mesmer Magnus & Viswesvaran, 2005)。当不法分子对员工试图直接解决不法行为的努力没有做出令人满意的回应时，员工将无法指望管理层来纠正不法行为。不法分子在决定如何处理向他们举报不法行为的同事时，也可能会考虑到这一点。因此，我们期望管理层的一致性与不作为无关，因为更多的一致性会导致向管理层报告得更多，但也会减少员工的交流。(3)可行性。组织伦理文化的下一个维度是可行性,指组织在多大程度上提供足够的时间、预算、设备、信息和权力,使员工能够履行其职责。可行性维度与其他维度是相关的,因为员工在执行和实现目标方面承受的压力越大,可用资源越少,错误行为的风险就越高。一方面,可行性越低,员工必须报告的资源越少,报告的可能性越小。报告对于观察者和接收者来说都是很耗时的。当观察者和可能的报告接受者都很忙的时候,见面和讨论错误行为的机会就会减少。低水平的可行性也可能会刺激员工相信,阻止不道德行为不是优先事项,因为实现目标更重要。另一方面,可行性水平越低,员工就越有可能认为这是所观察到的不道德行为的原因,也就越有理由举报,以便不法分子和组织从中吸取教训。很难确定这两个因素中哪一个对员工的反应影响更大。因此,我们期望这些因素相互制衡,而可行性对员工反应的净影响是疏忽的。(4)可支持性。另一个文化维度是可支持性,指组织在多大程度上激发员工对组织道德的认同。Tyler和Blader(2005)发现,当鼓励员工认同其组织的道德价值观时,他们会从本质上更有动力遵守组织的道德标准。员工越认同一个组织的道德规范,他们的认同感就越会受到他人不道德行为的威胁或伤害,他们就越有可能采取行动制止和纠正不道德行为,无论是通过对抗、向管理层报告,或者打热线。Miceli等人(1991)发现,对组织的承诺与公司审计师报告不道德行为的倾向相关。此外,如果不法分子被认为致力于组织的道德规范,员工将更倾向于将不法行为解释为一种误会。可支持性的维度与员工对组织的忠诚程度或承诺程度无关,而是与员工对组织道德的支持程度有关。员工对组织的承诺越多,他们也就越支持组织的道德规范,反之亦然。与清晰性的维度一样,可支持性存在于与内部组织规范中。(5)透明度。透明度是指那些能够在内部采取行动的人(不法分子以及同事、主管、经理和下属)能够看到的不法行为及其后果的程度。由于内部报告是提高内部透明度的一种手段(Miceli等,2008),内部透明度越高,员工进行内部报告的可能性就越小。如果员工认为管理层已经意识到了不道德行为,他们就没有理由通知管理层。同样的道理也适用于不法行为分子:如果观察者相信不法分子知道他们的行为及其影响,那么观察者就没有理由去通知不法分子他们做错了什么。如果员工认为其他人也意识到了不法行为,而且可能已经报告过了,那么他们就越不愿意采取行动。感知到的透明度越高,观察者就越相信其他人知道他们对不法行为的观察,从而知道他们是否以及如何对所观察到的不法行为做出反应。组织越透明,组织越鼓励积极的回应,员工就越有动力采取行动,因为他们的回应对其他人来说是可见的。另外,透明度越高,不法行为的影响就越明显,因此,观察员掌握的证据就越有说服力,他们报告不法行为的可能性也就越大。最后,透明度越高,员工就越觉得有义务举报不法行为,以保持现有的透明度水平。一个组织的内部透明度越高,对不法行为的可见性和意识就越强,因此员工对外举报的可能性也越高。(6)可讨论性。可讨论性指道德问题(如道德困境和被指控的不道德行为)可以在多大程度上进行内部讨论。举报不道德行为的过程是一个沟通过程。举报不道德行为是为了使事情可以讨论,突破沟通障碍。在可讨论性较低的组织中,盛行的是"沉默守则",员工会认为持不同政见和直言不讳是不受欢迎的。在此类组织中,重点将从解决不道德行为转向报复不道德行为人。如果报复的可能性存在,员工举报不道德行为的意愿将下降,因为他们可能因此而承担成本。然而,在那些以对话和反馈为标准实践和有同情心的组织中,员工在内部举报不道德行为的意愿更低,因为这种开放的规范会受到管理层和不法分子的赞赏。内部讨论的程度越高,员工对外报告的可能性也越小,因为他们推测组织内部可能想办法掩饰不道德行为,从而使吹哨不会取得成功。(7)神圣性。神圣性被定义为员工认为不道德行为将受到惩罚,道德行为将得到奖励的程度。当不道德行为没有受到惩罚,甚至得到奖励时,其传递的信息是不道德行为是可以接受的,甚至是可取的。神圣性关注的不是对不道德行为的报告人,而是不道德行为人的后果。根据 Near 和 Miceli(1995),纠正和终止不道德行为是潜在吹哨者行为的重要预测因素。几乎所有吹哨人都认为采取纠正措施的令人信服的证据很重要。如果不认真对待报告,员工会认为报告是徒劳的,从而降低了他们报告的可能性。另外,一个高度的神圣性意味着不道德行为不被容忍,这会刺激员工采取内部行动。因此,神圣性与对抗、向管理层报告正相关。Treviño,Weaver 和 Reynolds(2006)指出,伦理文化通过影响员工的心理知觉结构,使员工了解组织的共同价值观与目标,以及在此背景下自身应遵从的行为规范体系和遭遇伦理困境时的应对选择,从而做出伦理决策。Zhang 等(2009)研究发现积极伦理文化加强了伦理行为的合法性和集体规范标准,影响雇员对吹哨行动的预期效能,从而引发雇员的吹哨意愿。

7.4 组织伦理氛围的影响

组织伦理氛围被定义为成员对与组织伦理相关的程序、政策和实践的共同看法。伦理氛围不仅影响个人认为与伦理相关的问题,而且还决定个人用来理解、衡量和解决此类问题的道德标准。Victor 和 Cullen(1988)从五个维度描述了道德氛围:关怀、规则、法律和准则、独立性和工具性。(1)工具型伦理氛围。工具型伦理氛围在一个组织中占主导地位的时候表现为这样一种状况,即成员所进行的所有活动的最终目的都是为了自己的个人利益,个人利益是放在第一位的事情。在采取行动的时候,完全以自己为中心,只考虑自己而不考虑他人,忽略他人的利益。也许其初衷不是去故意损害他人利益,但是由于缺乏对他人的考虑,容易在无意中就损害了他人利益。(2)关怀型伦理氛围。关怀型伦理氛围占主导时表明在这个组织中,成员关心他人的利益,采取行动之前会充分考虑所做是否影响他人的利益。组织成员力求在个人利益和他人利益之间找到一个相对平衡点,在不损害他人利益的情况下来满足自身的利益。(3)尊重规则型伦理氛围。如果一个组织的主导氛围是尊重规则伦理氛围,表明组织成员会严格按照组织中的规则行事,所做行动会充分考虑组织规则是否允许,只有被组织规则允许的行为才能得到他们的认可。(4)尊重法律和规范伦理氛围。如果组织的主导氛围是尊重法律和规范的伦理氛围,表明在这个组织中成员被要求遵纪守法。影响成员行动的因素主要是来源于组织外部的法律,组织内部的规范起到辅助作用。(5)独立型伦理氛围。如果一个组织的主导氛围是独立型的伦理氛围,表明组织成员在做出行动决策时主要是依据自己内在的想法,个人价值观和信念起主要作用。组织的要求并不起很大作用,成员主要依据个人原则行事,以个人内心的价值观和道德信念为准绳。

在吹哨过程中,从成本收益分析角度来看,只有当利益预期(如制止不法行为)超过成本(如报复)时,不道德行为的观察者才有可能实行吹哨。组织环境复杂而富有挑战性,以上五种伦理氛围会影响员工成本-收益评估的心理过程。比如,在具有高度工具型伦理氛围的组织中,组织及其成员可能会容忍不道德行为,因为这些行为很常见,或者组织可能会鼓励不道德行为(例如,商业贿赂、制造假伪劣商品)来追求短期利益。相反地,尊重法律和规范的伦理氛围会让组织成员认为不道德行为的发生是严重和不可接受的事件,组织也不会容忍不道德行为的存在,从而增加了吹哨成功的可能性。伦理研究发现,积极伦理氛围会抑制不道德行为,而消极的伦理氛围会助长不道德行为(Treviño 等,2006 年)。高工具型伦理氛围还意味着组织中的领导者可能不公正或不道德,或者至少他们可能忽视不道德的行为,因为伦理氛围的性质反映了组织的领导能力。因此,在具有高度工具型道德氛围的组织中,举报不仅缺乏合法性,而且会带来更多徒劳和报复的风险,因为它可能冒犯权威或产生利益冲突。相比之下,在工具型伦理氛围较低的组织中,组织及其成员更关心同事和整个组织的利益,而不是个人风险,这反映在他们的决策和工作行为中。因此,员工可能认为不法行为的存在不是因为组织不愿意纠正,而是因为组织仍然没有意识到不法行为。员工也可能认为他们的报告会受到欢迎和认真对待,报告不道德行为会受到组织当局的赞扬和赞赏。换言之,低工具型道德氛围导致有利的成本效益评估,而高工具型道德氛围导致相反的预期。Miceli和Near(2008)验证了组织伦理氛围对内部和外部吹哨的影响,研究发现,如果员工感觉到组织强调伦理标准,即积极的伦理氛围情况下倾向于内部吹哨,如果发现组织默认或依赖于不法行为,即消极的负面伦理氛围,并且可能采取威胁和报复行动时,倾向于对外吹哨。

参考文献

[1] Brody, R. G., Coulter, J. M., & Lin, S. (1999). The effect of national culture on whistle-blowing perceptions. Teaching Business Ethics, 3(4), 383-398.

[2] Callahan, E. S., & Dworkin, T. M. (1994). Who blows the whistle to the media, and why: Organizational characteristics of media whistleblowers. Am. Bus. LJ, 32, 151.

[3] Englehart, N. A. (2000). Rights and culture in the Asian values argument: The rise and fall of Confucian ethics in Singapore. Hum. Rts. Q., 22, 548.

[4] Hofstede, G. (1991). Cultures and Organizations: Software of the Mind (McGraw-Hill Book Company Europe, England)

[5] Kaptein, M. (2010). Developing and testing a measure for the ethical culture of organizations: the corporate ethical virtues model. Journal of Organizational Behavior, 29(7), 923-947.

[6] MacNab, B. R., & Worthley, R. (2008). Self-efficacy as an intrapersonal predictor for internal whistleblowing: A US and Canada examination. Journal of Business Ethics, 79(4), 407-421.

[7] Mesmer-Magnus, J. R., & Viswesvaran, C. (2005). Whistleblowing in organizations: An examination of correlates of whistleblowing intentions, actions, and retaliation. Journal of business ethics, 62(3), 277-297.

[8] Miceli, M. P., Dozier, J. B., & Near, J. P. (1991). Blowing the whistle on data fudging: A controlled field experiment 1. Journal of Applied Social Psychology, 21(4), 271–295.

[9] Miceli, M. P., Near, J. P., & Dworkin, T. M. (2008). Whistle-blowing in organizations. New York: Routledge.

[10] Near, J. P., & Miceli, M. P. (1996). Whistle-blowing: Myth and reality. Journal of Management, 22, 507–26.

[11] Near, J. P., & Miceli, M. P. (1995). Effective whistle-blowing, academy of management. The Academy of Management Review, 20, 679–710.

[12] Park, H., Blenkinsopp, J., Oktem, M. K., & Omurgonulsen, U. (2008). Cultural orientation and attitudes toward different forms of whistleblowing: A comparison of South Korea, Turkey, and the U. K. Journal of Business Ethics, 82, 929–939.

[13] Park, H., Rehg, M. H., & Lee, D. (2005). The influence of Confucian ethics and collectivism on whistleblowing intentions: A study of South Korean public employees. Journal of Business Ethics, 58(4), 387–403.

[14] Schultz, J. J., Johnson, D. A., Deegan, M., & Dyrnes, S. (1993). An investigation of the reporting of questionable acts in an international setting. Journal of Accounting Research, 31(Supplement), 75–103.

[15] Skivenes, M., & Trygstad, S. C. (2010). When whistle-blowing works: The Norwegian case. Human Relations, 63(7), 1071–1097.

[16] Treviño, L. K., Weaver, G. R., & Reynolds, S. J. (2006). Behavioral ethics in organizations: A review. Journal of Management, 32, 951–990.

[17] Trongmateerut P., Sweeney J. T. (2013). The Influence of Subjective Norms on Whistle-Blowing: A Cross-Cultural Investigation. Journal of Business Ethics, 112(3), 437–451.

[18] Tyler, T. R. and S. L. Blader. (2005). Can Business Effectively Regulate Employee Conduct? The Antecedents of Rule Following in Work Settings, Academy of Management Journal 6, 1143–1158.

[19] Victor, B., & Cullen, J. B. (1988). The organizational bases of ethical work climates. Administrative science quarterly, 101–125.

[20] Zhang, J., Chiu, R., & Wei, L. (2009). Decision-making process of internal whistleblowing behavior in China: Empirical evidence and implications. Journal of business Ethics, 88(1), 25–41.

第八章
法律、制度与吹哨系统对吹哨行为的影响

随着商业组织中的道德失范事件频出,近年来各国相继出台了旨在保护和激励吹哨者的法律法规,一些强调伦理的商业组织制订了相应的制度或建立了有效的吹哨系统以控制组织中的不法行为。吹哨法律和法规的出台对吹哨行为具有显著的促进作用。尽管仍然存在需要完善之处,现行法律法规对吹哨行为的影响不容忽视。为了充分发挥吹哨行为作为组织伦理管理工具的有效作用,不少组织开发和实施了相应的伦理管理计划和吹哨系统,如公布伦理规则、实施伦理培训、奖励吹哨者计划、设置保密热线等。

8.1 法律制度的影响

法律环境对是否吹哨起着明显的作用。对于吹哨者来说,法律环境所带来的主要问题是揭露组织的不法行为所能得到的保护程度如何。法律环境显示了对吹哨人保护的总体支持,无论举报类型、举报渠道或所研究的雇员级别如何。吹哨立法最明显的目的是保护吹哨者免受雇主或其他人的报复。保护吹哨人的法律是否出台和实施,可能会对举报的接受和处理产生深远影响。各国间越来越多、范围越来越广的吹哨事件存在着相当大的差异。过去的机制为大多数吹哨人提供了不充分的保障,因为只出台立法承认吹哨人的重要性以及保护吹哨人的必要性。例如,在欧洲,对吹哨人的保护很薄弱,不同成员国的立法差别很大(Trongmateerut & Sweeney,2011)。近年来,各国相继出台了旨在保护和激励吹哨者的法律法规,研究者的调查统计结果证明吹哨法律和法规对吹哨行为具有一定的促进作用(Lewis & Kender,2010)。但Vandekerckhove 和 Lewis(2011)研究指出现有各国法律和法规中普遍缺乏对管理吹哨行为方法的指导,未能充分提供奖金的刺激,也未能强调吹哨行为

关键主体的角色责任要求,同时还缺乏监督和检查吹哨行为的运行模式。各国吹哨法的完善对我国建立吹哨法具有重要的参考意义。

各国相继出台的相关法律法规各有侧重,如美国《SOX 法案》、新西兰的《披露保护法》、法国的《揭发政策》、澳大利亚的《审计改革和公司披露法》、英国的《公众利益披露法》等。各国的法律条款对于保护和奖励的对象在不道德行为的类型认定、吹哨动机、吹哨渠道等方面存在区别,如英国和美国的法律条文中没有对不道德行为标准化,而澳大利亚等国则相反;英国的法律不保护获取赏金动机的吹哨者,美国法律只关注吹哨信息是否有用,而不在乎动机如何;英国的立法鼓励内部吹哨,美国和澳大利亚等国家鼓励外部吹哨。各国法律的共同之处在于不保护恶意吹哨者、不赞成和不保护向媒体揭发者、更倾向于保护公共部门的雇员(Miceli,Near & Dworkin,2009)。Lewis 和 Kender(2010)通过实证调查得出结论,认为国家法律法规有待于修订以提高其效用。

8.2 吹哨制度的影响

组织政策在组织的伦理管理中发挥重要作用,这是指一个组织是否有书面政策,是否定期审查应该采取的行动,是否有监督部门或人员负责吹哨问题。这些政策和实践的存在有效降低潜在吹哨者对报复的恐惧。Barnett 等(1990)发现制订了吹哨政策的组织认为内部吹哨增加了,而外部吹哨没有增加。实际上,制订支持外部吹哨的正式和非正式政策将对员工的外部吹哨决策产生一样的促进作用。根据合法性理论,吹哨制度只有在社会的要求下才能实施。管理层可能不想改变业务流程。吹哨制度可能只是一种象征性的工具,因为有助于创造所谓的合法性。然而,为了成功地防止公司不道德行为,必须考虑吹哨制度的有效性。有效性是与执行有关的挑战,该制度的有效性可以作为实施动机的指标之一。

吹哨制度的有效性需要考虑吹哨过程和参与者,其有效性取决于吹哨过程中参与人之间的权力关系。权力资源既可以是物质资源,也可以是非物质资源,而且在雇员之间分配不均。对资源的控制可以用来施加影响。权力可以被理解为说服某人做某事的可能性,而如果不是这样的话,这个人是不会做的。根据这一理论,吹哨的有效性,即终止不道德行为,取决于吹哨人的影响。如果吹哨人没有权力资源,他们应该联系一个有足够影响力的人或机构。此外,投诉的信息接收人有责任澄清所报告的不道德行为。尽管如此,收件人在吹哨者看来应该是可信的,以表明他愿意利用自己的权力来帮助吹哨者。接收人可以是组织内部或外部的人,其效力除了取决于吹哨人或接收人的权力外,还取决于其他人的权力。权力可能会针对吹哨人。报复或对报复的恐惧对有效性有着巨大的影响。如果有内部吹哨制度的组织实质上实施了吹哨制度,那么他们的决策应该受到以下几个方面的驱动:内部制度的权力在于强大的吹哨对象、内部接收人的优势在于接近不法行为、吹哨者以及可能结束不道德行为的责任人。

8.3 组织吹哨系统的影响

为了充分发挥吹哨行为作为组织伦理管理工具的有效作用,不少组织响应国家法律开发和实施了相应的伦理管理计划和吹哨行为激励计划,如公布伦理规则、实施伦理培训、奖励吹哨者计划、设置保密热线等。据调查,60%以上的菲律宾公司已经建立了激励潜在吹哨者的管理机制;英国排名前250的公司有明确的揭发不道德行为的程序(Businessworld,2008);然而很少有实证研究探讨和发现公司正式的伦理制度对员工伦理行为(包括吹哨行为)的作用(Vadera & Aguilera,2009)。这可能是与不同公司和管理者在形成、沟通、实施以及反馈方面的执行力差异造成的结果;同时组织的伦理计划与政策实施还应与具体的人力资源管理职能相整合,从文化的塑造、干部的选拔、绩效考核及职业发展等多方面辅以机制设计,否则政策只能流于一纸空文,不能发挥应有的作用。

吹哨的潜在好处是有助于预防组织的不道德行为,因为不道德行为会导致组织受到损害。然而,吹哨也会导致负面后果,如果吹哨信息到了组织外部,可能造成名誉损害和刑事后果。组织建立吹哨系统的好处是通过确保信息被提供给系统内的某个人来避免这种不利结果。组织可以利用自我纠正系统改正不法行为,在不法行为被公开之前停止不法行为。组织吹哨系统有助于防止公司丑闻。建立有效的内部吹哨系统被定义为一种组织特征。有效的内部吹哨制度已被确定为保护组织免受外部举报的一种机制。Tavakolian(1994)指出内部吹哨是防止外部吹哨的一个重要选择,而Keenan和Krueger(1992)研究了内部吹哨系统可以提供的诸多好处。许多研究人员已经明确地将外部吹哨与缺乏良好管理的内部吹哨机制相联系。Kaptein(2010)建议将内部吹哨系统作为组织伦理管理的安全设施。吹哨系统的建立是企业承担社会责任的有效工具，企业社会责任的投资保证了企业未来的生存，确保企业长期的经营许可证。合法性理论在解释企业社会责任投资时说明，与对组织财务效益的明确贡献不同，公司的合法性侧重于社会的接受程度。媒体高度关注的话题，如环境污染或会计丑闻和经营合规性等都是组织决策需要考虑的因素。从合法性理论的角度看，吹哨制度的实施应该是社会需求的结果。

吹哨系统中，信息的接收人是决定吹哨是否取得成功的关键因素。由于吹哨的有效性最终取决于三个人的力量：吹哨人、信息接收人和组织的其他成员。吹哨人往往没有足够的权力，信息接收人如果被提供了足够的权力，就可以保护吹哨人不受他人的报复。各种指导方针为吹哨制度的最佳做法提供了建议，这些建议包括内部和外部吹哨系统。从权力的角度来看，内部系统似乎有一个更强大的信息接收人，因为追查不道德行为对内部人员来说更容易。此外，作为同一组织的成员，内部的信息接收人应该比外部的信息接收人对防止公司丑闻更感兴趣。因此，内部接收人应该会更积极地使用他的权力。在内部系统中，信息接收人对组织的熟悉程度可能会提高此人对吹哨严重性的敏感度。因此，立即做出反应的可能性更大。此外，在内部系统中，整个过程可能更短，因此可以比外部人员更早地通知更高的管理层。换句话说，内部接收者可以快速、无过滤地访问相关信息。不过，虽然内部系统似乎有一个更强大的信息接收人，外部系统显然有更大的权力来保护吹哨人免受其他有权力的人的报复。保护吹哨人意味着吹哨人的身份应该保密。在这方面，匿名对吹哨人起着重要作用。但匿名举报使得信息接收人无法获得进一步的信息。如果保持匿名，吹哨的可信度也会降低。从这一点而言，外部信息接收人更有利于保密，即信息接收人知道吹哨人的身份但能够保密。与内部吹哨系统相比，外部吹哨系统有更大的权力保护吹哨人不受他人报复。为了避免报复，保持身份匿名是至关重要的。匿名检举不太有效，但至少信息接收人应该知道吹哨人的身份。在这方面，吹哨者更愿意向外部接收人吐露心声，因为在外部吹哨系统中，原则上报复的威胁似乎较低。外部吹哨系统最重要的优势在于，吹哨人的身份与被指控的不道德行为人相同，而外部信息接收人独立于被指控犯有不法行为的组织。如果一个拥有外部吹哨系统的组织实质上实施了该系统，那么利用外部系统比拥有内部系统能更好地实施伦理管理。如果一个组织为了促进吹哨和防止不道德行为而设计特定的系统，就应该考虑权力理论的结果，从而形成有效的吹哨系统。如果组织通过实施吹哨制度使其活动合法化，那么组织中有权力的人可能就很少得到机会进行报复。重要的是，实施的系统是实质性实施还是仅仅是一种象征性工具。公司丑闻的预防需要吹哨系统的有效性。实施系统的设计在不同的组织之间有很大的不同。实施的系统之间最显著的区别是吹哨接受者是位于组织内部还是外部。两种形式都有自身的优势,也被认为都是有效的。总之,建立明确可见的吹哨系统有助于解除观察者的重重顾虑,促进吹哨意愿和行为的实现(Lewis & Kender,2010)。Hassink,Vries 和 Bollen(2007)和 Caldero'n‐Cuadrado 等(2009)调查发现欧洲样本中的大部分公司提供保密担保和匿名报告程序,近半数公司提供热线服务;北美跨国公司样本中95%设有专用的吹哨热线服务。Lee 和 Fargher(2013)研究发现组织支持吹哨、允许匿名吹哨、审计委员会中外部审计员的数量以及集中持股的程度与员工吹哨意愿正相关,其中,组织建立专用吹哨热线是最有效的吹哨系统之一。

8.4　公司制度的影响

8.4.1　京东集团吹哨人保护和奖励制度①

京东集团业务涉及电商、金融和技术三大领域。为鼓励供应商及其他合作伙伴和京东员工参与到京东集团诚信经营的监督体系中,积极举报腐败和职务犯罪等不道德行为,并加强对吹哨人的保护,京东集团发布《京东集团吹哨人保护和奖励制度》。其中,吹哨人是指任何举报京东集团员工违反《京东集团反腐败条例》行为的单位或个人,包括但不限于京东集团供应商、其他合作伙伴及其员工,以及京东集团员工等。举报是指对京东集团员工违反《京东集团反腐败条例》行为的揭发和检举,包含但不限于以下情形:一是京东集团员工接受供应商及其他合作伙伴任何形式的礼品、馈赠和宴请、旅游等不正当利益;二是京东集团员工职务侵占、盗窃、挪用资金,侵占公司资产及徇私舞弊损害公司利益等违法违纪行为;三是京东集团员工受贿、索贿、介绍贿赂等;四是京东集团员工利用职务之便为自己、利害关系人或他人谋取不正当利益;五是京东集团员工收受回扣、手续费或其他好处归个人或团队所有;六是京东集团员工实施关联交易或违反利益冲突条款;七是其他腐败行为。吹哨人可采取电话举报、电子邮件举报、信函举报、预约来访举报及吹哨人认为合适的其

---

①　资料来源:http://www.linkshop.com.cn/web/archives/2016/365848.shtml

他形式。举报应当实事求是,禁止恶意举报和诬告陷害,吹哨人须如实提供被吹哨人的姓名、部门及违规事实;如有证据资料,也需要一并提供;鼓励实名举报。对不愿实名的,可尊重其意愿,采取匿名或化名举报;吹哨者无论以何种方式进行举报,应保证举报管理部门工作人员能与之取得联系。

内控合规部是京东集团唯一被授权从事腐败行为调查的专职部门,直接向京东集团CEO汇报,从治理结构上保障了举报受理和调查工作的独立性和客观性;将举报的保密工作放在首位,对于举报受理和调查有严格的管控制度和流程,对吹哨人的个人信息及吹哨人提供的所有举报资料均严格保密;在受理、登记、保管、调查等各个环节上一律严格保密,防止泄露或遗失。对违反保密规定的责任人员,将从严从重处理,构成犯罪的依法追究其刑事责任;举报受理和调查的团队均由从事过公安、反贪以及其他经过专业训练的专职调查人员组成,是一支专业过硬、纪律性强的团队。

京东严禁用任何形式对吹哨人进行打击报复,任何形式的打击报复将按国家法律法规及京东集团制度从严从重处理,违法的将追究被举报人的法律责任;若吹哨人遭受到任何形式、任何程度的打击报复,需要第一时间向内控合规部反馈。为全力保障吹哨人的合法权益不受侵犯,特别针对实名举报的单位或个人制订了多重严格的保护措施来落实对吹哨人的保护。针对实名举报,专门设置秘密的"特别保护名单""特别保护名单",由京东集团内控合规部专人管理,其他个人和部门均无权接触。管理"特别保护名单"的人员负责处理"特别保护名单"里人员的沟通、培训、奖励和保护等事务。"特别保护名单"的管理人员均为经过严格挑选的、受过特别训练的专业人士,切实做到严格保密。对于"特别保护名单"内人员为京东集团内部员工的,其加薪、评奖等事宜优先考虑,奖励发放将通过专属渠道,确保私密性得到有效保护。对于其异动将提供更多选择和帮助,对于其离职将及时关注,避免其遭受变相排挤或报复。除对举报个人提供保护之外,还对于向京东集团主动举报腐败信息的供应商及其他合作伙伴提供多重保障,豁免权、业务发展保障权及额外奖励。在内控合规部调查过程中,供应商或合作伙伴配合调查并说明存在的问题,将减轻追究其违规责任。在调查过程主动提供公司所不掌握的腐败人员信息的将免于处罚同时给予业务发展保障权;如果提供所不掌握的腐败人员信息属于重大腐败事件,还会给予相应的现金奖励。

对吹哨人的奖励。举报奖励对象原则上限于实名举报,实名举报有助于京东集团高效、快速查处腐败问题以及保障举报奖励的正确发放。鼓励知情者积极实名举报,如实客观地反映腐败问题,并根据最终的调查结果给予吹哨人或举报单位丰厚的奖励。对于个人举报,提供有关腐败行为的信息经调查属实的情况,将根据提供线索的有效性、案件性质及严重程度给予吹哨人5 000元至1 000万元人民币不等的现金奖励。对于合作单位举报,提供有关腐败行为的信息经调查属实的,个人举报现金奖励标准给予5 000元至1 000万元人民币不等的现金奖励,或者结合举报单位需求给予举报单位相应广告、促销等资源类奖励。对于提供直接及有效证据举报职务侵占类、非国家工作人员受贿类案件,并且最终被警方定性为刑事案件的举报,奖励金额最低为人民币5万元,最终查处案值越高,给予奖励越高。两人以上(含两人)联名举报同一案件的,按同一举报奖励,奖金由吹哨人协商分配。对歪曲事实的恶意举报或打击报复的恶意投诉,不仅取消奖金的发放,而且追究被举报人相关责任,若为内部员工,则根据员工手册按严重违纪处理。

8.4.2 比亚迪吹哨人保护和奖励规定①

比亚迪公司制订吹哨人保护和奖励规定,鼓励比亚迪公司员工、外单位人员、其他任何知情者参与到监督体系中,积极举报贪污、腐败、欺诈等违法不道德行为和违反比亚迪公司规章制度、损害比亚迪公司利益的行为,并加强对吹哨人的保护和奖励。

在举报范围方面,制度规定任何贪污、腐败、欺诈等违法不道德行为、违反比亚迪公司规章制度的行为、任何损害比亚迪公司利益的行为都属于举报范围。在吹哨人保护方面,进行机构设置,建立比亚迪审查处,从事腐败行为调查的部门,直接向公司总裁汇报,不受其他任何事业部人员干涉,保障了举报受理和调查工作的独立性和客观性。建立了完善的制度保护吹哨人,在受理、登记、调查、保管等各个环节上一律严格保密,防止泄露或遗失。严禁以任何形式对吹哨人进行打击报复,违者将按比亚迪公司制度从严从重处理,违法犯罪的将追究被举报人的法律责任。在吹哨人业务保障方面,对于主动向比亚迪公司举报其腐败信息的涉案外单位,无论是主动还是被动向比亚迪公司员工或其亲属提供了不正当利益,只要主动提供信息并积极配合相关调查,且承诺以后不再发生类似问题,比亚迪公司提供免于处罚、优先合作、予以奖励等

---

① 资料来源:http://www.neibushenji.com/index.php/neibushenjixinwen/1276.html

保障。

在吹哨人奖励方面,奖励对象仅限于提供有效证据举报贪污腐败、职务侵占、挪用公款、营私舞弊、欺诈等违法不道德行为的实名吹哨人。经调查属实的,比亚迪公司将根据提供线索的有效性、案件性质及严重程度等给予吹哨人5 000元(税后,下同)至1 000万元人民币不等的奖金。被司法机关立案侦查的,每案奖金最低为5万元人民币,被追究刑事责任的,追加奖金最低为10万元人民币。根据案件性质,在保障吹哨人已获得最低奖励的基础上,对于已结案案件,将从比亚迪公司挽回经济损失的金额中按一定比例提取奖金,奖励给对案件侦破做出贡献的人员。

参考文献

[1] Barnett, T. R., Cochran, D. A., & Taylor, G. S. (1990). The Relationship between Internal Dissent Policies and Employee Whistleblowing: An Exploratory Study.

[2] BusinessWorld. (2008). Two-Thirds of Rp Companies Claim to Support Whistle-Blowers, Retrieved May 30.

[3] Hassink, H., De Vries, M., & Bollen, L. (2007). A content analysis of whistleblowing policies of leading European companies. Journal of Business Ethics, 75(1), 25-44.

[4] Kaptein, M. (2010). From inaction to external whistleblowing: The influence of the ethical culture of organizations on employee responses to observed wrongdoing. Journal of Business Ethics, 98, 513-530.

[5] Keenan, J. P. (2002). Whistleblowing: A study of managerial differences. Employee Responsibilities and Rights Journal, 14(1), 17-32.

[6] Lee, G., & Fargher, N. (2013). Companies' use of whistle-blowing to detect fraud: An examination of corporate whistle-blowing policies. Journal of business ethics, 114(2), 283-295.

[7] Lewis, D., & Kender, M. (2010). A survey of whistleblowing/ confidential reporting procedures in the top 250 FTSE firms. London: SAI Global.

[8] Miceli, M. P., Near, J. P., & Dworkin, T. M. (2009). A word to the wise: How managers and policy-makers can encourage employees to report wrongdoing. Journal of business ethics, 86(3), 379-396.

[9] Tavakolian, H. (1994). Whistle blowing: preventive strategies. Management

Research News.

[10] Trongmateerut P., Sweeney J. T. (2013). The Influence of Subjective Norms on Whistle-Blowing: A Cross-Cultural Investigation. Journal of Business Ethics, 112(3), 437–451.

[11] Vadera, A. K., Aguilera, R. V., & Sparrow, P. (2009). The role of IHRM in the formulation and implementation of ethics programs in multinational enterprises. Handbook of international human resource management: Integrating people, process, and context, 413–38.

[12] Vandekerckhove, W., & Lewis, D. (2012). The content of whistleblowing procedures: A critical review of recent official guidelines. Journal of Business Ethics, 108(2), 253–264.

[13] Wardani, C. A., & Sulhani, S. Analisis Faktor-Faktor Yang Mempengaruhi Penerapan Whistleblowing System Di Indonesia. Jurnal Aset (Akuntansi Riset), 9(1), 29–44.

第九章
不道德行为及其主体的特征对吹哨的影响

吹哨意愿和行为产生的情境因素除了个体层面和组织、领导层面的因素以外,不道德行为相关的因素,如不道德行为人特征、不道德行为发生的组织特征以及事件的性质和严重程度等都对不道德行为观察者的认知和判断过程存在显著的影响。已有理论与实证的研究验证和解释了这些因素产生作用的机制和原因。

9.1 不道德行为的类别

不道德行为可以定义为一系列从严重违法到不专业或不道德行为,不道德行为特征包括不道德行为的类型、严重性以及证据等。申佳(2017)将企业的不道德行为划分为五种类型,即管理者不道德行为、财务不道德行为、政治不道德行为、交易不道德行为和社会不道德行为。管理者不道德行为主要发生在公司高层管理人员个人违反正式(法律)或非正式(道德)规定的情况。管理者代表性不道德行为的具体活动包括 CEO 丑闻,白领犯罪等(Bianchi & Mohliver,2016)。财务不道德行为被定义为违反公开上市公司正式规定的企业违法行为(Arthaud-Day,2006),如财务欺诈,股财务重述等(Gomulya & Boeker,2015)。政治不道德行为是指公司与政府/政府官员之间为了谋取不正当利益做出违背体制设计公平原则,并给国家带来损失的非法或不道德行为,如企业的收受贿赂,企业政府相互勾结等(Ashforth 等,2008)。交易不道德行为被定义为企业的机会主义行为,在其交易中对其他市场参与者的不公平优势,如合同违约和反竞争行为(Poppo,Zhou & Li,2015)。社会不道德行为认为在企业运营过程中,违反公认社会规范和道德标准的违规行为会对社会造成影响(Sullivan,Haunschild & Page,2007)。已有研究指出,不道德行为的类型影响个人的吹哨决定,并极大地影响吹哨过程的性质,即随后的步骤,包括吹哨方式以及报复的可能性(Somers & Casal,2011)。Near 和 Miceli(2004)阐述了不道德行为类型的可能作用,他们发现所观察到的不道德行为类型与吹哨的可能性有关。Somers 和 Casal(2011)进一步指出,不道德行为的类型与吹哨过程中的其他变量有明确的联系,包括所举报问题的严重性、感知的有效性、举报的成本以及预期的报复。具体而言,观察到的不道德行为的类型会随问题的严重性而发生变化,不同类型的不道德行为之间存在差异,且与问题的严重性相互作用,影响吹哨者的可感知风险和成本,从而影响员工的吹哨意愿。

目前已有研究所探讨的不道德行为可首先归类为涉及伤害的行为,特别是身体伤害(如安全问题)或经济和心理伤害(如财务问题)。与被认为危害较小的不道德行为(例如,财政违规或歧视)相比,员工披露涉及身体伤害的不道德行为(例如,健康违规)的可能性更大。事实上,研究表明,违法、管理不善和性骚扰等不法行为比浪费、安全问题、偷窃和歧视更有可能被举报(Near 等,2004)。Keil 和 Park(2010)研究区分了主要和严重的欺诈形式(如受贿、窃取公司资金)和不太严重的欺诈形式(如滥用职权、不公平优势、歧视),发现与财务报表欺诈相比,员工更可能举报盗窃,报告重大财务报表舞弊的概率也高于非重大财务舞的概率。运用归因理论分析,不道德行为存在内部与外部、稳定与不稳定、可控与不可控以及故意和无意等四类归因,内部、稳定、可控和故意的错误类型更容易被吹哨(Gundlach 等,2003)。Near 等(2004)的研究表明管理不当、性骚扰、偷窃、浪费、安全和歧视等归因于个人的行为类型更易被揭发。Robinson 等(2012)对归因相反的偷窃行为与财务报表舞弊、物质欺诈与非物质欺诈行为进行了比较,发现偷窃和物质欺诈更易于被吹哨。

9.2 不道德行为的严重性和被依赖程度

不道德行为的严重程度是指某一特定的不道德行为可能会给受影响的人带来实质性的后果(Gundlach,2003)。其衡量方式多种多样,如可以通过财务后果(Miceli & Near,1985)测量,也可以用不道德行为发生的频率来衡量(Callahan & Dworkin,1994)。研究发现,严重的不道德行为更容易被吹哨。首先,不道德行为的结果严重度影响道德判断和道德决策(Jones,2003);其次,严重的不道德行为使人们更容易赞成和支持观察者的吹哨行动;第三,被

第九章 不道德行为及其主体的特征对吹哨的影响

报告人(特别是外部接收者)可能认为严重的不道德行为更值得花费时间和精力去干预。这些都相当于赋予了观察者权力并带来良好预期(Meceli & Near,1992)。Mesmer-Magnus 和 Viswesvaran(2005)研究发现不道德行为的严重性与吹哨倾向和吹哨行为均存在正向影响关系。Bhal 和 Dadhich(2011)研究证实不道德行为的道德强度正向影响吹哨倾向。Andon 等(2016)研究表明,影响吹哨行为的一个重要因素是观察者感知到的不道德行为造成问题的严重程度。严重的不道德行为更有可能让潜在的吹哨者感受到个人责任,意识到不道德行为需要报告(Lowry 等 2013;Park & Keil,2009)。Near 和 Miceli(2008)研究表明,发现管理不善、性骚扰和违法行为的员工比发现浪费、偷窃或歧视的员工更有可能吹哨。Kaplan 和 Schultz(2007)也提供了证据,证明个体的吹哨意图受不道德行为性质的影响,不道德行为的经济和非经济后果的严重程度导致了观察者吹哨意图的显著差异。同样地,Nawawi 和 Salin(2018)指出,越是严重的不道德行为,观察者吹哨的可能性就越大。随后,Edwards 等(2009)提出了一个概念框架,在这个框架中,他们认为吹哨行为可能会受到预期后悔(anticipated regret)的影响。人们是厌恶后悔的。当人们权衡各种不同的行动方案并倾向于选择一个最小化后悔的方案时,个人将经历预期的后悔。观察者有权衡吹哨和保持沉默两种选择,当潜在的吹哨者因保持沉默而感到强烈的预期后悔时,他们很可能会进行揭发。越是严重的错误行为,就越会被认为有可能对公众造成更大的伤害,从而引发观察者更大的预期后悔,对这种错误行为保持沉默(Keil,Park & Ramesh,2018)。不道德行为的严重性对吹哨行为之所以产生积极影响也是因为不道德行为的严重性可以预测一个人的内在动机。举报不道德行为的动机可分为内在动机和外在动机。外在动机与外部命令或报酬(如报酬)驱动的行为有关;当吹哨行为是出于道德或公民责任感而进行选择时,内在动机是驱动因素。内在动机最初集中于对任务的某种内在兴趣。随着时间的推移,这个概念已经扩展到包括许多额外的内在动机,如道德、责任、合法性、公平、忠诚和认同。而外在动机最初侧重于金钱奖励,但后来被扩展到包括各种法律、社会和组织机制,这些机制试图影响人们参与社会化的理想行为。当决定是否吹哨时,个体不仅会考虑它带来的自我满足感和自豪感,而且还考虑行动的益处、风险和危害。尽管吹哨可能被视为道德行为,与潜在利益相关,但报复威胁阻碍了吹哨。不道德行为的严重性影响个体感知的成本,进而对吹哨行为有负面影响;同样地,不道德行为的严重性也影响感知的责任感,并进而对吹哨行为产生正面影响。感知到的高成本可以通过匿名渠道而促进吹哨意图，感知到的责任则不一定使用匿名渠道，非匿名渠道同样可以预测吹哨意愿。其他需要考虑的影响包括害怕报复的负面影响和感知到的个人受害的正面影响，即员工是否受到不道德行为的个人伤害。害怕报复会降低吹哨的意图，但不一定会影响实际行为，对被解雇的恐惧则是对吹哨行为最大的威胁之一。

人们认为不法行为造成的危害非常严重时，会利用外部渠道直接揭露不法行为，这样可以达到制止不法行为的目的，又可以规避遭到报复的风险。在决定是否吹哨之前，员工会对不道德行为可能带来的不良后果进行预判，面对严重的不道德行为，员工有更强的吹哨意愿（Andon 等，2018）。由于不道德行为的严重性存在差异，会计不道德行为类型对被吹哨概率的影响也不同。Kaplan 和 Schultz（2007）发现，财务报表欺诈相对于盗窃行为更有可能被吹哨，因为财务报表欺诈往往会比盗窃带来更大的货币损失，对社会和资本市场造成的危害更大。

除了不道德行为的严重性，不道德行为受组织倚赖或默许的程度也会产生重要的影响。Near 和 Miceli（1997）提出，如果不道德行为是受到组织运行倚赖或者由组织默许的，那么即使被吹哨，组织采取解决措施的可能性也较小。Robinson 等（2012）认为，财务报表欺诈行为很可能是公司和违规人员为了共同利益而合谋的结果，公司对此有一定程度的倚赖或默许。而资产盗用在多数情况下只对违规人员有利、对公司无益，因此被吹哨的概率可能更高。另外，不道德行为掌握的证据强度和可信度对吹哨意愿和行为也会产生影响。研究认为，证据的有力程度影响成本-利益分析，影响吹哨者对行为结果的信心，因而推论影响吹哨决策。Mesmer-Magnus 和 Viswesvaran（2005）发现证据与吹哨行为弱相关，而与吹哨倾向无关；Miceli 等（2012）发现有力的证据是促成吹哨行为的原因之一。Brown（2008）发现直接证据与非角色责任下的吹哨有关，而与角色责任下的吹哨无关。Brink 等（2013）研究了吹哨员工对不道德行为掌握的证据强度和可信度与其吹哨可能性之间的关系，发现当证据不足时，公司会设置内部吹哨奖励以鼓励个人进行内部吹哨，这是一种避免外部吹哨风险的手段；但是当证据强度和可信度较高时，外部吹哨的意愿更强。Brink 等（2013）还发现，当证据强度较高时，如果吹哨人知道除了自己以外还有其他人也知晓不道德行为，则吹哨的可能性更大；当证据强度较弱时，则没有这种效应。

9.3 不道德行为人的地位和与吹哨人的关系

不道德行为人的身份地位影响观察者的吹哨意愿,但是目前学术界对此影响效果的看法尚未统一,主要有三种典型观点。不道德行为人(wrongdoer)在组织中的权力越大,组织对不道德行为人的倚赖性越强,对吹哨人实施报复打击的概率越高。因此,不道德行为人会利用自己的权力使其在吹哨案件中获得保护。如果吹哨人预感到吹哨不仅无果甚至还会带来报复,其吹哨意愿就会降低,从而吹哨的可能性也降低。Gao 等(2015)研究了不道德行为人的权力与员工吹哨意愿之间的关系,发现当不道德行为人权力更大时,外部吹哨意愿要比内部吹哨意愿更强,这是因为面对权力较大的不道德行为人,内部吹哨的成本较高,而外部吹哨会提供更好的保护,防止吹哨人受到权力较大的上级对自己的报复。Fragale, Rosen, Xu 和 Merideth(2009)研究发现,不道德行为人的地位水平会影响吹哨者对其违规行为的归因和对不道德行为人应获得惩罚的态度。具体而言,相较于不道德行为人具有较低的社会地位,潜在的吹哨者对处于高社会地位的不道德行为人有更高的意向性。意向性是指个体的愿望、信念、意图、意识和能力,执行特定的行动。一般来说,不道德行为人的意向性越大,观察者越倾向于将他们的不道德行为归因于更大的故意,就越被认为是要对其行为的后果负责。从这个意义上说,对于一种特定的不道德行为,潜在吹哨者很可能将更高的意图归因于高地位的个体而不是低地位的个体,对他的行为的解释有更少的善意,更愿意向外界披露其不道德行为(Fragale 等,2009)。

相反,Vinancia 等(2019)发现,公共部门 70% 的不道德行为发生在行政或管理层面。在一个组织中,地位高的成员所犯下的欺诈行为将更难被披露给地位低的成员。组织中地位高的成员通过他的高职位有权力报复那些举报他的欺诈行为的人。吹哨者与不道德行为人的地位或等级差距越大,举报的员工受到报复的可能性就越大(Nickolan, Handajani & Hermanto, 2018)。如果不道德行为人的地位较高,那么观察者的揭发欺诈行为会越来越困难,这将降低观察者成为举报人的意图。此外,也有研究表明,不道德行为人的身份地位对观察者的吹哨意愿没有影响(Suyatno 等,2017)。

不道德行为人与吹哨人的关系也会对吹哨行为产生影响。在亚洲文化中,由于受到儒家伦理文化的影响,人与人之间往往会形成紧密的社会关系网络,这会导致发现违规行为的员工在决定举报前就考虑自己与不道德行为人的个人关系。此外,儒家伦理文化还强调等级从属关系。在等级体系中,下级必须尽可能服从上级指挥,扩展到组织中就是组织成员永远都应该服从上级领导的指挥,并坚持绝对的忠诚。因此,在此类强调人际关系、等级和忠诚的文化氛围中,不道德行为人与吹哨人的关系越紧密,被吹哨的可能性越低。在不考虑文化环境影响的情况下,Boo 等(2020)等研究了审计师与不道德行为人的关系对吹哨的影响,发现即使存在对吹哨的激励政策,审计师的吹哨意愿在其与不道德行为人工作关系密切的情况下也比在工作关系疏远的情况下更低。Robinson 等(2012)研究了不道德行为人的人际关系状态与违规行为吹哨可能性之间的关系,发现当不道德行为人平时拥有更好的人际关系、更受同事欢迎时,内部知情者的吹哨意愿会更低。是否吹哨的决定还取决于潜在吹哨者与不道德行为分子的接近程度。潜在的吹哨者越接近不道德行为分子(无论是在人际关系上还是在组织结构方面),他们就越倾向于吹哨违法行为(Culiberg & Mihelic,2017),这可能是由于接近不道德行为分子更有可能掌握确实的证据,从而确保吹哨取得成功。

9.4 发生不道德行为的企业特征

企业组织结构和运营特征影响企业中的吹哨行为。Brennan 和 Kelly(2007)发现,如果会计师事务所有足够且正式的组织流程来报告不道德行为,审计师就会积极地报告不道德行为,并倾向于相信这不会对他们的职业生涯产生不利影响,对自己的内部吹哨结果有较高的正向期望。高度垂直的组织结构会阻碍员工利用内部渠道进行吹哨,加强了违规者权力对员工吹哨意愿的影响。发生会计吹哨的企业往往规模更大、经营年限更长、声誉更高、在吹哨之前的股票市场表现更好。受到更频繁、更严苛的外部监督,且具有更完善的治理模式和绩效更优的审计部门很少遭遇外部举报。

企业文化氛围也是影响吹哨的重要因素之一。道德观念作为影响企业内部文化氛围的重要因素对员工的行为偏好和判断存在潜移默化的影响。在拥有更道德的文化氛围的企业中,员工出于道德感揭露违规和不道德行为的做法会受到来自企业其他成员的正向评价,员工感受到鼓励和情感支持,因此会主动合理化吹哨行为,使得吹哨意愿增强。例如,Zhang 等(2009)在一项关于中国内部检举的研究中发现,对于潜在的吹哨者来说,组织伦理文化通过提供合法的、管理认可的行为和集体规范,提高了吹哨的预期效力。Taylor 和 Curtis(2012)针对高级审计师研究了道德强度的作用,发现企业环境的道德强度与吹哨意愿呈正相关关系;Dalton 和 Radtke(2013)针对 MBA 专业的学生进行了研究,发现相对于较差的道德环境,在强调道德规范的企业中具有马基雅维利主义的个人吹哨意愿更强。此外,Liu 等(2015)提出,强调道德品质的企业能够在个人层面营造一种心理安全的氛围,使吹哨人不用担心遭到企业层面的报复,因此吹哨意愿增强。

企业的集体主义氛围也会对吹哨意愿造成影响。在集体主义氛围浓厚的企业中,吹哨行为被认为是一种会打破原有组织内部平衡的组织异议,员工倾向于维持和谐的工作关系和团结的组织氛围,避免直接批评同事或事后吹哨,因此吹哨意愿较弱。Seifert 等(2010)研究了企业内部公平性对企业内部审计师和管理会计师吹哨意愿的影响,发现企业提高政策和程序的公平性会增强会计人员报告内部报告舞弊的可能性,因为这些公平的政策和程序营造了一种公平的制度氛围,暗示管理层会支持举报违规行为,并采取合理措施消除舞弊。

企业对吹哨行为的奖励或报复是个体考虑吹哨决策的重要因素。在对吹哨行为的奖励方面,Robertson 等(2012)研究了激励对吹哨行为的促进作用,发现当吹哨能够使审计师获得绩效考核奖励时,审计师更有可能及时报告违规行为。此外,研究证明,货币激励在鼓励吹哨方面也是有效的,它在一定程度上可以为吹哨人提供额外的保护,减少吹哨带来的损失,货币激励强度越大,吹哨意愿越强。奖励的作用也受到吹哨人道德水平的影响,道德水平较低的审计师对现金激励更加敏感。在对吹哨行为的报复方面,当员工认为自己遭受的报复或威胁越大时,其吹哨意愿越低。如果企业在以往的案件中对吹哨人实施了报复行为,员工就会有所警惕,为了规避风险可能选择沉默。Guthrie 和 Taylor(2017)的一项研究从另一个角度考察了报复或威胁如何影响内部报告意图,他们认为默许报复发生的企业会创造一种缺乏信任的组织文化,从而阻止员工吹哨。此外,为了减轻吹哨人对报复的恐惧,很多企业会制订详细的反报复政策以保护吹哨人。

企业内部的组织公平和程序公平影响观察者的内部吹哨。Goldman(2001)发现,组织内部的分配公平和程序公正与外部举报呈负相关关系。换句话说,组织的程序越公平,员工对不道德行为的反应越倾向于内部揭发而不是外部揭发。Seifert(2006)对 273 名审计人员和 244 名管理人员进行了准实验研究,发现当所有的分配、程序均公平时,观察者对违法行为的内部举报的感知达到最高水平。这一系列研究表明,当组织被认为是公平的时候,观察者更有可能在内部吹哨,而不太可能参与外部吹哨。企业的其他特征也会影响观察者的吹哨行为(Vadera,Aguilera & Caz,2009)。揭发率高的企业可能有高的组织绩效、有闲置资源且更加地非官僚主义。Brewer 和 Seiden(1998)在对联邦公务员吹哨行为的研究中发现,吹哨者倾向于在高绩效的工作小组和组织中工作。

参考文献

[1] Andon, P., Free, C., Jidin, R., Monroe, G. S. and Turner, M. J. (2016),"The impact of financial incentives and perceptions of seriousness on whistleblowing intention", Journal of Business Ethics, pp. 1-14.

[2] Arthaud-Day, M. L., Certo, S. T., Dalton, C. M., & Dalton, D. R. (2006). A changing of the guard: Executive and director turnover following corporate financial restatements. Academy of management Journal, 49(6), 1119-1136.

[3] Ashforth, B. E., Gioia, D. A., Robinson, S. L., & Trevino, L. K. (2008). Re-viewing organizational corruption. Academy of Management review, 33(3), 670-684.

[4] Bhal, K. T., & Dadhich, A. (2011). Impact of ethical leadership and leader-member exchange on whistle blowing: The moderating impact of the moral intensity of the issue. Journal of business ethics, 103(3), 485-496.

[5] Bianchi, E. C., & Mohliver, A. (2016). Do good times breed cheats? Prosperous times have immediate and lasting implications for CEO misconduct. Organization Science, 27(6), 1488-1503.

[6] Brennan, N., & Kelly, J. (2007). A study of whistleblowing among trainee auditors. The British Accounting Review, 39(1), 61-87.

[7] Brewer, G. A., & Seiden, S. C. (1998). Whistle blowers in the federal civil service: New evidence of the public service ethic. Journal of Public Administration Research and Theory, 8, 413-439.

[8] Brink, A. G., Lowe, D. J., & Victoravich, L. M. (2013). The effect of evidence strength and internal rewards on intentions to report fraud in the Dodd-Frank regulatory environment. Auditing: A Journal of Practice & Theory, 32(3), 87-104.

[9] Brown, A. J. (Ed.). (2008). Whistleblowing in the Australian public sector:

Enhancing the theory and practice of internal witness management in public sector organizations. Canberra, ACT: ANUE-Press.

[10] Boo, E., Ng, T., & Shankar, P. G. (2020). Effects of advice on auditor whistleblowing propensity: Do advice source and advisor reassurance matter?. Journal of Business Ethics, 1–16.

[11] Callahan, E. S. and Dworkin, T. M. (1994), "Who blows the whistle to the media, and why: Organizational characteristics of media whistleblowers", American Business Law Journal, Vol. 32 No. 2, pp. 151–184.

[12] Culiberg, B., & Mihelic, K. K. . (2017). The evolution of whistleblowing studies: a critical review and research agenda. Journal of Business Ethics, 146(4), 1–17.

[13] Dalton, D., & Radtke, R. R. (2013). The joint effects of Machiavellianism and ethical environment on whistle-blowing. Journal of business ethics, 117(1), 153–172.

[14] Edwards, M. S., Ashkanasy, N. M., & Gardner, J. (2009). Deciding to speak up or to remain silent following observed wrongdoing: The role of discrete emotions and climate of silence. In J. Greenberg, & M. Edwards (Eds.), Voice and silence in organizations (pp. 83–109). Bingley, UK: Emerald Group Publishing.

[15] Fragale, A. R., Rosen, B., Xu, C., & Merideth, I. (2009). The higher they are, the harder they fall: The effects of wrongdoer status on observer punishment recommendations and intentionality attributions. Organizational Behavior and Human Decision Processes, 108(1), 53–65.

[16] Gao, J., Greenberg, R., & Wong-On-Wing, B. (2014). Whistleblowing intentions of lower-level employees: the effect of reporting channel, bystanders, and wrongdoer power status. Journal of Business Ethics, 126(1), 85–99.

[17] Goldman, B. M. (2001). Toward an understanding of employment discrimination claiming: An integration of organizational justice and social information processing theories. Personnel Psychology, 54(2), 361–386.

[18] Gomulya, D., & Boeker, W. (2016). Reassessing board member allegiance: CEO replacement following financial misconduct. Strategic Management Journal, 37(9), 1898–1918.

[19] Gundlach, M. J. (2003). Developing and testing a model of whistle-blowing decisions. Tallahassee: Florida State University.

[20] Guthrie, C. P., & Taylor, E. Z. (2017). Whistleblowing on fraud for pay: Can I trust you? Journal of Forensic Accounting Research, 2(1), A1–A19.

[21] Kaplan, S. E., Schultz, J. J. (2007). "Intentions to report questionable acts: An

examination of the influence of anonymous reporting channel, internal audit quality, and setting", Journal of Business Ethics, Vol. 71 No. 2, pp. 109 – 124.

[22] Keil, M., &.Park, C. (2010). Bad news reporting on troubled IT projects: Reassessing the mediating role of responsibility in the basic whistleblowing model. Journal of Systems and Software, 83(11), 2305 – 2316.

[23] Keil, M., Park, E. H., &. Ramesh, B. (2018). Violations of health information privacy: The role of attributions and anticipated regret in shaping whistle-blowing intentions. Information Systems Journal, 28(5), 818 – 848.

[24] Liu, S. M., Liao, J. Q., &. Wei, H. (2015). Authentic leadership and whistleblowing: Mediating roles of psychological safety and personal identification. Journal of Business Ethics, 131(1), 107 – 119.

[25] Lowry, P. B., Moody, G. D., Galletta, D. F., &. Vance, A. (2013). The drivers in the use of online whistle-blowing reporting systems. Journal of Management Information Systems, 30(1), 153 – 190.

[26] Mesmer-Magnus, J. R., &. Viswesvaran, C. (2005). Whistleblowing in organizations: An examination of correlates of whistleblowing intentions, actions, and retaliation. Journal of business ethics, 62(3), 277 – 297.

[27] Miceli, M. P., &. Near, J. P. (1984). The relationships among beliefs, organizational position, and whistle-blowing status: A discriminant analysis. Academy of Management Journal, 27, 687 – 705.

[28] Miceli, M. P., &. Near, J. P. (1992). Blowing the whistle: The organizational and legal implications for companies and employees. New York: Lexington.

[29] Miceli, M. P., &. Near, J. P. (1997). Whistle-Blowing as antisocial behavior, in R. Giacalone and J. Greenberg (Ed.), Antisocial Behavior in Organizations. Thousand Oaks: Sage CA, 130 – 149.

[30] Nawawi, A., &. Salin, A. S. A. P. (2018). Whistle blowing intentions-evidence from Malaysian PLC. International Journal of Law and Management.

[31] Near, J. P., &. Miceli, M. P. (2008). Wrongdoing, whistle-blowing, and retaliation in the US government: What have researchers learned from the Merit Systems Protection Board (MSPB) survey results?. Review of Public Personnel Administration, 28(3), 263 – 281.

[32] Near, J. P., Rehg, M. T., Van Scotter, J. R., &. Miceli, M. P. (2004). Does type of wrongdoing affect the whistle-blowing process?. Business Ethics Quarterly, 14(2), 219 – 242.

[33] Nickolan, F., Handajani, L., &. Hermanto. (2018). Whistleblowing intention of

Indonesian Government Internal Auditor (APIP) and anonymous reporting channel interactions. International Journal of Economics, Commerce and Management, 6(2), 161–175.

[34] Poppo, L., Zhou, K. Z., & Li, J. J. (2016). When can you trust "trust"? Calculative trust, relational trust, and supplier performance. Strategic management journal, 37(4), 724–741.

[35] Robinson, S. N., Robertson, J. C., & Curtis, M. B. (2012). The effects of contextual and wrongdoing attributes on organizational employees' whistleblowing intentions following fraud. Journal of Business Ethics, 106(2), 213–227.

[36] Seifert, D. L. (2006). The influence of organizational justice on the perceived likelihood of whistle-blowing, Unpublished doctoral dissertation. Washington State University.

[37] Seifert, D. L., Sweeney, J. T., Joireman, J., & Thornton, J. M. (2010). The influence of organizational justice on accountant whistleblowing. Accounting, Organizations and Society, 35(7), 707–717.

[38] Somers, M., & Casal, J. C. (2011). Type of wrongdoing and whistle-blowing: Further evidence that type of wrongdoing affects the whistle-blowing process. Public Personnel Management, 40(2), 151–163.

[39] Sullivan, B. N., Haunschild, P., & Page, K. (2007). Organizations non gratae? The impact of unethical corporate acts on interorganizational networks. Organization Science, 18(1), 55–70.

[40] Suyatno, B., Armstrong, A. F., & Thomas, K. (2017). Barriers to whistleblowing intentions and reporting channel preferences. Economic and Social Development, 115–128.

[41] Taylor, E. Z., Curtis, M. B., & Chui, L. (2012). Staff auditors' observations of questionable peer behaviour: The view from the other side. The CPA Journal, 82(6), 66–71.

[42] Vadera, A. K., Aguilera, R. V., & Caza, B. B. (2009). Making sense of whistle-blowing's antecedents: Learning from research on identity and ethics programs. Business Ethics Quarterly, 19(4), 553–586.

[43] Zhang, J., Chiu, R., & Wei, L. (2009). Decision-Making process of internal whistleblowing behavior in china: Empirical evidence and implications. Journal of Business Ethics, 88, 25–41.

第三部分

中国情境下的实证研究

第十章
包容性领导与下属吹哨意愿关系的实证研究[①]

按照Treviño等(2006)的观点,在所有积极的组织行为中,揭发行为(吹哨行为)是极具探索性的研究主题。因为该行为属于工作职责范围以外的自愿性行为;其结果可能是徒劳的,并伴随各种打击报复风险(Near & Miceli,1985)。尽管实践中的案例表明员工揭发是组织有效的伦理管理工具,现实中却很少有人无所顾忌地投身于这种行为。西方已有研究探索了促进或阻碍揭发行为的个体或组织因素,如人口统计学特征(Miceli & Near,1984)、角色责任(Miceli等,2012)、人格与情感(Bjørkelo & Matthiesen,2010;Michael等,2008)、组织伦理文化(Kaptein,2010)等。尽管组织实践中主导员工行为决策的重要因素之一是领导者,但截至目前,仅有极少量研究探索了领导因素的影响(如Bhal & Dadhich,2011)。

10.1 理论模型建立的基础

本研究聚焦于包容性领导这种表现为开放、可亲近,并真诚看重下属意见或建议的领导方式,以探讨其对下属揭发行为的影响。由于揭发行为的高敏感特征使其难以直接调查,西方学者大多以测量个体的揭发意愿从事相关研究(Miceli等,2008)。根据计划行为理论,个体的行为意愿导致行为(Ajzen,1991);而员工当下的揭发意愿比曾经发生的揭发行为能更好地反映组织现时情境的影响(Kaptein,2010)。因此,本研究关注的结果变量亦为揭发意愿。另外,组织支持理论认为,领导者(指员工的直接上司,下同)作为组织的代理

[①] 来源:刘燕,李锐,赵曙明.(2016).包容性领导与下属揭发意愿的关系:一个被调节的中介效应模型,心理科学,39(1):144-150.

人会影响员工对组织支持的感知,并进一步通过社会交换和互惠机制影响下属的角色内、外绩效(Rhoades & Eisenberger,2002)。因此本研究亦将检验组织支持感在包容性领导影响下属揭发意愿过程中可能的中介作用。同时,近期研究发现上司组织代表性(organizational embodiment)会促进或制约上司领导方式对下属组织态度或行为的影响(Eisenberger等,2010),为此,本研究也将考察上司组织代表性对包容性领导与组织支持感及揭发意愿关系的调节作用,以识别包容性领导发生作用的边界条件。

10.2 理论背景与假设推导

10.2.1 包容性领导与员工揭发意愿的关系

包容性领导是一种关注下属需求、擅于听取下属意见和认可下属贡献的领导方式,具有开放性(openness)、亲和性(accessibility)和可获得支持和帮助(availability)的特征(Nembhard & Edmondson,2006)。包容性领导的定义基于上下级互动关系(朱瑜,钱姝婷,2014),在下属看来,包容性领导是开放、民主、人本、道德和公正的(朱其训,2011),自己的需要、意见和行为会得到其真诚的关注和重视,为此,下属愿意信任并忠诚于包容性领导(方阳春,2014)。

由于包容性领导是公正和道德的表率,这使下属相信揭发损害他人或组织的非伦理行为是包容性上司鼓励和支持的行为,从而增加对揭发"合法性"的感知。同时,包容性领导是与专制、独裁和排他的领导方式相对立的(朱其训,2011)。为此,揭发行为尽管可能涉及对当下组织管理的挑战和批评,但下属并不会担心冒犯或得罪具有包容性特征的上司。已有研究发现,包容性领导能有效提升员工的心理安全感(Carmeli,Reiter-Palmon & Ziv,2010)。另外,包容性领导接纳和认可下属的意见和贡献,并且尊重下属为改进工作而做出的努力(Nembhard & Edmondson,2006),为此,下属对揭发结果会有良好预期,如非伦理行为被制止和惩戒;揭发行为得到上司的肯定、赞扬和感激等。因此,本研究提出,

H1 包容性领导显著正向影响下属的揭发意愿。

10.2.2 组织支持感的中介作用

组织支持感是员工对于组织如何对待自己的总体看法,包括认为组织在

多大程度上重视自己的贡献和关心自己的福祉等（Eisenberger，Huntington，Hutchison，& Sowa，1986）。组织支持理论认为下属将其上司看成是组织的代理人，因此下属的组织支持感知最直接来源于其上司。上司运用组织赋予的权力指挥和指导下属的工作，而下属的工作绩效也由上司进行评估，因此，上司支持感、上司领导方式显著影响下属的组织支持感（李锐，凌文辁，柳士顺，2009）。上司包容性的领导方式使下属相信这是组织管理理念的贯彻和体现，不仅代表上司本人对下属的尊重、关心和认可，同时也代表组织对员工的尊重、关心和认可。包容性领导所传达的道德与公正精神，亦会使员工相信做维护道德和公正的事情会受到上司首肯，也会得到组织的赞赏和支持。因此，

H2　包容性领导显著正向影响下属的组织支持感。

高组织支持感意味着员工感知到组织非常关心员工的福祉，因此会采取措施制止非伦理行为危害他人利益，包括保护揭发者免于报复；高组织支持感还意味着员工认为组织非常重视他们的贡献，会认可、表扬甚至奖励揭发行为。反之，低的组织支持感会使员工预测组织可能无视甚至默认非伦理行为的存在，也不会关心和重视员工的安全，更无须说奖励。在此情境下揭发非伦理行为很可能是孤军奋战，不仅很难成功，还可能受到组织报复。根据社会交换理论和互惠规范，当员工感知到组织对其工作和福祉方面给予支持时，员工会出于感激之情而意图回报组织，并认为自己有义务支持组织目标并加强组织承诺（凌文辁，杨海军，方俐洛，2006）。据此推理，高组织支持感会促进下属的揭发意愿，而低组织支持感则相反，使下属宁愿把头埋在沙堆里假装看不见非伦理行为，也不愿"多事"去揭发。

基于以上分析，根据假设1和假设2的结果，本研究提出，

H3　组织支持感在包容性领导与下属揭发意愿之间起中介作用。

10.2.3　上司组织代表性的调节作用

上司组织代表性（supervisor's organizational embodiment）是由Eisenberger等（2010）在对领导成员交换关系与感情承诺的关系研究所提出的一个新概念，指员工对上司与组织之间共享身份程度的感知，换句话说，上司组织代表性是下属对上司在多大程度可以被视为组织的化身的感知。上司组织代表性越高，下属认为上司如何对待自己，如表扬、关注或鼓励，越是等同于组织如何对待自己；而上司对下属工作指令和绩效要求也越会被看成是受到组织力量的支持，是来自组织的要求。上司组织代表性越低，则上司的行动

越被视为只能代表他(她)自己而不是组织。

下属对上司组织代表性的感知存在一定的差异,此种差异影响下属对于上司领导行为的解读。就包容性领导而言,当上司组织代表性较高时,上司的包容性特征会较多地被扩大为组织的特征;下属亦更可能将上司包容性的对待归因于组织,进而强化包容性领导对下属组织支持感的促进作用。已有实证研究发现,上司组织代表性正向调节领导-成员交换关系与下属感情承诺的关系,并进一步地促进下属的角色内和角色外行为(Eisenbergert 等,2010);上司组织代表性对于辱虐型上司与下属组织支持感的关系也具有加强作用(Shoss 等,2013)。循此逻辑,本研究提出,

H4a 上司组织代表性会调节包容性领导与下属组织支持感之间的正向关系。上司组织代表性越高,包容性领导与下属组织支持感之间的正向关系越强。

结合假设 3 和假设 4a 所涉及的关系,本研究进一步推断,上司组织代表性对组织支持感在包容性领导与下属揭发意愿之间的中介作用可能也存在调节效应,即构成被调节的中介作用(moderated mediation)。具体而言,当上司组织代表性较高时,组织支持感对下属揭发意愿的影响较大,包容性领导经由组织支持感的中介作用而对下属揭发意愿产生的间接影响也就相应增强。相反,当上司的组织代表性较低时,组织支持感与下属揭发意愿之间的关系较弱,通过组织支持感而传导的包容性领导对下属揭发意愿的间接效应也就相应较小。

H4b 上司组织代表性会调节组织支持感对包容性领导与下属揭发意愿之间关系的中介作用。上司组织代表性越高,这一中介作用越强;上司组织代表性越低,则这一中介作用越弱。

鉴于以上论述,本研究建立了如图 10-1 所示的被调节的中介效应模型并对之进行验证。

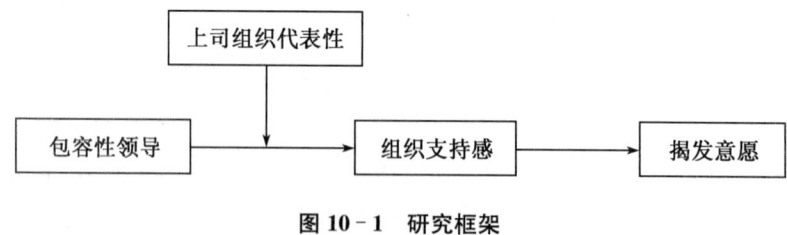

图 10-1 研究框架

10.3 研究方法

10.3.1 研究对象和调查过程

本研究使用问卷调查法通过苏州大学在职 MBA 学员收集研究数据。为了避免共同方法偏差的影响,本研究用编码后的问卷先后进行了二次问卷调查,时间间隔为两个月。在调查开始前,研究助理首先向学员表明问卷数据保证匿名和保密,并仅用于学术研究。第一次调查了学员的背景信息、包容性领导、组织支持感及上司组织代表性,第二次调查了学员自评的揭发意愿。用自评方式测量揭发意愿是因为人们通常倾向于对上司或同事隐藏自己的揭发意愿,因而很难采用他评方式进行测量。调查利用课间休息时间当场完成,并由研究助理直接回收。

总共发放问卷 470 组,第一次调查回收了 373 份,第二次调查回收了 351 份,删除个别含缺失值问卷,经匹配获得 332 组有效问卷,总有效回收率为 71%。描述性统计分析显示:男性占 50.8%;20～29 岁占 41.6%,30～39 岁占 50.2%,其他为 40～49 岁或 50 岁以上员工;本科占比最大,为 63.9%,高中或中专、专科、硕士研究生分别占 9.8%,15% 和 10.7%;基层员工占 55.8%,中低层管理者占 40.9%,高层管理者占 3.4%。

10.3.2 测量工具

(1) 包容性领导。采用 Nembhard 和 Edmondson(2006)研究中所使用的包容性领导量表,共 9 个测量项目,如"他愿意倾听新的观点"("1"表示"从不","6"表示"非常频繁"),本研究中其内部一致性系数为 0.95。

(2) 组织支持感。采用李锐等(2009)研究中使用的 7 题项量表。问题如"这家公司会考虑我的意见"("1"表示"完全不符合","6"表示"完全符合")。本研究中其内部一致性系数为 0.90。

(3) 上司组织代表性。采用 Eisenberger 等(2010)的研究中所使用的上司组织代表性量表,共 5 个题项,如"上司与公司有很多共同点"("1"="完全不同意","6"="完全同意"),本研究中其内部一致性系数为 0.94。

(4) 揭发意愿。采用 Bhal 和 Dadhich(2011)研究中所使用的 2 个题项量表。本研究在问卷中列举了组织中常见的非伦理行为,如偷窃财物、偷工减料、虚假报账等,问题如"我会很自然地向上司报告自己发现的非伦理问题或事件"("1"="完全不同意","6"="完全同意")。在本研究中,该量表的内部一致性系数为 0.88。

(5) 控制变量。已有研究探讨了人口统计学变量对个体揭发意愿的影响(Miceli 等,2008),本研究将性别、年龄、学历和职级作为控制变量。

10.3.3 验证性因素分析

本研究首先进行了验证性因素分析以考察构念的区分效度。由表 10-1 可见,四因素模型优于其他模型,表明包容性领导、组织支持感、上司组织代表性和揭发意愿四个构念的区分性良好。

表 10-1 验证性因素分析结果

模 型	χ^2/df	CFI	TLI	RMSEA
四因素模型:包容性领导;组织支持感;上司组织代表性;揭发意愿	2.74	.94	.93	.07
三因素模型 A:包容性领导+组织支持感;上司组织代表性;揭发意愿	6.49	.80	.77	.13
三因素模型 B:包容性领导+上司组织代表性;组织支持感;揭发意愿	8.65	.72	.69	.15
单因素模型:包容性领导+组织支持感+上司组织代表性+揭发意愿	13.17	.55	.50	.19

注:"+"代表两个因素合并为一个因素。在三因素模型 A 和 B 中,因素的合并依据为构念的相关性。

10.3.4 描述性统计分析

各变量的均值、标准差和相关系数如表 10-2 所示。包容性领导与组织支持感($r=0.53,p<0.01$)、揭发意愿($r=0.29,p<0.01$)均呈显著正相关,组织支持感与揭发意愿亦呈显著正相关($r=0.45,p<0.01$),初步支持了本研究相关假设。

表 10-2 各变量的均值、标准差和相关系数

变量	M	SD	1	2	3	4
1. 包容性领导	4.34	.88	(.95)			
2. 组织支持感	3.98	.82	.53**	(.90)		
3. 上司组织代表性	3.99	1.01	.38**	.44	(.94)	
4. 揭发意愿	3.62	1.14	.29**	.45**	.28**	(.88)

注：* $p<0.05$，** $p<0.01$，下同；对角线上括号内数字为量表的内部一致性系数。

10.4 研究假设的检验

对于假设 1（包容性领导与揭发意愿之间的直接关系），本研究用层次回归分析方法进行检验。数据结果显示，在控制了人口统计学变量之后，包容性领导对员工揭发意愿具有显著的正向影响（$b=0.30$, $p<0.01$），假设 1 因此得到支持。

对于假设 2、3（组织支持感的单纯中介效果），本研究运用 Hayes(2013) 开发的 SPSS/SAS 宏 PROCESS* 进行分析。该工具是采用拔靴分析方法（bootstrapping analysis）来判断间接效应的显著性，该方法不依赖于间接效应应该符合正态分布的假设（因为间接效应是两阶段路径系数相乘的结果，故并不符合正态分布）。数据分析结果参见表 10-3。在控制了人口统计学变量后，包容性领导与组织支持感（M_1, $b=0.51$, $p<0.01$）显著正相关；将包容性领导与组织支持感同时置入回归模型后，结果显示组织支持感的影响显著（M_2, $b=0.55$, $p<0.01$）。同时，从基于 5 000 个 bootstrap 样本所导出的"偏差校正置信区间"可以发现，包容性领导通过组织支持感对揭发意愿产生的间接效应达到了显著性水平（$b=0.28$, Boot 95% CI 不包含 0）。此结果说明组织支持感的单纯中介效应显著。由此可知，假设 2、3 得到支持。

---

* PROCESS 是一个功能强大的建模工具，它整合了现有和流行的中介、调节及其综合分析的统计工具的许多功能，得到了学者广泛接受和应用。

表 10-3 单纯中介效应分析结果

因变量→		组织支持感			揭发意愿		
		M_1			M_2		
预测变量↓		b	SE	t	b	SE	t
控制变量							
性 别		-.06	.08	-.71	.10	.11	.84
年 龄		.05	.06	.86	.07	.09	.83
学 历		-.11	.05	-2.12*	-.02	.08	-.27
职 级		.10	.05	2.08*	.12	.07	1.75
自变量							
包容性领导		.51	.04	11.47**	.11	.08	1.43
中介变量							
组织支持感					.55	.08	6.69**
R^2		0.31			0.22		
F		28.31**			14.90**		
间接效应	中介变量	效应值		SE	Boot 95%CI		
	组织支持感	0.28		0.05	[0.19, 0.37]		

注:(1) 表中的 b 值为非标准化回归系数;(2) 用于估算偏差矫正置信区间的拔靴重抽样样本(bootstrap samples)数为 5 000。下同。

对于假设 4a、4b(上司组织代表性对包容性领导与组织支持感的关系及组织支持感的中介效应的调节作用),本研究亦采用 PROCESS 进行分析,结果如表 10-4 所示。回归模型中包容性领导与上司组织代表性的交互作用对于揭发意愿的影响达到了显著性水平(M_3, b=0.13, p<0.01)。为了进一步明确上述调节效应的形态是否如原先假设所预期,研究者还绘制了如图 10-2 所示的调节效应图。

表 10-4 被调节的中介效应分析结果

因变量→		组织支持感		
		M_3		
预测变量↓		b	SE	t
控制变量				
性　别		−.08	.07	−1.14
年　龄		.03	.06	.47
学　历		−.09	.05	−1.80
职　级		.09	.04	2.01*
自变量				
包容性领导		.41	.04	9.21**
调节变量				
上司组织代表性		.22	.04	5.52**
交互项				
包容性领导×上司组织代表性		.13	0.04	3.55**
R^2		.39		
F		29.49**		
有条件的间接效应	调节变量	水平	效应	SE	Boot 95% CI
	上司组织代表性	高	0.30	0.05	[0.20,0.42]
		低	0.15	0.04	[0.09,0.24]

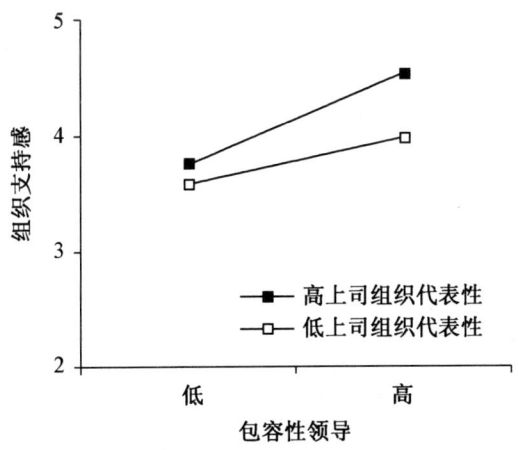

图 10-2　上司组织代表性对组织支持感与揭发意愿之间关系的调节效应

由图 10-2 可以看出,在上司组织代表性高的情况下,包容性领导与组织支持感之间的正向相关较强;在上司组织代表性低的情况下,包容性领导与组织支持感之间的正向相关较弱,因此假设 4a 获得验证。

最后,由表 10-4 的下半部分可见,当上司组织代表性较高时,包容性领导通过组织支持感作用于下属揭发意愿的间接效应较强($\rho_{高上司组织代表性}$ = 0.30,Boot 95% CI 不包含 0);当上司组织代表性较低时,该间接效应则较弱($\rho_{低上司组织代表性}$ = 0.15,Boot 95% CI 亦不包含 0)。由此可知,组织支持感对包容性领导与下属揭发意愿之间关系的中介效应会受到上司组织代表性的调节,即产生了被调节的中介效应。因此,假设 4b 亦得到了实证支持。

作为补充分析,本研究还参考 Scott,Restubog 和 Zagenczyk(2013)的做法,采用 Edwards 和 Lambert(2007)的方法和程序对不同条件下间接效应之间是否存在显著差异进行了检验。结果显示,高上司组织代表性情况下包容性领导通过组织支持感对下属揭发意愿产生的间接效应($\rho_{高上司组织代表性}$ = 0.30,$p<0.01$)强于低上司组织代表性时的情形($\rho_{低上司组织代表性}$ = 0.15,$p<0.01$),二者的差异达到了显著性水平($\Delta\rho=0.16$,$p<0.01$)。此结果进一步支持了假设 4b。

10.5 讨论和贡献

10.5.1 研究结果讨论

首先,尽管已有研究探索了影响员工揭发意愿的多种因素(刘燕等,2014),但是对领导因素的作用关注不足。在中国组织管理实践中,领导者对员工的态度和行为存在尤为重要的影响。揭发行为与其他积极的组织行为相比,其挑战性和抑制性特征使得个体在行为决策时会遇到较大的障碍。本研究结果表明,上司关注下属需求,擅于听取下属意见和认可下属贡献的包容性领导方式可以有效缓解这些障碍,发挥促进下属揭发意愿的重要作用。

其次,组织支持理论说明领导影响下属的路径之一是员工对组织支持的感知(Rhoades & Eisenberger,2002)。鉴于此,本研究对组织支持感在包容性领导与下属揭发意愿关系中的作用进行了检验,结果发现组织支持感在以上二者的关系中担当着部分中介角色。应用社会交换理论和互惠规范解释,即上司的包容性领导行为影响下属对组织支持的感知,而组织支持感会促使下属产生回报上司及组织的责任感和义务感,促使其愿意投身于上司鼓励的利组织行为,因而促进其揭发意愿。

最后,根据 Eisenberger 等(2010)的观点,领导的效果依赖于一定的情境因素。本研究将上司组织代表性作为包容性领导发挥效用的边界条件,对其在包容性领导影响下属揭发意愿过程中的调节作用进行了验证。结果显示,上司组织代表性显著强化了包容性领导与下属组织支持感之间的正向关系,同时也强化了组织支持感对包容性领导与下属揭发意愿之间关系的中介作用,表明上司对下属的影响力大小还取决于上司与组织的相似程度或上司多大程度上被下属认为能代表组织。

10.5.2 理论意义

本研究主要理论贡献有以下四点:① 已有揭发行为研究很少将领导方式作为前因加以讨论与验证。本研究将包容性领导引入揭发行为研究,补充了已有研究文献的不足,拓展了揭发行为前因研究的范围,阐明领导者对于激励下属揭发行为的重要意义。② 本研究证实了包容性领导部分通过组织支持感进而间接影响下属的揭发意愿。已有研究大都验证了影响因素对揭发行为的直接效应而很少探究其中介机制,本研究在一定程度上揭开了包容性领导影响员工揭发意愿的机制"黑箱",强调了组织支持理论对解释员工揭发决策过程的意义。③ 大量已有研究探索了各种类型的领导对员工行为的影响,却较少关注领导力发挥作用的边界条件。本研究证明上司的组织代表性决定其领导方式对员工行为倾向的影响程度,即上司组织代表性加强或减弱领导行为的影响力。④ 国外学者近年来对包容性领导的研究已经取得了一些成果,而国内较少学者对之关注并展开实证研究。本研究结果显示,在中国组织情境下,包容性领导对于下属揭发意愿发挥积极的促进作用。

10.5.3 实践启示

从领导角度看,领导者应亲和、可接近,关心下属需求、虚心听取下属的意见和建议,以此建立与下属良好的互动关系,借此传达对于下属主动参与组织伦理管理的期望。同时,领导者应对下属提供随时的支持和帮助。一旦下属报告观察到的非伦理行为,应认真和及时地加以调查和处理,并对揭发者采取一定的保护措施。从组织角度来看,组织可以考虑通过关爱员工的系列举措,包括给予员工相应的承诺、提供针对揭发行为的奖励措施和保护措施等来提高员工的组织支持感,进而激发他们的揭发意愿。同时,组织在选人、用人和培养管理人才方面应关注管理者与组织特征的相似性,特别是在道德伦理和价值观方面的一致性,促使领导者更大程度上被员工感知为组织的化身。

10.5.4 局限与展望

(1) 共同方法偏差问题。所有变量均采用问卷调查的方式进行测量,不可避免地会存在共同方法偏差问题。遵循 Podsakoff, MacKenzie, Lee 和 Podsakoff(2003)的建议,本研究在时间上进行了区隔,并进行了 Harman 单因素检验*,结果发现其拟合指标非常差,远低于可接受的标准($\chi^2/df = 13.17; CFI = 0.55; TLI = 0.50; RMSEA = 0.19$)。另外,由于共同方法偏差不会夸大,反而会弱化交互效应(Siemsen, Roth, & Oliveira, 2010),因此如果这种偏差较严重,就不可能产生出本研究中发现的调节和被调节的中介结果。综合来看,本研究的主要结论并不会受到共同方法偏差的严重影响。(2) 研究设计方面。由于研究工具主要来自西方,因而未必能贴近中国本土实际;另外,研究样本来自苏州大学在职 MBA 学员,也可能影响研究结论的普适性。今后研究还应从更大范围内提取样本,并且开发和使用中国背景下特有的量表开展有关研究。(3) 中介机制方面。本研究发现组织支持感发挥部分中介作用,说明包容性领导还有可能会通过其他方式或机制来促进员工揭发意愿,如心理安全感、领导信任、组织认同等。今后的研究可以对此做更广泛的探索。

参考文献

[1] 方阳春.(2014).包容性领导风格对团队绩效的影响——基于员工自我效能感的中介作用.科研管理,35,152-160.

[2] 李锐,凌文辁,柳士顺.(2009).上司不当督导对下属建言行为的影响及其作用机制.心理学报,41(12),1189-1202.

[3] 凌文辁,杨海军,方俐洛.(2006).企业员工的组织支持感.心理学报,38,281-287.

---

* 本研究未采用目前国内比较流行的潜在共同方法因素检验方法,这是因为 Richardson, Simmering 和 Sturman(2009)的研究已证实这种方法对于判断共同方法偏差问题并无功效。

[4] 刘燕,赵曙明,蒋丽.(2014).组织中的揭发行为:决策过程和多层次的理论框架.心理科学,37(2),460-467.

[5] 朱其训.(2011)."包容性增长"实现路径探析——基于"包容性领导"的视角.前沿,23,9-11.

[6] 朱瑜,钱姝婷.(2014).包容性领导研究前沿探析与未来展望.外国经济与管理,36,55-64.

[7] Ajzen, I. (1991). The theory of planned behavior. Organizational Behavior and Human Decision Processes, 50, 179-211.

[8] Bhal, K. T., & Dadhich, A. (2011). Impact of ethical leadership and leader-member exchange on whistleblowing: The moderating impact of the moral intensity of the issue. Journal of Business Ethics, 103(3), 485-496.

[9] Bjørkelo, E. S., & Matthiesen S. B. (2010). Predicting proactive behaviour at work: Exploring the role of personality as an antecedent of whistleblowing behaviour. Journal of Occupational and Organizational Psychology, 83, 371-394.

[10] Carmeli, A., Reiter-Palmon, R., & Ziv, E. (2010). Inclusive leadership and employee involvement in creative tasks in the workplace: The mediating role of psychological safety. Creativity Research Journal, 22(3), 250-260.

[11] Edwards, J. R., & Lambert, L. S. (2007). Methods for integrating moderation and mediation: A general analytical framework using moderated path analysis. Psychological Methods, 12(1), 1-16.

[12] Eisenberger, R., Huntington, R., Hutchison, S., & Sowa, D. (1986). Perceived organizational support. Journal of Applied Psychology, 71(3), 500-507.

[13] Eisenberger, R., Karagonlar, G., Stinglhamber, F., Neves, P., Becker, T. E., Gonzalez-Morales, M., & Steiger-Mueller, M. (2010). Leader-member exchange and affective organizational commitment: The contribution of supervisor's organizational embodiment. Journal of Applied Psychology, 95(6), 1085-1103.

[14] Hayes, A. F. (2013). An introduction to mediation, moderation, and conditional process analysis. New York, NY: Guilford Press.

[15] Kaptein, M. (2010). From inaction to external whistleblowing: The influence of the ethical culture of organizations on employee responses to observed wrongdoing. Journal of Business Ethics, 98, 513-530.

[16] Miceli, M. P., & Near, J. P. (1984). The relationships among beliefs, organizational position, and whistle-blowing status: A discriminant analysis. Academy of Management Journal, 27, 687-705.

[17] Miceli, M. P., Near, J. P., & Dworkin, T. M. (2008). Whistle-blowing in

organizations. New York: Routledge.

[18] Miceli, M. P., Near, J. P., Michael T. R., & Van Scotter, J. R. (2012). Predicting employee reactions to perceived organizational wrongdoing: Demoralization, justice, proactive personality, and whistle-blowing . Human Relations, 0(0), 1–32.

[19] Michael, T., Miceli, M. P., Near, J. P., &Van Scotter, J. R. (2008). Antecedents and outcomes of retaliation against whistleblowers: Gender differences and power relationships. Organization Science, 19, 221–240.

[20] Near, J. P., & Miceli, M. P. (1985). Organizational dissidence: The case of whistle-Blowing. Journal of Business Ethics, 4, 1–16.

[21] Nembhard, I. M., & Edmondson, A. C. (2006). Making it safe: The effects ofleader inclusiveness and professional status on psychological safety and improvement efforts in health care teams. Journal of Organizational Behavior, 27(7), 941–966.

[22] Podsakoff, P. M., MacKenzie, S. B., Lee, J. Y., & Podsakoff, N. P. (2003). Common method biases in behavioral research: A critical review of the literature and recommended remedies. Journal of Applied Psychology, 88(5), 879–903.

[23] Rhoades, L., & Eisenberger, R. (2002). Perceived organizational support: A review of the literature. Journal of Applied Psychology, 87(4), 698–714.

[24] Scott, K., Restubog, S., & Zagenczyk, T. (2013). A social exchange-based model of the antecedents of workplace exclusion. Journal of Applied Psychology, 98(1), 37–48.

[25] Shoss, M. K., Eisenberger, R., Restubog, S. L. D., Zagenczyk, T. J. (2013). Blaming the organization for abusive supervision: The roles of perceived organizational support and supervisor's organizational embodiment. Journal of Applied Psychology, 98(1), 158–168.

[26] Siemsen, E., Roth, A., & Oliveira, P. (2010). Common method bias in regression models with linear, quadratic, and interaction effects. Organizational Research Methods, 13(3), 456–47.

[27] Treviño, L. K., Weaver, G. R., & Reynolds, S. J. (2006). Behavioral ethics in organizations: A review. Journal of Management, 32, 951–990.

第十一章

主动性人格与吹哨意愿的关系—基于中国样本的跨层研究[①]

2013年毕马威诚信调查(KPMG Integrity Survey)结果显示,近73%的员工在过去12个月里亲自观察或亲身了解公司内部的不道德行为。然而,"如果发现员工存在不道德行为,愿意视而不见或袖手旁观的员工比例从2009年的6%上升到了23%。同样,员工向外部报告不道德行为的意愿也增加到了26%(2009年为10%)"(KPMG,2013,p.2)。这个明显的趋势可能会给组织带来一系列的危险;例如,组织可能会错过利用自我纠正系统管理不道德问题的机会,或者可能会将组织管理问题暴露给公众(Miceli等,2009)。这种管理上的关注促使研究人员探索个人和组织的特征是如何影响员工的吹哨决策的。

11.1 理论模型建立的基础

吹哨是指组织成员(以前的或现在的)在其雇主的控制下,将非法、不道德或不合法的行为披露给有可能采取行动的个人或组织(Near & Miceli,1985)。吹哨有两种类型:内部吹哨(internal whistleblowing)(向组织管理层披露不道德行为)和外部吹哨(external whistleblowing)(向组织外部的个人或当局披露不道德行为)(Near & Miceli,1996)。在吹哨的文献中已经调查了各种各样的前因(如 Bhal & Dadhich,2011;Bjørkelo & Matthiesen,2010;

---

① 来源:Yan Liu, Shuming Zhao, Li Jiang, Rui Li. (2016). When Does a Proactive Personality Enhance an Employee's Whistle-Blowing Intention?: A Cross-Level Investigation of the Employees in Chinese Companies, *Ethics & Behavior*, 26(8):660-677.

Lee, Heilmann & Near, 2004; Miceli & Near, 1984; Vadera, 2010)。然而,大多数研究考察了前因对吹哨者的直接影响,很少注意到边界条件的影响(Miceli 等,2008)。在一定的边界条件下,员工利用内部或外部渠道进行吹哨的意愿程度可能与其他情况下不同。然而,大多数研究要么混淆了测量两种类型的吹哨(如 Mesmer-Magnus & Viswesvaran, 2005)或只探索一种类型(如 Brewer & Seiden, 1998; MacNab & Worthley, 2008; Sims & Keenan, 1998; Zhang 等, 2009),导致对吹哨决策复杂性的理解很有限。为了解决这些局限性,本研究从组织层面和个人层面考虑了影响主动性人格(proactive personality)与两种类型吹哨意图之间的关系的调节变量。调查结果表明,吹哨人的主动性人格水平高于未吹哨人的主动性人格水平(Miceli 等, 2012)。

吹哨被视为一个具体过程的结果,其中包括(a)基于举报不道德行为的个人所感知到的成本和利益的"冷的"理性认知(Near & Miceli, 1985)和(b)涉及对他人责任感知的"热的"感性认知(McLain & Keenan, 1999)。从理性认知的角度,本研究选择了一个组织层面的调节因子,即工具伦理氛围(instrumental ethical climate),它反映了组织的规范和期望,鼓励个体从利己的角度进行伦理决策(Martin & Cullen, 2006)。工具性伦理氛围特别有可能成为一种边界条件,因为它捕捉了吹哨决策过程中固有的复杂性和挑战。本研究认为,工具性伦理氛围可以通过影响成本效益评估的心理过程,抑制主动性员工参与内部吹哨,而促进其参与外部吹哨。从热的认知视角,本研究选择了个体层的调节变量-道德认同(moral identity),该变量反映了道德意识在一个人的社会自我图式中的重要性或中心地位(Aquino & Reed, 2002)。道德认同描述了一个人的道德,它与一个人的人格截然不同。道德认同有力地预测了亲社会行为、志愿行为、慈善捐赠和组织公民行为(Aquino & Reed, 2002; Hardy, 2006; McFerran 等, 2010; Reynolds & Ceranic, 2007)。本研究认为,它可能与主动性人格相互作用,以促进员工参与吹哨。跨层模型如图11-1所示。

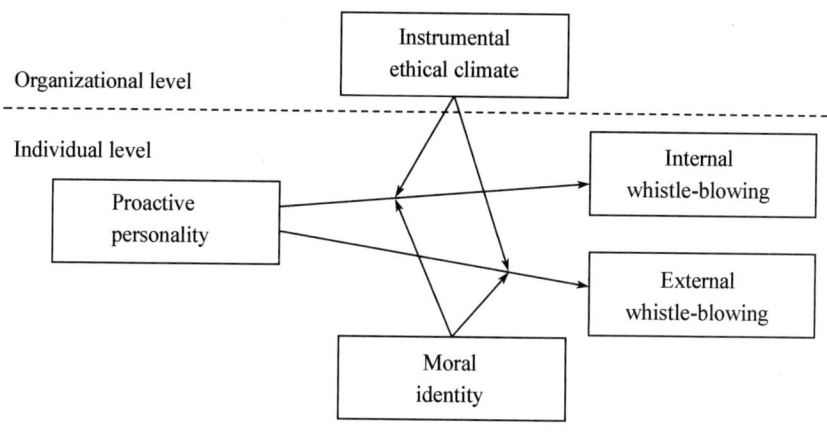

图 11‑1 理论模型

11.2 理论背景和假设推导

11.2.1 吹哨和吹哨意图

学者们将吹哨列为亲社会的组织行为(Dozier & Miceli,1985),角色外行为(Van Dyne & LePine,1998),道德行为(Treviño 等,2006)和组织公民行为(Treviño & Weaver,2001)。吹哨的基本动机是制止对组织、成员、客户以及整个社会产生重大负面后果的不法行为(Miceli 等,2008)。然而,已有研究表明,个人不愿吹哨有几个原因:这是一种自愿行为,超出了个人的工作职责,特别是预期结果可能是徒劳的且容易遭到报复(Brown,2008;Dozier & Miceli,1985;Mesmer‑Magnus & Viswesvaran,2005;Ponemon,1994)。内部吹哨经常被高层管理人员掩盖或忽视(Miceli,Dozier & Near,1991),当报告被认为质疑或挑战组织的权威结构时,更有可能遭到报复(Miceli & Near,2002)。外部吹哨是一种组织禁忌,因为它可能导致组织在公众面前曝光,政府审查,巨额罚款和诉讼(Berry,2004)。因此,外部吹哨人往往被称为违反组织忠诚规范的叛徒。内部和外部的吹哨对员工来说都是高风险的行为。虽然学者们将吹哨人认定为具有典型特征,但他们也提出组织环境对吹哨人决策有重要影响(Miceli 等,2008)。

研究人员提出了几种决策模型,如亲社会组织行为模型(Dozier &

Miceli,1985)、道德行为模型(Ponemon,1994)和社会信息加工模型(Gundlach,Douglas,& Martinko,2003)。虽然这些模型有不同的理论基础,但都包含了吹哨人的决策四步骤:(a)观察组织中的不法行为;(b)分析判断情况;(c)形成吹哨人的意图;(d)采取吹哨行动。由于涉及合法性和保密性问题,很难调查真正的吹哨人。因此,大部分研究集中在第三阶段,即研究吹哨意图(如 Kaptein,2010;MacNab & Worthley,2008;Park,Rehg & Lee,2005;Rothwell & Baldwin,2007)。理性行动理论指出,个人意图导致行动(Fishbein,1979),这一理论已经得到了经验证据的支持(如 Barnett,Bass & Brown,1996;Chiu & Erdener,2003;Victor,Treviño & Shapiro,1993)。Kaptein(2010)认为,与员工过去的行为相比,员工吹哨意图更能反映当前组织环境的影响。因此,根据这些研究,本研究调查的是个体的吹哨意图,而不是实际的行为。

11.2.2 主动性人格和吹哨意图

Bateman 和 Crant(1993)将主动性人格定义为一种实施或改变环境的行为倾向。他们将原型的主动性人格描述为相对无视情境力量,倾向于寻找机会,表现出主动性,并坚持带来有意义的改变。先前的研究已经将主动性人格与各种各样的主动性行为联系起来(见 Fuller & Marler,2009),其中一些行为类似于吹哨,如建言和变革,意味着冒个人风险挑战现状,并试图在组织中创造有利条件以促进组织运转。

根据定义,主动性人格和吹哨人共同关注的是超越直接角色需求的行为,并且两者都有助于改变组织的状态(Bateman & Crant,1993;Treviño & Weaver,2001;Van Dyne & LePine,1998)。积极主动的员工和吹哨人同样具有主动性、独立判断、积极参与和愿意发言的性格特征(Campbell,2000;Miceli 等,2008)。Bateman 和 Crant(1993)强调吹哨人会比其他主动行为者更主动;Campbell(2000)也提出了主动性人格和建设性异议之间的联系。Miceli 等人(2008)将主动性人格与吹哨联系起来,并解释说,主动性强的员工更乐观,因为他们不仅喜欢挑战,而且相信自己能够迎接挑战。基于这些主张,Miceli 等人(2012)调查了美国的 3 000 名员工,发现吹哨人(内部和外部)比那些观察到错误行为但没有采取纠正行动或报告它的员工具有更积极的个性。因此,本研究提出以下假设:

H1 主动性人格与内部吹哨意图正相关。

H2 主动性人格与外部吹哨意图正相关。

11.2.3 工具性伦理氛围的调节作用

伦理氛围被定义为成员对与组织伦理相关的程序、政策和实践的共同看法(Victor & Cullen,1988)。伦理氛围不仅影响个人认为与伦理相关的问题,而且决定了个人用来理解、衡量和解决此类问题的道德标准(Cullen,Victor & Stephens,1989)。Victor 和 Cullen(1988)从五个方面描述了伦理氛围:关怀、规则、法律及准则、独立型和工具型。工具性伦理氛围是唯一的负面氛围。在这种氛围下,利己主义引导着个人和组织的行为,有时可能对他人造成损害(Martin & Cullen,2006)。先前的研究已经将伦理氛围与伦理决策联系起来(如 Deshpande,Joseph & Shu,2011)。Rothwell 和 Baldwin(2007)发现,伦理氛围会影响员工的吹哨。然而,研究者很少关注工具伦理氛围的调节作用。

在吹哨文献中,成本效益分析方法是行之有效的(如 Bhal & Dadhich,2011;Bjørkelo & Matthiesen,2010;Kaptein,2010;MacNab & Worthley,2008;Miceli 等,2012;Stansbury & Victor,2009)。这种方法表明,只有当预期的利益(如停止不道德行为)超过成本(如报复)时,观察者才有可能吹哨不道德行为。本研究认为,工具性伦理氛围作为一种复杂而具有挑战性的组织环境,可能会影响员工成本收益评估的心理过程。在具有高度工具性伦理氛围的组织中,组织及其成员可能会容忍不道德行为,因为它们很常见,或者组织可能会鼓励不道德行为(如商业贿赂、粗制滥造),以追求短期利益。研究发现,消极的伦理氛围会促进不道德行为(Treviño 等,2006)。一个高度工具性的伦理氛围也意味着组织中的领导者可能是不公正的或不道德的,或者至少,他们可能会忽视不道德的行为,因为伦理氛围的本质反映了组织的领导力(Victor & Cullen,1988)。因此,在具有高度工具性伦理氛围的组织中,举报不仅缺乏合法性,而且还会带来更多徒劳和报复的风险,因为它可能会冒犯权威或产生利益冲突。

相比之下,在一个低工具道德氛围的组织中,组织及其成员更关心同事和整个组织的利益,而不是个人风险,这反映在他们的决策和工作行为中(Victor & Cullen,1988;Wang & Hsieh,2012)。因此,员工可能认为错误行为的存在不是因为组织不愿意纠正它,而是因为组织对错误行为仍然不知情。员工也可能认为,他们的吹哨将受到欢迎和认真对待,报告不法行为将受到组织当局的赞扬。换句话说,低工具伦理氛围导致有利的成本效益评估,而高工具伦理氛围导致相反的预期。

根据特质激活理论,人格特质需要特质相关的线索来表达,也就是说,只有在特质相关的情况下,个体才能以特质相似的方式行为(Tett & Guterman,2000)。与特质相关的情境向个体发出信号,表达焦点特质是既重要又合适的(Tett & Burnett,2003)。具有低工具道德氛围的组织可以提供线索,鼓励积极主动的员工采取主动,通过举报制止不法行为;一种高度工具性的伦理氛围,相反,对员工意味着吹哨对管理是不适当的。因此,本研究认为,工具性道德氛围可能会阻碍积极主动的员工向管理层报告不道德行为的意愿。据此,本研究提出以下假设:

H1a 主动性人格与内部吹哨意图之间的关系受到组织的工具性伦理氛围的调节。当工具性伦理氛围高时,正向关系较弱。

之前的调查发现,内部吹哨通常先于外部吹哨,而不是相反(Rehg,Miceli,Near & Van Scotter,2008),内部吹哨失败后,外部吹哨会发生(如Jubb,1999;Miceli & Near,1992)。这一发现表明,员工通常更喜欢内部吹哨,而不是外部吹哨,除非内部吹哨不成功(Miceli 等,2008)。与这些发现相一致,本研究认为,在高工具伦理氛围下,当他们预见到内部吹哨的成本效益不理想时,积极主动的员工更有可能向外部吹哨。因为高度积极主动的员工坚持不懈地为组织带来有意义的变化(Bateman & Crant,1993);他们是解决问题的开拓者(Leavitt,1988)。当他们不能通过内部进行有效吹哨时,人们期望他们积极寻求替代方案。通过外部渠道吹哨是备选方案之一。因此,本研究提出以下假设:

H2a 主动性人格与外部吹哨意图之间的关系受到组织工具性伦理氛围的调节。当工具伦理氛围高时,正向关系更强。

11.2.4 道德认同的调节作用

Aquino 和 Reed(2002)从两个维度定义了道德认同:内在化和符号化。内在化反映了一组道德特质在多大程度上是自我概念的核心,而符号化反映了这些特质通过一个人的行动公开表达的程度。因为内在化更符合定义,而且往往比符号化更具有预测性(Aquino & Reed,2002;Reed & Aquino,2003),本研究探讨内在化的道德认同在当前的研究中的作用,并将其简称为道德认同。

虽然成本效益分析令人信服地解释了员工参与吹哨的原因,但一些学者认为它忽视了道德责任的作用以及道德价值观和情感等相关因素（Gundlach 等，2003；Henik，2008）。正如 McLain 和 Keenan（1999）所述，这些热门认知可以解释在他人看来不理性、愚蠢或不聪明的行为，也就是说，即使在预期不理想的情况下，也要冒巨大的个人风险做出行为（p. 258）。从"热的"感性认知的角度看，道德认同是一种能够预测行为的建构。学者利用自我一致性理论来解释道德认同影响道德行为的机制。自我一致性理论认为，个人有一种基本的愿望，即保持他们的行为和他们的显著身份之间的一致性；否则就会感到认知失调、心理不适或自我谴责（Festinger，1957）。对于高道德认同的个体来说，相对于其他认同而言，作为一个道德的人是更具自我定义的，因此他们更有可能做出道德的行为（Blasi，2005）。

在吹哨决策过程中，高道德认同个体的道德自我图式是习惯可及的（Lapsley & Lasky，2001）；也就是说，道德知识和经验可以很容易地被激活，当他们处理有关不道德问题的信息时。这些人认为正确和错误对他们的自我定义非常重要，会支配个人行为，而不考虑做正确的事情的社会或个人后果（McFerran 等，2010）。此外，研究人员提出，道德认同是责任判断的基础（Blasi，2005），如果个体感知到自己有不可逃避的道德责任，他们更有可能从事道德行为（Haidt，2001；Kohlberg，1981）。道德认同也与道德情感有关（Tangney，Stuewig & Mashek，2007），情感反应的本质是冲动和自动的（Johnston，Sherman & Grusec，2013）。因此，根据讨论，在积极主动的员工具有较高的道德认同的情况下，他们更有可能通过内部或外部的吹哨试图及时纠正不道德行为。因此，本研究提出以下假设：

H1b 主动性人格与内部吹哨意愿之间的关系受到道德认同的调节。对于道德认同水平高的员工，这种正向关系更强。

H2b 主动性人格与外部吹哨意向的关系受到道德认同的调节。对于道德认同水平高的员工，这种正向关系更强。

11.3 研究方法

11.3.1 样本和数据收集程序

2013年4月至7月，本研究采用随机抽样的方法，在经济发达、文化开放的中国江苏省选取了43家企业。本研究联系了人力资源经理，以获得他们员工参与的同意。根据每家公司的规模,研究助理向参与者分发了 15 至 35 份问卷,并附上一封说明研究目的的附信,向参与者保证他们的回答是保密的和匿名的。一周后,研究人员雇佣快递员来收集完整的问卷,并将问卷直接交还给研究人员。

向各公司发放问卷 700 份,回收完成问卷 559 份;559 份可用问卷提供了 79.9% 的回复率。每个公司的样本量在 15~30 之间。559 名受访者中,女性占 49.5%,21~30 岁占 44.7%,31~40 岁占 35%。在教育水平方面,69.7% 拥有本科学位。一般员工占 59%,一线经理占 25.9%,中层经理占 14.1%。

11.3.2 测量工具

所有研究项目均采用李克特 5 分制,从 1(完全不同意)到 5(非常同意)。研究量表从英文翻译成中文后进行反向翻译为英文来确保翻译的准确性。双语专家进行了一轮的修改,直到没有进一步的翻译错误。

主动性人格。采用 Bateman 和 Crant(1993)主动性人格量表 6 个项目来测量主动性人格。这 6 个项目已经在以前的研究中被使用,并且在中国样本中被证明是有效的(Li,Liang & Crant,2010)。代表性条目是"我喜欢为自己的想法辩护,即使别人反对"。Cronbach's α 值为 0.78。

工具性伦理氛围。工具伦理氛围测量采用 3 条目量表改编自 Tsai 和 Huang(2008)基于台湾地区的伦理氛围量表。典型条目是"在这个组织中,人们保护自己的利益高于一切"。Cronbach's α 值是 0.72。

道德认同。道德认同采用 Aquino 和 Reed(2002)设计的内化 5 条量表进行测量。调查问卷列出了道德特征(如同情心、慷慨、诚实),并要求对诸如"拥有这些特征的人会让我感觉很好"进行评判。Cronbach's α 值是 0.83。

吹哨意图。内部和外部的吹哨意图改编自 Park 等(2005)。本研究删除了一条内部举报意图——"我将使用组织内部的官方举报渠道"——因为一些中国公司可能没有为员工建立举报不道德行为的特定渠道。因此,内部和外部吹哨意图是由两个 3 条目量表测量。

研究人员认为,不法行为的强度和违法者与吹哨者之间的权力距离影响了员工的吹哨决策(Miceli 等,2008)。本研究在调查中通过一个简单的场景描述控制了这些因素,如下所示:有一天,你无意中目睹了你的同伴(在组织中与你地位相同)的行为。这种行为可能是商业贿赂,以次充好,虚假报销,或者盗窃公司财产。这种行为对生命安全并不是很危险,但它是一种损害同事、组织、公众利益的违法行为。那你会怎么做？两个示例问题是，我将向组织外部的当局报告它，我将向组织的高层管理人员报告它。Cronbach's α 分别为 0.74 和 0.78。该情景规定，作恶者和不法行为观察员在组织中处于相同的地位，因此排除了权力距离的影响。本研究将不法行为的强度定义为中度违法行为，因为与不道德但不明显违法的行为相比，违法行为更受内部和外部吹哨的支持。

11.3.3 控制变量

先前的理论和实证研究表明，人口统计变量与吹哨有关（如 Lee 等，2004；Mesmer-Magnus & Viswesvaran，2005；Miceli & Near，1984；Miceli 等，2012；Zhang 等，2009）。本研究在模型中控制了性别、年龄、职位和教育水平。

11.3.4 分析层次

本研究的理论模型（参见图 1）包括个体和单位层的构造；因此，本研究采用多层线性模型（HLM）分析来检验假设。HLM 可以同时检验不同水平的因素对个体水平结果的影响（Bryk & Raudenbush，1992）。主动性人格、道德认同和吹哨意图是个体层面的概念，工具性伦理氛围是通过从个体中收集的数据进行聚合。

11.3.5 聚合问题

组间方差和组内同质性应符合标准。$Rwg(j)$ 用于评估组内一致性。如果 $Rwg(j)$ 大于或等于 0.70，则有足够的组内一致（James, Demaree & Wolf，1993）。11 个单位的 $Rwg(j)$ 小于 0.70；因此，这些单位的数据没有被考虑，下面的分析被限制在 432 个观察值，而不是 559 个。其余 32 个单位的平均 $Rwg(j)$ 为 0.81（从 0.72 到 0.94）。用未汇总数据进行的单因素方差分析表明了工具性伦理氛围有显著的组间差异。$F(32,399)=2.96, p<.001$。在前面讨论的基础上，本研究汇总了个体层面对单位层面的伦理氛围。

11.4 结果

11.4.1 初步分析

本研究进行了验证性因子分析来评估变量的因子结构。五因素测量模型对数据达到了可接受的拟合，$\chi^2(94)=241.5$，$CFI=0.91$，$IFI=0.91$，$RMSEA=0.053$。

表 11-1 列出了五种测量方法的每一项，以及平均数和偏差，给出了关于问卷答复的详细信息。表 11-2 显示了变量的描述性统计和相关性。

表 11-1　问卷条目的描述性统计

Scale	Item	M	SD
Instrumental ethical climate	People are expected to do anything to further the organization's interests, regardless of the consequences	2.18	0.86
	There is no room for one's own personal morals or ethics in this organization	2.59	1.00
	In this organization, people protect their own interests above all else	2.79	0.98
Proactive personality	If I see something I don't like, I fix it	3.44	0.94
	No matter what the odds, if I believe in something, I will make it happen	3.30	0.75
	I love being a champion for my ideas, even against other's opposition	3.64	0.70
	I excel at identifying opportunities	2.93	0.86
	I am always looking for better ways to do things	3.88	0.67
	If I believe in an idea, no obstacle will prevent me from making it happen	3.26	0.81
Moral identity	It would make me feel good to be a person who has these characteristics	4.13	0.71
	Being someone who has these characteristics is an important part of who I am	4.26	0.87
	I would be ashamed to be a person who has these characteristics (R)	3.79	0.90
	Having these characteristics is not really important to me (R)	3.77	0.86
	I strongly desire to have these characteristics	3.92	0.79
Internal whistle-blowing	I would report it to an upper level of management in the organization	3.38	0.81
	I would report it to my immediate supervisor	3.52	0.79
	I would report it by using internal procedures	3.37	0.88

(续表)

Scale	Item	M	SD
External whistle-blowing	I would report it through channels outside of the organization	2.97	0.94
	I would disclose it by going public	2.63	0.83
	I would report it to the appropriate authorities outside of the organization	2.87	0.92

Note: R = the reverse question.

从表 11-1 可以看出,主动性人格的五条目在 1~5 尺度上的平均得分偏高($M>3.0$),这可能是因为参与调查本身是自愿的,需要一个相对较高的主动性人格。从表 11-1 还可以看出,道德认同在 1~5 尺度上的平均得分偏高($M>3.77$)。可能的解释是,根植于中国人头脑中的儒家哲学(Chiu,2003)强调理想的人应该是善良、忠诚、尊重和同情的。理想的人类似于道德认同的原型。

从表 11-1 还可以看出,在 1~5 的分值范围内,员工感知的工具伦理氛围三个项目的平均得分均较低($M=2.18$、2.59、2.79)。表明尽管非伦理行为在经济转型时期的中国频繁发生,本研究的受访者一般不认为他们的组织是一个高度工具性的伦理氛围。对这一现象的可能解释是,本研究的调查地点是江苏省,一个中国经济发达、文化开放的地区。根据 Chiu 和 Erdener (2003),在这一地域,在中国当代市场经济条件下,企业高管需要平衡他们的良好业务和良好的道德。

表 11-2 描述性统计和相关性分析

Variables	M	SD	1	2	3	4	5
1. Proactive personality	3.61	0.50	1				
2. Instrumental ethical climate	2.52	0.31	−0.14**	1			
3. Moral identity	3.90	0.62	0.48**	−0.20**	1		
4. Internal whistle-blowing intention	3.42	0.66	0.33**	−0.20**	0.37**	1	
5. External whistle-blowing intention	2.82	0.70	0.07	0.04	0.04	0.14**	1

Note. N = 432.

** $p < .01$.

从表 11-1 和表 11-2 中可以观察到，内部和外部吹哨意图的平均得分有显著差异（$t=13.95, p<.001$），尤其是内部吹哨在 1~5 分范围内平均得分较高（$M=3.42$），外部吹哨平均得分较低（$M=2.82$）。本研究的观察部分证实了 Miceli 等（2008）的说法，即人们通常更喜欢内部吹哨，而不是外部吹哨。

表 11-2 显示的双变量关系表明，主动性人格与内部吹哨意愿正相关（$r=0.33, p<0.01$），主动性人格与外部吹哨的相关性较低，无显著性意义（$r=0.07, p>.05$）。

11.4.2 HLM 结果

表 11-3 给出了 HLM 结果，测试了工具伦理氛围、主动性人格和道德认同对吹哨意图的影响。

表 11-3 HLM 回归分析结果

	Internal Whistle-Blowing		External Whistle-Blowing	
	Model 1	Model 2	Model 3	Model 4
Level 1: Individual level				
Intercept γ_{10}	1.95**	1.59**	2.35**	1.85**
Gender γ_{10}	−0.03	−0.04	−0.03	−0.01
Age γ_{20}	0.11*	0.09*	0.06	0.06
Position γ_{30}	0.02	0.04	−0.06	−0.03
Education γ_{40}	−0.09	−0.10*	−0.02	−0.02
Proactive personality γ_{50}	0.38**	0.24**	0.14	0.19
Moral identity γ_{60}		0.23**		−0.04
Proactive personality × Moral Identity γ_{70}		0.02		0.09*
Level 2: Organizational level				
Instrumental climate γ_{01}	−0.19	0.30	0.01	−0.82
Instrumental climate × Proactive Personality γ_{51}		0.15		0.69*
Instrumental climate × Moral Identity γ_{61}		−0.25		−.39
Instrumental climate × Moral Identity × Proactive personality γ_{71}		0.06		0.11
Deviance	754.77	729.39	866.26	845.31

* $p<.05$, ** $p<.01$.

在个体层面,假设 1 和假设 2 分别预测主动性人格与内部吹哨意图和外部吹哨意图正相关。结果显示主动性人格显著预测内部吹哨意图(Model 1,$\gamma=0.38, p<.01$),但不是外部吹哨意图(Model 3,$\gamma=0.14, p>.05$)。因此,假设 1 被支持,假设 2 不被支持。假设 1b 和 2b 提出道德认同调节主动性人格对两种吹哨意图的影响。结果显示,道德认同与主动性人格之间的交互作用对外部吹哨意图具有显著影响(Model 4,$\gamma=0.09, p<.05$),但对内部吹哨意图无影响(Model 2,$\gamma=0.02, p>.05$),因此,假设 2b 成立,假设 1b 没有得到支持。

关于跨层面效应,假设 1a 和 2a 预测,工具伦理氛围调节主动性人格与两种吹哨意图之间的关系。结果显示,外部吹哨意图的跨水平交互作用显著(Model 4,$\gamma=0.69, p<.05$),但内部吹哨意图不显著(Model 2,$\gamma=0.15, p>.05$)。因此,假设 2a 得到支持,假设 1a 不被支持。

利用 HLM 的绘图工具,图 11-2 和图 11-3 显示了简单斜率结果。在高工具性伦理氛围条件下,主动性人格与外部吹哨正相关,低工具性伦理氛围使得二者关系不显著(图 11-2)。与道德认同低的个体相比,道德认同高的个体的主动性人格与外部吹哨意图的相关性更大(图 11-3)。

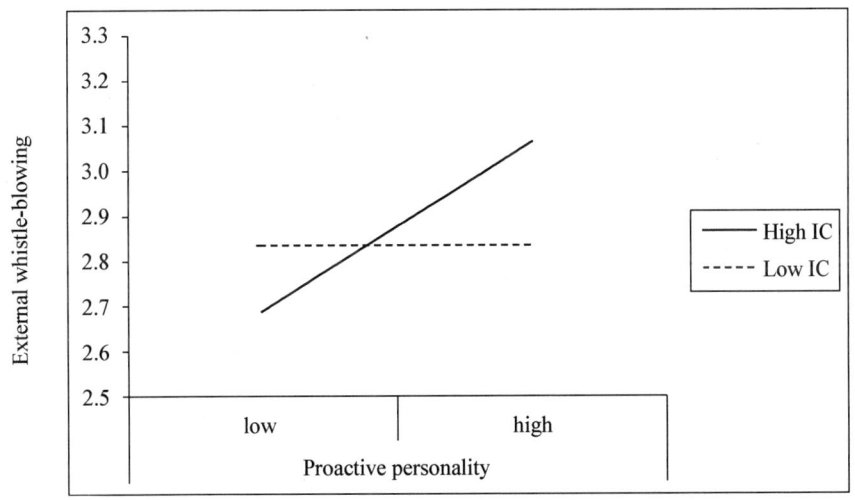

图 11-2　工具性伦理氛围对主动性人格与外部吹哨的调节作用

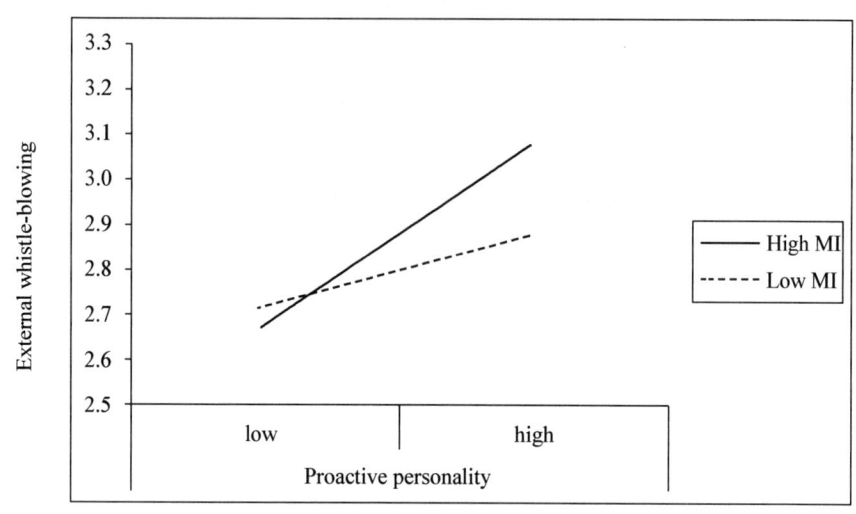

图 11-3 道德认同对主动性人格与外部吹哨的调节作用

11.5 讨论和贡献

11.5.1 理论贡献

本研究开发了一个员工的主动性人格和两种类型的吹哨意图的跨层模型,包括工具伦理氛围和道德认同的影响。基于中国数据样本对 6 个假设进行实证检验,发现主动性人格是内部吹哨意图的正向预测因子,部分支持了本研究的预期。工具性伦理氛围和道德认同对主动性人格与外部吹哨意图之间的关系均有正向的调节作用。该研究对吹哨文献做出了理论贡献。总的来说,它拓宽了本研究对特定边界条件下吹哨背后复杂的心理决策过程的理解。

首先,本研究发现主动性人格直接促进内部吹哨意图,但有条件地促进外部吹哨意图。这与已有调查结果并不矛盾,即内部和外部吹哨者都是积极主动的(Miceli 等,2012),但本研究确定了主动员工参与内部和外部吹哨的边界条件。

其次,本研究认为工具性伦理氛围是员工参与外部吹哨的条件。从"冷的"成本效益的角度来看,最近的一项研究预测并发现,工具性伦理氛围与组织的沉默行为呈正相关(Wang & Hsieh,2012)。本研究因此期望,工具性伦理氛围会抑制员工主动进行内部吹哨的意愿。然而,研究发现并不支持本研究的预期。表明积极主动的员工无论在何种情况下，都愿意参与内部吹哨。可能的解释在于主动性人格个体的行为倾向是对情境力量不在意（Bateman & Crant,1993），并更喜欢在组织中建言（Campbell,2000）。

本研究的研究结果还表明，在组织工具性伦理氛围高的情况下，主动性人格与外部吹哨意图正相关。正如本研究所主张的，这是因为积极主动的员工坚持不懈地为组织带来有意义的变革（Bateman & Crant,1993）以及他们是解决问题的开拓者（Leavitt,1988）。因此，积极主动的员工在高的工具伦理氛围下会积极地寻找替代方案。这一发现在一定程度上支持了文献中的观点，即外部吹哨是一个持续的过程——也许是因为内部纠正错误行为的努力失败的原因导致的（Miceli 等,2008,p.8）。

第三，本研究认为道德认同是员工从事外部吹哨的条件。从"热的"认知的角度来看，道德认同可能在主动性人格与内外吹哨之间的关系中发挥重要的调节作用。数据分析表明，道德认同与主动性人格对内部吹哨意向没有交互作用，但是与主动性人格的交互作用对外部吹哨有影响，对前一种发现的可能解释是，本研究低估了积极主动员工的直言不讳的倾向。后者的发现需要首先讨论吹哨困境。外部吹哨往往被视为一种两难的决策，因为一个人对所在组织的忠诚义务与公开反对不道德行为的自由之间存在冲突（Lindblom,2007）。这种困境在中国尤其突出。而中国的儒家哲学价值观是正直、正义、道德和对所有人公平，中国传统思想也强调家丑不可外扬（Chiu,2003）。实际上，中国社会有一个家庭主义的社会取向，这意味着属于一个群体对中国人来说是至关重要的（Yang,1981）。本研究发现，道德认同会促进积极主动的员工向外部吹哨，说明吹哨困境对道德认同高的员工来说不是一种负担。因为高道德认同的员工更看重自我定义中的对错，而不是其他因素（McFerran 等,2010），他们更有可能表现出外部吹哨等道德行为。

11.5.2 组织实践启示

本研究为组织鼓励员工吹哨提供了理论依据。一般来说，组织中的管理者应该认识到，依靠吹哨作为工具来早期发现和干预组织中发生的不法行为对组织是有益的，应该采取措施来激励员工吹哨。

首先，提高员工道德判断和责任判断水平对组织十分重要。这是员工发现和披露组织不道德行为的前提。组织需要通过定期的培训、绩效评估和奖惩强化，向员工传递组织的价值观、规范和行为标准。其次，鉴于研究发现，伦理氛围是积极主动的员工参与吹哨的线索,组织应通过程序、政策和人力资源管理实践塑造积极的伦理氛围。具体来说,组织必须建立吹哨人的激励政策,并建立可见的吹哨系统,如道德标准委员会或道德官员,特别是提供渠道,以保证潜在举报人的机密性和匿名性(Miceli 等,2009)。重要的是,为了避免程序或政策的无效执行,管理人员应作为塑造伦理氛围的榜样。换句话说,管理者应该表现出道德的态度和行为,以增加员工对管理公正的信心。此外,管理者应公平、全面地调查被举报的情况,并在确认不道德行为后迅速采取纠正措施,尽最大努力保护吹哨人免遭报复。第三,研究发现,主动性人格和道德认同等个人特征是吹哨意图的决定因素,应将主动性人格和道德认同作为组织中人员选拔和晋升的重要标准,特别是与道德问题相关的关键职位(Miceli等,2009)。

11.5.3 局限性和未来研究展望

本研究存在一定的局限性,需要在今后的研究中加以解决。首先,研究使用的样本仅限于中国江苏省的员工。虽然这可能有效地控制了中国地区差异的影响,但它阻碍了本研究向其他地区和国家证明的理论的推广能力,特别是中国具有独特的治理历史和文化,可能会对个人的吹哨决策产生影响。本研究建议未来的研究人员从其他国家收集数据或进行跨文化研究,以产生更一般化的发现,并比较来自不同文化背景的差异。其次,吹哨是一个复杂的心理决策过程,受到许多环境变量的影响。在本研究的研究模型中,本研究只控制了部分影响变量。未来的研究可以在研究中设计多个情境,以控制更多的情境变量,获得更严格的理论。第三,尽管证据普遍支持在涉及道德相关问题的工作中自我报告的有效性(Arnaud & Schminke,2012),警惕自我报告容易受到称许性偏向的影响仍然很重要;此外,虽然横断面数据不损害调节效应分析结果(Chen,Zhang & Wang,2014;Farh,Hackett & Liang,2007),但它们限制了本研究做出严格因果推论的能力。最后,虽然跨层方法使结果更可靠,但更好的是在未来的研究中收集长期的纵向数据,进行更严格的测试。

参考文献

[1] Aquino, K., & Reed, A. II (2002). The self-importance of moral identity. Journal of Personality and Social Psychology, 83, 1423 - 1440.

[2] Arnaud, A., & Schminke, M. (2012), "The ethical climate and context of organizations: a comprehensive model", Organization Science, Vol. 23 No. 6, pp. 1767-1780.

[3] Barnett, T., Bass, K., & Brown, K. G. (1996). Religiosity, ethical ideology and intentions to report a peer's wrongdoing. Journal of Business Ethics, 15, 1161-1174.

[4] Bateman TS, Crant JM (1993) The proactive component of organizational behaviour: a measure and correlates. Journal of Organizational Behavior, 14(2), 103-118.

[5] Berry, B. (2004). 'Organizational Culture: A Framework and Strategies for Facilitating Employee Whistle-blowing', Employee Responsibilities and Rights Journal 16(1), 1-11.

[6] Bhal, K. T., & Dadhich, A. (2011). Impact of ethical leadership and leader-member exchange on whistle blowing: The moderating impact of the moral intensity of the issue. Journal of Business Ethics, 103, 485-496.

[7] Bjørkelo, E. S., & Matthiesen S. B. (2010). Predicting proactive behaviour at work: Exploring the role of personality as an antecedent of whistleblowing behaviour. Journal of Occupational and Organizational Psychology, 83, 371-394.

[8] Blasi, A. (2005),"Moral character: a psychological approach", in Lapsley, D. K. and Power, F. C. (Eds), Character Psychology and Character Education, University of Notre Dame Press, Notre Dame, IN, pp. 18-35.

[9] Brewer, G. A., & Seiden, S. C. (1998). Whistle blowers in the federal civil service: New evidence of the public service ethic. Journal of Public Administration Research and Theory, 8, 413-439.

[10] Brown, A. J. (Ed.). (2008). Whistleblowing in the Australian public sector: Enhancing the theory and practice of internal witness management in public sector organizations. Canberra, ACT: ANUE-Press.

[11] Bryk, A. S., & Raudenbush, S. W. (1992). Hierarchical linear models: Applications and data analysis methods. Newbury Park, CA: Sage.

[12] Campbell, D. J. (2000). The proactive employee: Managing workplace initiative. The Academy of Management Executive, 14(3), 52-66.

[13] Chen, C. C., Zhang, A. Y., & Wang, H. (2014). Enhancing the effects of power sharing on psychological empowerment: The roles of management control and power distance orientation. Management and Organization Review, 10, 135-156.

[14] Chiu, R. K. (2003). Ethical judgment and whistleblowing intention: Examining the moderating role of locus of control. Journal of Business Ethics, 43, 65-74.

[15] Chiu, R., & Erdener, C. (2003). The ethics of peer reporting in Chinese societies:

Evidence from Hong Kong and Shanghai. International Journal of Human Resource Management, 14, 335 – 353.

[16] Cullen, J. B., Victor, B., & Stephens, C. (1989). An ethical weather report: Assessing the organization's ethical climate. Organizational Dynamics, 18 (2), 50 – 63.

[17] Deshpande, S. P., Joseph, J., & Shu, X. (2011). Ethical climate and managerial success in China. Journal of Business Ethics, 99, 527 – 534.

[18] Dozier, J. B., & Miceli, M. P. (1985). Potential predictors of whistle-blowing: A prosocial behavior perspective. Academy of Management Review 10, 823 – 836.

[19] Farh, J. L., Hackett, R., & Liang, J. (2007). Individual-level cultural values as moderators of perceived organizational support-employee outcome relationships in China: Comparing the effects of power distance and traditionality. Academy of Management Journal, 50, 715 – 729.

[20] Festinger, L. (1957). A theory of cognitive dissonance (Vol. 2). Stanford university press.

[21] Fishbein, M. (1979). A theory of reasoned action: Some applications and implications. Nebraska Symposium on Motivation, 27, 65 – 116.

[22] Fuller, B., & Marler, L. E. (2009). Change driven by nature: A meta-analytic review of the proactive personality literature. Journal of Vocational Behavior, 75, 329 – 345.

[23] Gundlach, M. J., Douglas, S. C., & Martinko, M. J. (2003). The decision to blow the whistle: A social information processing framework. Academy of Management Review, 28, 107 – 123.

[24] Haidt, J. (2001). The emotional dog and its rational tail: A social intui-tionist approach to moral judgment. Psychological Review, 108, 814 – 834.

[25] Hardy, S. A. (2006). Identity, reasoning, and emotion: An empirical comparison of three sources of moral motivation. Motivation Emotion, 30, 205 – 213.

[26] Henik, E. G. (2008). Mad as hell or scared stiff? The effects of value conflict and emotions on potential whistle-blowers, ethic issues in business: Reflections from the business academic community. Journal of Business Ethic, 80, 111 – 119.

[27] James, L. R., Demaree, R. G., & Wolf, G. (1993). An assessment of within-group interrater agreement. Journal of Applied Psychology, 7, 306 – 309.

[28] Johnston, M. E., Sherman, A., & Grusec, J. (2013). Predicting moral outrage and religiosity with an implicit measure of moral identity. Journal of Research in Personality, 47, 209 – 217.

[29] Jubb, P. (1999). Whistleblowing: A restrictive definition and interpretation. Journal of Business Ethics, 21(1), 77–95.

[30] Kaptein, M. (2010). From inaction to external whistleblowing: The influence of the ethical culture of organizations on employee responses to observed wrongdoing. Journal of Business Ethics, 98, 513–530.

[31] Kohlberg, L. (1981). Essays on moral development: The philosophy of moral development. San Francisco, CA: Harper and Row.

[32] KPMG. (2013). Integrity survey 2013 (KPMG Forensic Rep.). Retrieved from http://www.kpmg.com.br/puplicacoes/forensic/Integrity_survey_2013.pdf

[33] Lapsley, D. K., & Lasky, B. (2001). Prototypic moral character. Identity, 1, 345–363.

[34] Leavitt, H. (1988). Managerial psychology: Managing behaviour on organizations. Chicago, IL: Dorsey Press.

[35] Lee, J. Y., Heilmann, S. G., & Near, J. P. (2004). Blowing the whistle on sexual harassment: Test of a model of predictors and outcomes. Human Relations, 57, 297–322.

[36] Li, N., Liang, J., & Crant, J. M. (2010). The role of proactive personality in job satisfaction and organizational citizenship behaviour: A relational perspective. Journal of Applied Psychology, 95, 395–404.

[37] Lindblom, L. (2007). Dissolving the moral dilemma of whistleblowing. Journal of Business Ethics, 76, 413–426.

[38] MacNab, B. R., & Worthley, R. (2008). Self-efficacy as an intrapersonal predictor for internal whistleblowing: A US and Canada examination. Journal of Business Ethics, 79, 407–421.

[39] Martin, K. D. and Cullen, J. B. (2006), "Continuities and extensions of ethical climate theory: a meta-analytic review", Journal of Business Ethics, Vol. 69 No. 2, pp. 175–194.

[40] McFerran, B., Aquino, K. and Duffy, M. (2010), "How personality and moral identity relate to individuals' ethical ideology", Business Ethics Quarterly, Vol. 20 No. 1, pp. 35–56.

[41] McLain, D. L., & Keenan, J. P. (1999). Risk, information, and the decision about response to wrongdoing in an organization. Journal of Business Ethics, 19, 255–271.

[42] Mesmer-Magnus, J. R., & Viswesvaran, C. (2005). Whistleblowing in organizations: An examination of correlates of whistleblowing intentions, actions,

and retaliation. Journal of Business Ethics, 62, 277-297.

[43] Miceli, M. P., & Near, J. P. (1984). The relationships among beliefs, organizational position, and whistle-blowing status: A discriminant analysis. Academy of Management Journal, 27, 687-705.

[44] Miceli, M. P., & Near, J. P. (1992). Blowing the whistle: The organizational and legal implications for companies and employees. New York, NY: Lexington.

[45] Miceli, M. P., & Near, J. P. (2002). What makes whistle-blowers effective? Three field studies, Human Relations, 55, 455-79.

[46] Miceli, M. P., Dozier, J. B., & Near, J. P. (1991). Blowing the whistle on data fudging: A controlled field experiment. Journal of Applied Psychology, 21, 271-295.

[47] Miceli, M. P., Near, J. P., & Dworkin, T. M. (2008). Whistle-blowing in organizations. New York: Routledge.

[48] Miceli, M. P., Near, J. P., Michael T. R., & Van Scotter, J. R. (2012). Predicting employee reactions to perceived organizational wrongdoing: Demoralization, justice, proactive personality, and whistle-blowing. Human Relations, 0(0), 1-32.

[49] Miceli, M. P., Near, J. P., & Dworkin, T. M. (2009). A Word to the wise: How managers and policy-makers can encourage employees to Report Wrongdoing. Journal of Business Ethics, 86, 379-396.

[50] Near, J. P., & Miceli, M. P. (1985). Organizational dissidence: The case of whistle-Blowing. Journal of Business Ethics, 4, 1-16.

[51] Near, J. P., & Miceli, M. P. (1996). Whistle-blowing: Myth and reality. Journal of Management, 22, 507-26.

[52] Park, H., Blenkinsopp, J., Oktem, M. K., & Omurgonulsen, U. (2008). Cultural orientation and attitudes toward different forms of whistleblowing: A comparison of South Korea, Turkey, and the UK. Journal of business ethics, 82(4), 929-939.

[53] Park, H., Rehg, M. H., & Lee, D. (2005). The influence of Confucian ethics and collectivism on whistleblowing intentions: A study of South Korean public employees. Journal of Business Ethics, 58(4), 387-403.

[54] Ponemon, L. A. (1994). Comment: Whistle-blowing as an internal control mechanism: Individual and organizational considerations. Journal of Practice & Theory 13, 118-130.

[55] Reed, A., II., & Aquino, K. F. (2003). Moral identity and the expanding circle of

moral regard towards out-groups. Journal of Personality and Social Psychology, 84, 1270–1286.

[56] Rehg, M. T., Miceli, M. P., Near, J. P., & Van Scotter, J. R. (2008). Antecedents and outcomes of retaliation against whistleblower Bs: Gender differences and power relationships. Organization Science, 19, 221–240.

[57] Reynolds, S. J., & Ceranic, T. L. (2007). The effects of moral judgment and moral identity on moral behaviour: An empirical examination of the moral individual. Journal of Applied Psychology, 92, 1610–1624.

[58] Rothwell, G. R., & Baldwin, J. N. (2007). Ethical climate theory, whistle-blowing, and the code of silence in police agencies in the state of Georgia. Journal of Business Ethics, 70, 341–361.

[59] Sims, R. L., & Keenan, J. P. (1998). Predictors of external whistleblowing: Organizational and intrapersonal variables. Journal of Business Ethics, 17, 411–421.

[60] Stansbury, J. M., & Victor, B. (2009). Whistle-blowing among young employees: A life-course perspective. Journal of Business Ethics, 85, 281–299.

[61] Tangney, J. P., Stuewig, J., & Mashek, D. J. (2007). Moral emotions and moral behaviour. Annual Review of Psychology, 58, 345–372.

[62] Tett, R. P., & Burnett, D. D. (2003). A personality trait-based interactionist model of job performance. Journal of Applied Psychology, 88, 500–517.

[63] Tett, R. P., & Guterman, H. A. (2000). Situation trait relevance, trait expression, and cross-situational consistency: Testing a principle of trait activation. Journal of Research in Personality, 34, 397–423.

[64] Treviño, L. K., & Weaver, G. R. (2001). Organizational justice and ethics program "follow-through": Influences on employees' harmful and helpful behavior. Business Ethics Quarterly, 11, 651–671.

[65] Treviño, L. K., Weaver, G. R., & Reynolds, S. J. (2006). Behavioral ethics in organizations: A review. Journal of Management, 32, 951–990.

[66] Tsai, M. T., & Huang, C. C. (2008). The relationship among ethical climate types, facets of job satisfaction, and the three components of organizational commitment: A study of nurses in Taiwan. Journal of Business Ethics, 80, 565–581.

[67] Vadera, A. K. (2010). Comparing extrinsic and intrinsic processes of whistle-blowing: A multi-method approach (Unpublished doctoral dissertation). Urbana-Champaign, Graduate College of the University of Illinois, Urbana, IL.

[68] Van Dyne, L., & LePine, J. A. (1998). Helping and voice extra-role behaviors:

Evidence and construct and predictive validity. Academy of Management Journal, 41 (1), 108 – 119.

[69] Victor, B., & Cullen, J. B. (1988). The organizational bases of ethical work climates. Administrative science quarterly, 101 – 125.

[70] Victor, B., Treviño, L., & Shapiro, D. (1993). Peer reporting of unethical behaviour: The influence of justice evaluations and social context factors. Journal of Business Ethics, 12(4), 87 – 97.

[71] Wang, Y. D., & Hsieh, H. H. (2012). Toward a better understanding of the link between ethical climate and job satisfaction: A multilevel analysis. Journal of Business Ethics, 105, 535 – 545.

[72] Yang, K. S. (1981). Social orientation and individual modernity among Chinese students in Taiwan. Journal of Social Psychology, 113, 159 – 170.

[73] Zhang, J., Chiu, R., & Wei, L. (2009). Decision-Making process of internal whistleblowing behavior in china: Empirical evidence and implications. Journal of Business Ethics, 88, 25 – 41.

第十二章
组织伦理氛围影响吹哨意愿的心理机制研究①

组织的不道德行为可能会损害员工、组织本身甚至普通大众的权利和利益。当组织能够有效地激励员工去发现并报告工作场所的不道德行为时,不道德行为就会逐渐减少,并随着时间的推移而得到纠正。吹哨行为是指在职员工或前组织成员主动披露组织中的不道德行为(Near & Miceli,1985),具有自主性、亲社会性和道德性的特征(Treviño等,2006)。由于吹哨人可能会被他人报复,许多员工不愿上报组织中的不道德行为(Miceli等,2009)。因此,组织失去了自我纠正错误的机会;员工也可能会选择报告给外部人士或监管机构,这会导致组织声誉受损并造成经济上的损失(Miceli等,2009)。因此,员工为什么愿意吹哨以及如何诱导员工吹哨成为组织伦理管理的一个重要议题。

12.1 理论模型建立的基础

已有研究发现,特定的个人特征会影响吹哨决策,如"大五"人格、自我效能感、主动性人格、情境平衡力和人口统计学特征(MacNab & Worthley,2008;Rehg等,2008;Bjørkelo等,2010;Liu等,2016)。组织因素,如伦理性领导、变革性领导、同事支持、伦理文化、沟通文化、团队规范和组织支持等被发现在个人决定是否成为吹哨人的过程中发挥了重要作用(Keenan,2002;Tavakoli等,2003;Edwards等,2009;Skivenes & Trygstad,2010;Kaptein,

---

① Lulu Zhou, Yan Liu *, Zhihong Chen, Shuming Zhao, (2018). Psychological mechanisms linking ethical climate to employee whistle-blowing intention, *Journal of Managerial Psychology*, 33(2):196 - 213.

2011;Caillier,2013;Latan 等,2016)。然而,在理论上和实践中对伦理行为有关键影响的组织因素——感知伦理氛围(Treviño 等,2006)仍然没有得到充分的研究。这种氛围指的是员工对与组织道德有关的程序、政策和实践的看法(Victor & Cullen,1988)。感知伦理氛围帮助员工解释组织在道德方面奖励、支持的内容,以及何为适当和期望的行为(Arnaud & Schminke,2012)。它不仅能防止不道德行为,也提高了员工直言组织内部存在的问题的意愿(Wang & Hsieh,2013)。虽然有学者建议管理者通过培养组织伦理氛围来激励员工吹哨(Miceli 等,2009),但伦理氛围在促进员工吹哨方面的效果如何仍然不清晰。因此,本研究旨在探讨感知伦理氛围对员工吹哨行为的影响。

已有文献主要基于成本-效益的冷静理性认知来解释吹哨行为的潜在心理机制(参见 Miceli 等,2008)。也就是说,个人和环境因素会影响潜在吹哨者对吹哨行动的成本(如受到报复和工作场所欺凌)和利益(如停止不道德行为和获得奖励)的评价(Keil 等,2010)。一些学者认为,冷静思考的视角忽视了涉及道德责任、价值观、身份认同和情感的感性认知的作用,这些火热的感性认知可能会激励个体自发地进行吹哨(Gundlach 等,2003;Blenkinsopp & Edwards,2008;Henik,2008,2015;Edwards 等,2009)。正如 McLain 和 Keenan(1999)所述,这些火热的感性认知可以解释在其他人看来不理性、愚蠢或不聪明的行为(p.258),吹哨人在行动中承担着个人风险,即使是预期难以取得理想结果的条件下。本研究从火热的感性认知视角出发,研究感知伦理氛围与员工吹哨行为的关系。

Vadera 等人(2009)还呼吁对多重认同在吹哨中的作用进行检验。他们表示,相比个人动机,认同视角可以捕捉到人性中随着情境和时间变化而呈现出的更加动态的部分。由于认同根植于一个人的内在心理感知,包括在行动中忠于自己(Erikson,1964),认同路径可以澄清吹哨研究中关于个人层面动机的不一致的发现(Vadera 等,2009)。因此,本研究调查了认同在感知伦理氛围与吹哨关系中的作用。具体来说,本研究关注一个名为组织认同的社会认同变量和一个名为道德认同的个人认同变量。组织认同反映了个人感知归属于组织的程度(Ashforth & Mael,1989)。道德认同反映了道德意识在一个人的社会自我图式中的重要性或中心地位(Aquino & Reed,2002)。高组织认同员工往往以组织最重要的利益采取行动,而不是自己的利益(Riketta,2005),员工有高的道德认同往往以"正确"或"道德"的方式采取行动而不管结果(Reed & Aquino,2003)。这些倾向与吹哨一致,吹哨是一种有益于组织兼具风险性的行为。社会认同理论认为,认同是在特定环境中产生或激活的,并决定行为表现(Tajfel,1978)。以社会认同(Tajfel,1978)作为理论基础,组织认同和道德认同可能是感知伦理氛围和吹哨行为之间的中介变量。

许多研究和调查中提到对于报复的恐惧成为潜在吹哨人的担忧,而避免被报复是吹哨人建议和宣传网站中一个突出的主题(Mesmer-Magnus & Viswesvaran,2005;Miceli 等,2008;Henik,2015)。因此,本研究假设,组织认同和道德认同与吹哨之间的关系可能会因个体对吹哨风险的感知和评估的边界条件而有所不同。据此,本研究进一步探讨了组织认同和道德认同对吹哨行为影响的边界条件。本研究认为风险规避这一个体差异是一个潜在的调节因素。风险规避被定义为在风险情境中对各类刺激源所产生的不同程度的关注度(Judge 等,1999)。本研究假设高风险厌恶员工可能会避免从事风险性的行为,比如吹哨。因此,风险规避的倾向会削弱组织认同和道德认同对吹哨的影响。

需要注意的是,基于所处环境,潜在的吹哨者对报告渠道有不同的选择(Nayır 等,2016)。本研究集中在内部吹哨,即向组织管理层披露不道德行为。内部吹哨对组织有利,因为它为组织提供了自我纠正不道德问题的机会(Miceli 等,2009)。外部吹哨,即向组织外的个人或当局披露不道德行为,可能会导致组织公共形象受损,并带来政府审查,巨额罚款和诉讼(Berry,2004)。在中国,内部吹哨尤其困难,因为它通常意味着挑战组织的权力结构或质疑其最高管理层。在中国文化中,这是一个高度敏感的问题,因为中国高权力距离的特征。因此,关注中国现代组织内部吹哨具有特殊的理论和实践意义。

吹哨人的决策过程包括四个基本步骤:观察组织中的不道德行为,分析和判断情况,形成吹哨意图和吹哨(Dozier & Miceli,1985;Gundlach 等,2003)。由于吹哨的高度敏感性,研究人员对实际的吹哨者进行大规模调查是一个相当大的挑战(Bjørkelo & Bye,2014)。因此,在前人的研究中,大部分研究都集中在第三阶段,即吹哨意图(如 Rothwell & Baldwin,2007;MacNab & Worthley,2008;Kaptein,2011;Latan 等,2016;Latan & Jabbour,2017)。调查员工的吹哨意图不那么敏感,任何人都可以报告他们的吹哨意愿(Bjørkelo & Bye,2014)。计划行为理论认为,个体的行为意向导致行为(Ajzen,1991)。此外,通过测量员工的吹哨意图比观察实际发生的吹哨更能适当地反映组织环境的影响(Kaptein,2011)。与已有文献研究一致,本研究调查的是个人的吹哨意图,而不是实际的吹哨行为。本研究的理论模型框架如图 12-1 所示。

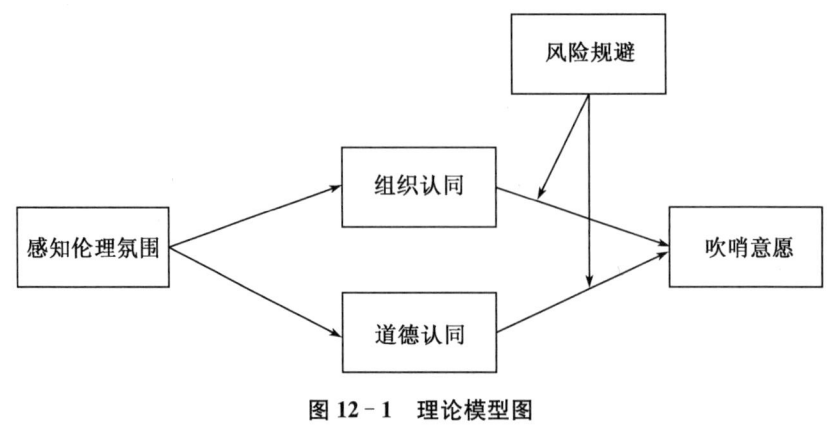

图 12-1　理论模型图

12.2　理论背景和假设推导

12.2.1　感知伦理氛围和员工吹哨意愿

现有的实证研究大多采用多维感知伦理氛围量表来检验其理论框架。与 Bartels 等人(1998)和 Kang 等人(2011)的方法一致,本研究将员工感知的伦理氛围视为一个整体,而不是可分离的维度,以捕捉组织更为广泛的规范特征和价值观。感知到的强烈的道德氛围意味着在追求组织目标时关注员工的福祉,并在道德决策中重视个人道德信仰、法律和行为规范(Martin & Cullen,2006)。相比之下,感知到的弱伦理氛围意味着组织的规范和期望是鼓励从利己的角度进行伦理决策,以自利为导向的个体和组织行为甚至可能造成对他人的伤害(Martin & Cullen,2006)。

感知到的伦理氛围可能与吹哨意图呈正相关。首先,感知到的强烈的伦理氛围可能会提高员工的道德判断能力。员工根据观察到的行为判断是否会损害他人或组织的利益,是否违反道德标准或符合适用的法律法规,这为产生吹哨意图提供了前提条件。第二,计划行为理论表明,主观规范创造了执行或不执行给定行为的社会压力(Ajzen,1991)。感知到的强烈的道德氛围传递了积极的吹哨规范。当员工感受到强烈的道德氛围时,他们认为吹哨是受管理层欢迎的,组织赞扬、奖励吹哨者,并将吹哨视为员工的贡献(Leung,2008)。第三,从社会交换的角度来看,感知到的强烈的伦理氛围使员工感受到组织对员工利益的关注,从而增强了员工的心理依恋和组织承诺。保护组织不做坏事和不被伤害被视为对组织的忠诚和对组织善意的回报。

相比之下,感知到的弱伦理氛围可能会导致员工做出不正确的道德判断,使他们无法识别错误行为,甚至促使他们在为错误行为辩护时寻求一个正当的解释。即使是拥有正确道德判断的员工,也可能在普遍的利己主义准则下摆脱自己的道德责任,因为吹哨是反对利己主义准则的。感知到的脆弱的道德氛围可能会让员工觉得现有的不道德行为意味着管理层的弃权或默许。因此,吹哨可能会被忽视、压制或报复,特别是当组织为了追求短期利益而鼓励做出不道德行为时(如商业贿赂和欺骗客户等常见的不道德行为)。实证研究支持这些理论推断,例如,Kaptein(2011)发现积极的伦理文化可以预测员工的内部吹哨意图,Zhang等(2009)发现伦理文化增强了伦理判断与员工内部吹哨意图之间的关系。因此,本研究提出以下假设:

H1 感知到的伦理氛围与吹哨意图呈正相关

12.2.2 组织认同在感知伦理氛围与吹哨意图之间的中介作用

组织认同是一种特殊的社会认同形式,源于组织成员的自我建构。组织认同也是员工对组织价值观的认知和内化的结果,揭示了个人对归属感、自豪感和忠诚等方面的情感依恋(Mael & Ashforth,1992)。根据社会认同理论,个体倾向于通过选择一定的群体资格来确立社会认同,群体资格包括两部分,即认同认可和认同价值。社会认同构建背后的主要动机是个人的基本需求能够得到满足(如追求安全感、归属感和回避不确定性)和建立自尊(Ashforth等,2008)。强烈的伦理氛围能够有效满足这些需求。首先,具有强烈道德氛围的组织反对伤害人们利益的错误行为,同时鼓励对员工进行关怀,这给员工带来了安全感和幸福感。第二,良好的伦理氛围表明了管理的公正和公平,表明组织重视员工的价值和贡献。这些价值观可以增强员工对组织的信任和对组织的依恋意愿。进一步,强的伦理氛围可以创造良好的社会声誉,使员工对组织成员身份产生重视和自豪,从而进一步增强员工的自尊心。这些基本需求和自尊的满足使员工与组织之间的认知和情感联系更加牢固,并肯定了组织的认同。相反,较弱的伦理氛围不能满足员工的自尊和其他基本需求。在这样的环境下,由于员工和组织之间的价值观和道德准则的差异,即使表面上遵守道德规则,员工也很难感觉到"我"就是"组织"。相反,员工会对自己的组织身份产生疑问,甚至感到羞愧,这就造成了员工对组织的情感疏离,降低了

对组织的认同感

以往的研究发现,组织认同会影响各种积极的组织行为,如组织公民和角色外行为,因为组织认同会增加员工的忠诚度,促使员工采取有利于组织利益的行动(Riketta,2005)。Ashforth 等(2008)强调,组织认同可以促使员工将自我视为组织的缩影,考虑组织利益而非个人利益。具有高度组织认同的员工将自己视为组织的代表,并与组织的命运紧密相连(Ashforth 等,2008)。因此,不道德行为对组织的伤害就像伤害到自己一样,对自己最有利的行动就是对组织最有益的。

综上所述,前面的讨论表明,感知到的伦理氛围加强了组织认同,进而激发了吹哨意图。因此,本研究期望组织认同能够中介感知到的伦理氛围对吹哨意图的影响:

H2 组织认同在感知伦理氛围与员工吹哨意愿之间起中介作用。

12.2.3 道德认同在感知伦理氛围与吹哨意图之间的中介作用

道德认同是一种特殊的社会认同形式,它反映了道德意识在个体社会自我图式中的重要性,即个人道德体系与社会道德体系的同化(Aquino & Reed,2002)。Aquino 和 Reed(2002)将道德认同分为两个维度。内化维度表示道德自我图式在多大程度上处于个人自我概念的中心地位,符号化维度表示道德自我图式通过个人的行为向外投射表现的程度。因为内部化更符合道德认同的定义,并且比符号化更具有预测性(Aquino & Reed,2002;Reed & Aquino,2003),这项研究检验了内化道德认同的作用。

有学者提出,组织的制度背景和文化实践可能是道德认同的来源(Weaver,2006)。Shao 等人(2008)指出,社会互动、道德行为的参与和社区/制度环境影响个人的道德认同。在具有较强伦理氛围的组织环境中,员工的伦理相关体验涉及平等、关怀、尊重和合作,并构建积极的道德自我图式。根据自我知觉理论(Bem,1967),人们根据自己的行为来认知自我。在强烈的道德氛围中,员工倾向于遵守法律法规,尊重规则,乐于帮助他人,管理者和同事也支持他们(Berry,2004)。员工通过习惯参与和实施这种道德行为,增强了作为道德个体的自我肯定。进一步,强伦理氛围传递了积极的组织价值观和行为准则及规范。这些积极的价值观可能通过社会化过程(指组织规范和意识形态的内化过程)(Clausen,1968),自动地被员工接受为个人伦理价值观和行为标准,进一步肯定了诚信、诚实、勇敢和其他道德特征自我定义的重要性。

最后,在强烈的伦理氛围下,道德自我在员工自我图式中的主导作用变得突出,道德认同更容易被激活和提升。在弱伦理环境下,道德伦理被忽视,自我利益逐渐成为员工与组织标准一致的自我定义,从而降低了员工的道德认同。

道德认同是不道德行为的自然对立面,它使员工产生吹哨意图。首先,具有高道德认同的人的道德自我图式是习惯可及的(Lapsley & Lasky,2001),这意味着道德知识和经验可以很容易地被激活,以处理有关不道德行为的信息,然后做出道德和责任判断(Blasi,2004,2005)。道德判断和责任判断是在特定环境下以正确或道德的方式行事的前提。第二,道德认同与道德情感密切相关,具有强烈道德情感的个体关心社会的普遍利益和他人的利益(Tangney等,2007)。当观察到伤害组织和他人的不道德行为时,具有高度道德认同的个人可能会出于愤怒而采取行动阻止这种不道德行为。第三,自我一致性理论表明,个体具有保持行为与其显著身份一致的基本愿望;否则,就会出现认知失调、心理不适或自我谴责(Festinger,1957)。因此,在观察组织中的不道德行为时,道德认同较高的员工可能会认为吹哨是符合其道德认同的正确方式。最后,道德认同较高的个体会坚持道德原则,而道德认同较低的个体则认为道德原则是多变的、灵活的,为了自身利益而放弃道德准则是可以被原谅的(McFerran等,2010)。相应地,具有较高道德认同的个人更有可能作为吹哨人。

综上所述,前面的讨论表明,感知到的伦理氛围强化了员工的道德认同,进而激发了吹哨意图。因此,本研究假设道德认同能够中介感知到的伦理氛围对吹哨意图的影响。

H3 道德认同在感知伦理氛围与员工吹哨意图之间起中介作用

12.2.4 风险规避对认同与吹哨意图关系的调节作用

吹哨具有潜在的个人和组织风险。例如,揭露组织中的不道德行为可能被视为对管理能力的质疑,挑战既定的等级制度和领导者的权力,反对组织惯例(Miceli等,2008)。吹哨可能会在组织中创造怀疑、敌意和防御的气氛,破坏员工的群体认同、忠诚度和士气,并对组织绩效产生负面影响。因此,无论吹哨是否成功,都将带来很高的个人风险。例如,一个吹哨者可能会被组织报复,比如被辞退,警告,社会孤立,剥夺晋升的机会,吹哨人也可能会因为诉讼而失去财产储蓄,负面影响婚姻和家庭生活,甚至失去生命(Miceli和Near,1992)。

风险厌恶的倾向是个体消极地看待新奇的和风险导向的行为,从而以焦虑的态度对它们做出反应,并最终寻求规避(Judge 等,1999)。高风险规避的员工的特点是关心自己而不是他们的职责,倾向于避免负面结果,这些人在做决定时不愿意承担风险(Li 等,2016)。因此,本研究认为风险规避可能削弱组织认同与吹哨意图之间的关系,也可能削弱道德认同与吹哨意图之间的关系。当不道德行为观察者是高度风险厌恶者时,他们消极地看待具有风险导向的事件,并对其做出焦虑的反应(Judge 等,1999)。因此,即使他们具有高水平的组织认同和道德认同,并被组织认同和道德认同所激励,做出亲社会和道德的行为,他们也不太可能选择吹哨,正如前面所强调的,吹哨对个人是有风险的。相比之下,风险厌恶程度低的不道德行为观察者对吹哨所带来的风险更能容忍或不那么敏感,他们喜欢在做决定时承担风险。因此,当这些员工具有较高的组织认同和道德认同时,如果他们观察到组织中的不道德行为,就更有可能进行吹哨。换句话说,低风险规避可以增强组织认同和道德认同与吹哨的积极联系。

H4 员工风险厌恶调节了组织认同与吹哨意愿之间的关系,高风险厌恶员工的这种关系弱于低风险厌恶员工

H5 员工风险厌恶调节了道德认同与吹哨意愿之间的关系,高风险厌恶员工的道德认同与吹哨意愿之间的关系弱于低风险厌恶员工

12.3 研究方法

12.3.1 样本和数据收集程序

本研究采用随机抽样的方法,2016 年在中国利用私人关系调研了 30 家企业。研究人员联系了人力资源经理,以获得他们对员工参与的同意,并附上了一封介绍信,解释了研究的目的,并向参与者保证他们的回答是保密的和匿名的。以两个月为间隔进行两波数据收集,以减少潜在的共同方法偏差。在第一波调查中,对 800 名参与者进行了公司特征、人口特征、感知伦理氛围、组织认同、道德认同和风险规避等方面的调查。共有 723 名参与者返回了调查问卷。在第二轮调查中,723 名受访者接受了他们吹哨意图的调查。共有 680 名参与者提交了问卷。有效问卷 667 份,有效回复率 83%。对被调查者的描述性统计显示,51.1%为男性,44.9%为 21~30 岁,33.5%为 31~40 岁,其他年龄 21.6%。从文化程度看,高中、初中学历的占 23.1%,技校学历的占

38.6%，本科生 35.5%，研究生及以上学历的占 2.9%。平均工龄为 7.07 年（标准差为 7.46 年）。在职位方面，54%是普通员工，30%是一线经理，16%是中层经理。参与者来自不同的公司，其中 46.7%的公司规模超过 500 名员工，40%是国有企业，33.3%是民营企业，26.7%是外资企业，63.3%是制造业企业。企业平均存续时间为 7.79 年。

12.3.2 测量量表

采用翻译-回译的方法将西方文献中的变量量表翻译成中文，然后对这些译文进行比较和修正。为提高测量质量，本研究对变量的测试顺序进行了调整，并设计了一些反向问题。所有量表均采用李克特五点量表（1 表示"非常不同意"，5 表示"非常同意"）。

感知伦理氛围。Tsai 和 Huang(2008)开发了一个 14 个条目的伦理氛围量表来研究中国台湾的员工。与 Bartels 等(1998)和 Kang 等(2011)的方法一致，本研究反向描述了几个带有消极措辞的条目，合并了其他积极措辞的条目。最终版本的量表内部一致性系数为 0.71。代表性条目是"法律或职业道德标准是公司采取行动前考虑的主要因素"，"公司希望员工做有利于公司的事情，不管后果如何"。

组织认同。Mael 和 Ashforth(1992)使用的组织认同量表由 6 个条目组成，在中国的组织研究中得到了广泛的应用。Riketta(2005)的元分析表明，该量表具有良好的效度和信度。在本研究中，该量表的内部一致性系数为 0.72。一个条目是"当本研究谈论公司的时候，我通常用'本研究'而不是'他们'"。

道德认同。Aquino 和 Reed(2002)开发的道德认同量表用 5 个条目来测量内在的道德认同。量表列出了一系列优秀的道德品质，如关心他人、同情、公正、慷慨、乐于助人、勤奋、诚实和善良，并询问受访者对问卷描述的认同程度。代表性条目是"成为这样一个人使我感觉良好"。本研究的内部一致性系数为 0.73。

风险规避。本研究使用 Cable 和 Judge(1994)的 6 题量表来测量风险厌恶。一个条目是"我总是谨慎行事，即使这意味着偶尔会失去一个好机会"。内部一致性系数为 0.76。

吹哨意图。使用 Park 等人(2008)的 4 题项量表。由于本研究关注的是内部吹哨，而不道德行为的强度可能会影响员工的吹哨渠道选择，本研究在问卷中将不道德行为定义为组织中相当常见的、个人主导的行为，如盗窃、虚假报销和欺骗客户,因为与严重的违法行为相比,这类行为更有利于内部吹哨。一个条目是,"当我发现组织内有不道德行为时,我会向我的主管报告"。内部一致性系数为 0.72。

控制变量。以往的研究认为,性别、年龄、任期、职位和教育背景等人口统计学特征会影响吹哨,本研究对这些特征进行了控制。由于企业特征会对员工行为产生影响,本研究还对企业类型、企业行业、企业规模和企业年龄进行了控制。

12.4 假设的检验

12.4.1 验证性因素分析和共同方法偏差检验

通过对感知伦理氛围、组织认同、道德认同、风险规避和吹哨意向的验证性因素分析,检验了这些变量的构造差异性。结果见表 12-1。与其他四个模型相比,五因素模型拟合最好,说明本研究中的五个变量具有良好的判别效度,这是五个不同的构念。

表 12-1 验证性因素分析结果

Model	χ^2/df	CFI	IFI	RMSEA
5-factor model: PEC; OI; MI; RA; WBI	3.28	0.91	0.91	0.06
4-factor model: PEC; II+MI; RA; WBI	4.50	0.87	0.87	0.07
3-factor model: PEC; OI+MI+RA; WBI	7.44	0.79	0.79	0.10
2-factor model: PEC; OI+MI+RA+WBI	8.30	0.76	0.76	0.11
1-factor model: PEC+OI+MI+RA+WBI	8.50	0.75	0.75	0.11

注:PEC,感知伦理氛围;OI,组织认同;MI,道德认同;RA,风险规避;WBI,吹哨意图,变量间的合并是基于概念或者内涵上的相似性

基于问卷的测量使共同方法偏差成为本研究研究中的一个潜在问题。根据 Podsakoff 等人(2003)的建议,本研究在检验假设时控制了人口统计学变量。本研究使用两波数据收集来控制共同方法方差(CMV)。用 Harman 单因子对本研究的变量进行检验,结果表明,拟合指数较差($\chi^2/df = 8.50$;$CFI = 0.75$;$IFI = 0.75$;$RMSEA = 0.11$)。此外,本研究的研究中有一半的发现是与交互作用有关的。根据 Evans(1985),共同方法偏差会减少而不会

夸大交互作用的影响。考虑到这些因素,本研究认为研究的主要结果不会受到共同方法偏差的严重威胁。

12.4.2 描述性统计分析

表 12-2 给出了各变量(均值、标准差、相关系数)的描述性统计分析结果。研究变量之间的假设关系在相关性分析中得到初步证明。其中,感知伦理氛围与组织认同($r=0.25,p<0.01$)、道德认同($r=0.59,p<0.01$)和吹哨意图($r=0.25,p<0.01$)呈正相关。本研究还发现企业层面的变量与因变量没有显著相关。因此,在随后的统计分析中去掉了公司层面的控制变量。

12.4.3 假设的检验

采用层次回归分析方法检验了伦理氛围对员工吹哨意愿的影响、组织认同和道德认同的中介作用以及风险规避的调节作用,分析了 Baron 和 Kenny(1986)提出的测试中介的四个条件。结果见表 12-3。控制人口学变量后,感知伦理氛围与员工吹哨意愿($M_2,\beta=0.27,p<0.01$)、组织认同($M_{10},\beta=0.23,p<0.01$)和道德认同($M_{12},\beta=0.59,p<0.01$)显著相关。组织认同($M_3,\beta=0.15,p<0.01$)和道德认同($M_3,\beta=0.30,p<0.01$)显著正向影响吹哨意图。将感知伦理氛围、组织认同和道德认同置于回归模型后,结果显示,组织认同($M_4,\beta=0.14,p<0.01$)和道德认同($M_4\beta=0.24,p<0.01$)显著正向影响员工吹哨意愿。而感知伦理氛围的影响则不显著($M_4,\beta=0.09$,ns)。说明组织认同和道德认同对伦理氛围感知和吹哨意图的中介作用显著。因此,H1-H3 均被支持。

H4 和 H5 分别考察了风险规避对组织认同与吹哨意向之间的调节作用,以及道德认同与吹哨意向之间的调节作用。在回归方程中首先置入风险规避、组织认同和道德认同,其次置入交互变量。回归分析结果显示,风险规避对组织认同与吹哨意向之间的关系具有显著的负向调节作用($M_6,\beta=0.13,p<0.05$)。风险规避不调节道德认同对吹哨意图的影响($M_8,\beta=0.02$,ns)。因此 H4 得到支持,H5 未得到支持。组织认同和风险规避的交互效应如图 12-2 所示。由图 12-2 可知,对于风险厌恶程度较高的员工,组织认同对吹哨意图的影响降低,为 H4 提供了支持。

表 12-2 描述性统计和相关系数

Variables	1	2	3	4	5	6	7	8	9	10	11	12	13	14	15
1. Gender	1.00														
2. Age	−0.19**	1.00													
3. Education	−0.03	−0.21**	1.00												
4. Tenure	0.11**	0.63**	−0.25**	1.00											
5. Position	−0.20**	0.35**	0.16**	0.27**	1.00										
6. SMEs	−0.03	0.01	0.06	0.04	0.00	1.00									
7. SOEs	0.05	−0.04	0.05	−0.04	−0.06	0.23**	1.00								
8. Private	−0.04	0.08	−0.03	0.04	0.05	−0.37**	−0.76**	1.00							
9. Manufacturer	−0.01	0.00	0.10*	−0.03	0.00	0.57**	0.01	−0.18**	1.00						
10. Firm are	0.02	−0.02	0.03	−0.03	−0.03	0.26**	−0.15**	−0.10*	0.43**	1.00					
11. PEC	−0.09*	0.03	−0.02	−0.10*	0.04	−0.05	−0.12**	0.03	0.11**	0.00	1.00				
12. OI	−0.02	0.00	−0.01	−0.01	0.03	0.01	0.01	−0.01	0.05	0.03	0.25**	1.00			
13. MI	−0.13**	0.08*	−0.01	−0.08*	0.08*	−0.03	−0.07	0.03	0.09*	−0.02	0.59**	0.26**	1.00		
14. RA	0.05	−0.06	0.03	−0.17**	−0.11**	0.07	0.12*	−0.14**	0.29**	−0.04	0.25**	−0.05	0.15**	1.00	
15. WBI	−0.02	0.08*	0.11**	0.07	0.14**	0.07	−0.03	−0.03	0.04	−0.01	0.25**	0.21**	0.31**	−0.07**	1.00
Mean value	0.49	2.79	2.18	7.07	1.62	0.67	0.46	0.40	0.61	6.61	3.42	3.40	3.60	3.12	3.36
SD	0.50	0.87	0.82	7.46	0.75	0.47	0.50	0.49	0.49	4.50	0.44	0.54	0.57	0.62	0.61

Notes: SOE, state-owned entexpxise; SME, small and medium-sized enterpise. * $p<0.05$; ** $p<0.01$

表 12-3 中介效果和调节效果的层级回归模型

Variable	WBI M_1	M_2	M_3	M_4	M_5	M_6	M_7	M_8	OI M_9	M_{10}	MI M_{11}	M_{12}
Gender	0.01	0.04	0.05	0.07	0.02	0.05	0.06	0.06	−0.02	−0.00	−0.12**	−0.07*
Age	0.03	0.00	−0.02	−0.00	0.04	0.04	−0.02	−0.02	−0.01	−0.03	0.17**	0.11**
Education	0.11*	0.12**	0.13**	0.13**	0.12**	0.12**	0.012**	−0.12**	−0.05	−0.04	−0.06	−0.01
Tenure	0.05	0.11*	0.13*	0.12	0.05	0.05	0.11*	0.11**	−0.04	0.00	−0.24**	−0.11*
Position	0.10*	0.09*	0.06	0.05	0.08	0.08	0.06	0.06	0.06	0.05	0.09*	0.07
Independent variable												
PEC		0.27**		0.09						0.23**		0.59**
Mediating variable												
OI			0.15**	0.14**	0.21**	0.23**						
MI			0.30**	0.24**			0.35**	0.36**				
Moderating variable												
RA					−0.05	−0.03	−0.11**	−0.12**				
Interaction effect												
RA×OI						−0.13*						
RA×MI								0.02				
Adjusted R^2	0.02	0.09	0.14	0.15	0.07	0.08	0.13	0.13	0.00	0.04	0.06	0.40
ΔR^2	0.03*	0.07**	0.12**	0.06**	0.05**	0.02**	0.11**	0.00	0.01	0.05**	0.06**	0.34**
F	3.54**	10.52**	14.87**	13.50**	6.92**	7.40**	13.75**	12.04**	0.62	5.89**	7.57**	64.90**

Notes: * $p<0.05$; ** $p<0.01$

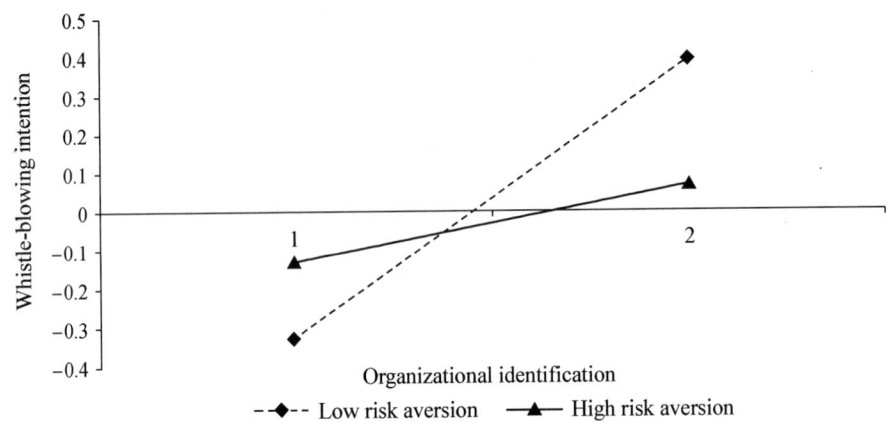

图 12-2 风险规避对组织认同与吹哨意愿关系的调节作用

12.5 讨论和贡献

中国经济转型时期的商业实践逐渐强调伦理管理的重要性。为了避免损害组织、员工和公众利益的不道德行为，组织应该诱导员工在发现组织中的不道德行为时成为吹哨人。为了理解员工吹哨的前因和边界条件，本研究建立并检验了一个连接组织伦理氛围和员工吹哨意愿的模型，该模型包括组织认同和道德认同作为中介变量，风险规避作为调节变量。结果表明，感知伦理氛围与吹哨意图呈正相关，且组织认同和道德认同起中介作用。个体的风险规避减弱了组织认同对吹哨意向的影响，但没有减弱道德认同对吹哨意向的影响。本研究结果揭示了感知的伦理氛围对吹哨的作用机制，并且发现了组织认同对吹哨意图的作用边界。

12.5.1 理论意义

关于伦理氛围的已有研究主要集中在伦理氛围和（非）伦理行为之间的关系上(Treviño 等, 2006)。本研究发现实质性地扩大了员工行为结果的范围，这些结果是由感知的伦理氛围所驱动的，包括一种特殊、重要的但被忽视的道德行为——吹哨。因此，本研究对所感知的伦理氛围的积极后果有了更全面的了解。值得注意的是，本研究的研究通过提供证据，证明感知伦理氛围在支持国内组织内部吹哨中的重要性，扩展了吹哨文献。本研究表明，感知伦理氛围在国内没有特定的法律或政策来规范吹哨的情况下,对于提高员工的吹哨意愿具有重要的价值和意义。进一步,尽管以前的研究在西方国家认为一些特定的伦理氛围的维度影响员工吹哨(如 Rothwell & Baldwin,2007),本研究以中国企业为样本的研究中采用伦理氛围的概念与西方国家有所不同且发现了差异性的结果。本研究使用了一个综合的方法来定义感知的伦理氛围,以捕获一个组织的广泛规范特征和价值观。由于激烈的商业竞争,一些组织和员工为了追求绩效目标而忽视道德和法律标准,形成了较弱的伦理氛围,而另一些组织和员工则持有中国传统的道德信仰,强调伦理规范,伦理原则与整个社会的福利,形成了强烈的伦理氛围。例如,有些员工信奉儒家的原则,强调追求正义,而非只关心利益。本研究中感知伦理氛围的定义特别适合中国经济转型的背景。

本研究从社会认同的角度解释了吹哨人的心理机制,并扩展了通常从经济理性角度解释吹哨决策的主流文献(Miceli 等,2008)。本研究表明,感知伦理氛围可以促进员工与组织之间的认知和情感联系,或促进个体道德系统和自我图式的整合,从而提高员工的组织认同和道德认同,进而增强吹哨意向。具体来说,员工是否获得心理满足取决于他们对组织的归属感和依恋感。当员工对组织产生归属感和依附感时,他们更愿意按照组织的要求和利益行事,因此更容易吹哨。良好的道德氛围可提升员工的道德意识,并鼓励员工在日常生活中追求道德价值。当道德信念占据员工自我图式的中心位置时,员工会做出道德行为的努力,比如吹哨。通过明确提出并实证检验组织认同和道德认同这两种中介机制,本研究建立了一个重要的理论视角来解释为什么员工更愿意吹哨。这一观点有助于打开从感知伦理氛围到员工吹哨意图的传递过程的黑箱。此外,通过确认组织认同和道德认同在感知到的伦理氛围和吹哨之间的中介作用,本研究为 Vadera 等人(2009)的建议提供了证据,即认同视角对于解释吹哨决策机制具有重要意义。从身份认同的角度来看,探讨中国员工吹哨行为具有特殊的意义。组织认同的独特功能在中国语境中尤其突出,因为中国人倾向于在社会角色和相互关系方面进行自我定义(Markus & Kitayama,1991)。道德认同对中国人的作用也很突出,因为中国传统的道德修养学说强调知行合一,言行一致。这与解释道德认同如何发挥其影响的自我一致性理论是一致的。

此外,本研究还确定了个体特质对组织认同效应的边界条件。根据 Van Dyne 和 LePine(1998),吹哨是一种禁止性建言,具有挑战性、自主性和改变导向的形式。Liu 等(2010)发现组织认同是员工参与建言的重要动机。本研究扩展了这一文献,通过定义风险规避作为边界条件,高风险规避特质将抑制高组织认同对员工吹哨的积极影响。本研究的发现也为 Li 等(2016)研究提供了支持,他们发现风险规避降低了组织认同对员工主动变革行为的影响。因此,对组织认同的有效性有了更全面的认识。值得注意的是,在本研究的发现中,风险规避并没有显示出调节道德认同和吹哨之间的关系。这一结果表明,无论不良风险有多高,具有高度道德认同感的员工都愿意从事吹哨活动。对于这一发现,一个可能的解释是,本研究低估了高度道德认同的员工的建言倾向。另一种解释可能是,具有高度道德认同感的员工在自我定义中重视对错,而不是其他考虑因素(McFerran 等,2010),比如个人风险。研究结果表明,相对于组织认同,道德认同是吹哨行为更有效的预测因子。而中国文化重视伦理和身份认同,它倾向于强调高度不确定性规避和维持组织中人际关系和谐(Chen 等,2009)。由于吹哨面临着与这些倾向相关的一系列风险,风险规避是研究中国员工吹哨意图的一个非常重要的方面。

12.5.2 实践启示

从实际的角度来看,组织和管理者应该意识到吹哨可以纠正错误,应该采取措施诱导员工进行内部吹哨。本研究的发现为员工如何通过感知伦理氛围来加强内部吹哨提供了见解。创造和维持伦理氛围是一项长期、全面的目标。相关政策和人力资源系统可以支持伦理氛围的培育和发展,例如,发布相关政策鼓励道德行为和惩罚不道德行为,通过日常道德培训向员工传达组织规范和行为守则,鼓励员工自由沟通,表达自己的意见和提出批评意见(Skivenes & Trygstad,2010,2017),并根据员工的工作表现和道德行为对员工进行评价和晋升。在构建伦理氛围时,管理者应作为伦理模范,树立伦理态度和行为的榜样,以增加员工对组织公正的信任(Miceli 等,2009)。组织应该建立完善的吹哨制度,提供保密和方便的吹哨渠道(Miceli 等,2008),使用财务激励鼓励吹哨者和努力确保吹哨人的安全(Miceli 等,2009)。在接收到员工报告时,管理者应调查并及时反馈。一旦错误被确认,应立即采取纠正措施。

风险规避对组织认同的抑制作用表明,组织不仅要通过塑造良好的组织伦理氛围来增强员工的组织认同和道德认同,而且还要关注员工对风险规避的感知。组织必须采取措施,提高风险规避员工的心理安全观念,消除他们对吹哨所带来的个人风险的担忧。组织在招聘、选择和配置员工时,应根据不同职位的不同要求,对具有不同风险规避倾向的员工进行安排(Miceli 等,2009)。例如,风险厌恶程度低的员工应该担任与道德问题相关的关键职位,如内部审计师。

12.5.3 局限性和未来研究方向

本研究存在一定的局限性,需要在今后的研究中进一步完善。从方法论的角度来看,本研究使用纵向数据创建了模型,采用问卷调查设计并以自我报告的形式测量吹哨意图。尽管有证据普遍支持工作中涉及道德相关问题的自我报告的有效性(Arnaud & Schminke,2012),但仍然需要注意的是,自我报告容易受到宽大偏见的影响,不能推断变量间的因果关系。本研究还使用了一个仅限于中国公司雇员的样本。研究样本的局限性阻碍了将研究结论推广到其他国家和地区的效力,特别是由于中国具有独特的伦理文化对个人的吹哨意图产生影响。未来的研究可能需要进行跨文化研究来比较本研究的发现,并使用符合学术道德的实验研究设计来观察真实的吹哨现象。从理论角度来看,本研究未发现有调节的中介效应。鉴于吹哨是一个复杂的现象,未来的研究必须进一步探索其他可能的有调节的中介机制。

参考文献

[1] Ajzen, I. (1991), "The theory of planned behavior", Organizational Behavior and Human Decision Processes, Vol. 50 No. 2, pp. 179–211.

[2] Aquino, K. and Reed, A. II. (2002), "The self-importance of moral identity", Journal of Personality and Social Psychology, Vol. 83 No. 6, pp. 1423–1440.

[3] Arnaud, A. and Schminke, M. (2012), "The ethical climate and context of organizations: a comprehensive model", Organization Science, Vol. 23 No. 6, pp. 1767–1780.

[4] Ashforth, B. E and Mael, F. (1989), "Social identity and the organization", Academy of Management Review, Vol. 14 No. 1, pp. 20–39.

[5] Ashforth, B. E., Harrison, S. H. and Corley, K. G. (2008), "Identification in organizations: an examination of four fundamental questions", Journal of Management, Vol. 34 No. 3, pp. 325–374.

[6] Baron, R. M. and Kenny, D. A. (1986), "The moderator-mediator variable distinction in social psychological research: conceptual, strategic and statistical considerations",

Journal of Personality and Social Psychology, Vol. 51 No. 6, pp. 1173 - 1182.

[7] Bartels, K. K., Harrick, E., Martell, K. and Strickland, D. (1998), "The relationship between ethical climate and ethical problems within human resource management", Journal of Business Ethics, Vol. 17 No. 7, pp. 799 - 804.

[8] Bem, D. J. (1967), "Self-perception: an alternative interpretation of cognitive dissonance phenomena", Psychological Review, Vol. 74 No. 6, pp. 183 - 200.

[9] Berry, B. (2004), "Organizational culture: a framework and strategies for facilitating employee whistle blowing", Employee Responsibilities and Rights Journal, Vol. 16 No. 1, pp. 1 - 11.

[10] Bjørkelo, B. and Bye, H. H. (2014), "On the appropriateness of research design: Intended and actual whistleblowing", in Brown, A. J., Moberly, R. E., Lewis, D. and Vandekerckhove, W. (Eds), International Handbook On Whistleblowing Research, Edward Elgar, Cheltenham, pp. 133 - 153.

[11] Bjørkelo, B., Einarsen, S. and Matthiesen, S. B. (2010), "Predicting proactive behavior at work: exploring the role of personality as an antecedent of whistle blowing behavior", Journal of Occupational and Organizational Psychology, Vol. 83 No. 2, pp. 371 - 394.

[12] Blasi, A. (2004), "Moral functioning: moral understanding and personality", in Lapsley, D. K. and Narvaez, D. (Eds), Moral Development, Self and Identity, Erlbaum, Mahwah, NJ, pp. 335 - 348.

[13] Blasi, A. (2005), "Moral character: a psychological approach", in Lapsley, D. K. and Power, F. C. (Eds), Character Psychology and Character Education, University of Notre Dame Press, Notre Dame, IN, pp. 18 - 35.

[14] Blenkinsopp, J. and Edwards, M. S. (2008), "On not blowing the whistle: quiescent silence as an emotion episode", in Zerbe, W. J., Härtel, C. E. J. and Ashkanasy, N. M. (Eds), Emotions, Ethics, and Decision-making, Emerald Group Publishing, Bingley, pp. 181 - 206.

[15] Cable, D. M. and Judge, T. A. (1994), "Pay preferences and job search decisions: a person-organization fit perspective", Personnel Psychology, Vol. 47 No. 2, pp. 317 - 348.

[16] Caillier, J. G. (2013), "Transformational leadership and whistle-blowing attitudes: is this relationship mediated by organizational commitment and public service motivation?", American Review of Public Administration, Vol. 45 No. 4, pp. 458 - 475.

[17] Chen, C. C., Zhang, A. Y., & Wang, H. (2014). Enhancing the effects of power sharing on psychological empowerment: The roles of management control and power

distance orientation. Management and Organization Review, 10, 135 - 156.

[18] Chen, Y. R. , Chen, X. P. and Portnoy, R. (2009), "To whom do positive norm and negative norm of reciprocity apply? Effects of inequitable offer, relationship, and relational-self orientation", Journal of Experimental Social Psychology, Vol. 45 No. 1, pp. 24 - 34.

[19] Clausen, J. A. (1968), Socialization and Society, Little Brown and Company, Boston, MA.

[20] Dozier, J. B. and Miceli, M. P. (1985), "Potential predictors of whistle-blowing: a pro-social behavior perspective", Academy of Management Review, Vol. 10 No. 4, pp. 823 - 836.

[21] Edwards, M. , Ashkanasy, N. M. and Gardner, J. (2009), "Deciding to speak up or to remain silent following observed wrongdoing: the role of discrete emotions and climate of silence", in Greenberg, J. and Edwards, M. (Eds), Voice and Silence in Organizations, Emerald Group Publishing, Bingley, pp. 83 - 109.

[22] Erikson, E. H. (1964), Insight and Responsibility, Norton, New York, NY.

[23] Evans, M. G. (1985), "A Monte Carlo study of the effects of correlated method variance in moderated multiple regression analysis", Organizational Behavior and Human Decision Processes, Vol. 36 No. 3, pp. 305 - 323.

[24] Festinger, L. A. (1957), Theory of Cognitive Dissonance, Row, Peterson Press, Evanston, IL.

Gundlach, M. J. , Douglas, S. C. and Martinko, M. J. (2003), "The decision to blow the whistle: a social information processing framework", Academy of Management Review, Vol. 28 No. 1, pp. 107 - 123.

[25] Henik, E. (2015), "Understanding whistle-blowing: a set-theoretic approach", Journal of Business Research, Vol. 68 No. 2, pp. 442 - 450.

[26] Henik, E. G. (2008), "Mad as hell or scared stiff? The effects of value conflict and emotions on potential whistle-blowers, ethic issues in business: reflections from the business academic community", Journal of Business Ethics, Vol. 80 No. 1, pp. 111 - 119.

[27] Judge, T. A. , Thoresen, C. J. , Pucik, V. and Welbourne, T. M. (1999), "Managerial coping with organizational change: a dispositional perspective", Journal of Applied Psychology, Vol. 84 No. 1, pp. 107 - 122.

[28] Kang, D. , Stewart, J. and Kim, H. (2011), "The effects of perceived external prestige, ethical organizational climate, and leader-member exchange (LMX) quality on employees' commitments and their subsequent attitudes", Personnel Review, Vol.

40 No. 6, pp. 761-784.

[29] Kaptein, M. (2011), "From inaction to external whistle blowing: the influence of the ethical culture of organizations on employee responses to observed wrongdoing", Journal of Business Ethics, Vol. 98 No. 3, pp. 513-530.

[30] Keenan, J. P. (2002), "Whistleblowing: a study of managerial differences", Employee Responsibilities and Rights Journal, Vol. 14 No. 1, pp. 17-32.

[31] Keil, M., Tiwana, A., Sainsbury, R and Sneha, S. (2010), "Toward a theory of whistle blowing intentions: a benefit-to-cost differential perspective", Decision Sciences, Vol. 41 No. 4, pp. 787-812.

[32] Lapsley, D. K. and Lasky, B. (2001), "Prototypic moral characters", Identity, Vol. 1 No. 4, pp. 345-363.

[33] Latan, H. and Jabbour, C. J. C. (2017), "Ethical awareness, ethical judgment and whistleblowing: a moderated mediation analysis", Journal of Business Ethics, No. 1, pp. 1-16.

[34] Latan, H., Ringle, C. M. and Jabbour, C. J. C. (2016), "Whistleblowing intentionsamong public accountants in Indonesia: testing for the moderation effects", Journal of Business Ethics, pp. 1-16.

[35] Leung, A. S. M. (2008), "Matching ethical work climate to in-role and extra-role behaviors in a collectivist work setting", Journal of Business Ethics, Vol. 79 Nos 1/2, pp. 43-55.

[36] Li, R., Zhang, Z. Y. and Tian, X. M. (2016), "Can self-sacrificial leadership promote subordinate taking charge? The mediating role of organizational identification and the moderating role of risk aversion", Journal of Organizational Behavior, Vol. 37 No. 5, pp. 758-781.

[37] Liu, W., Zhu, R. and Yang, Y. (2010), "I warn you because I like you: voice behavior, employee identifications, and transformational leadership", Leadership Quarterly, Vol. 21 No. 1, pp. 189-202.

[38] Liu, Y., Zhao, S., Jiang, L. and Li, R. (2016), "When does a proactive personality enhance an employee's whistle-blowing intention? A cross-level investigation of the employees in Chinese companies", Ethics & Behavior, Vol. 16 No. 1, pp. 660-677.

[39] MacNab, B. R. and Worthley, R. (2008), "Self-efficacy as an intrapersonal predictor for internal whistleblowing: a US and Canada examination", Journal of Business Ethics, Vol. 79 No. 4, pp. 407-421.

[40] Mael, F. and Ashforth, B. E. (1992), "Alumni and their alma mater: a partial test

of the reformulated model of organizational identification", Journal of Organizational Behavior, Vol. 13 No. 2, pp. 103–123.

[41] Markus, H. R. and Kitayama, S. (1991), "Culture and the self: implications for cognition, emotion, and motivation", Psychological Review, Vol. 98 No. 2, pp. 224–253.

[42] Martin, K. D. and Cullen, J. B. (2006), "Continuities and extensions of ethical climate theory: a meta-analytic review", Journal of Business Ethics, Vol. 69 No. 2, pp. 175–194.

[43] McFerran, B., Aquino, K. and Duffy, M. (2010), "How personality and moral identity relate to individuals' ethical ideology", Business Ethics Quarterly, Vol. 20 No. 1, pp. 35–56.

[44] McLain, D. L. and Keenan, J. P. (1999), "Risk, information, and the decision about response to wrongdoing in an organization", Journal of Business Ethics, Vol. 19 No. 3, pp. 255–271.

[45] Mesmer-Magnus, J. R. and Viswesvaran, C. (2005), "Whistle blowing in organizations: an examination of correlates of whistle blowing intentions, actions, and retaliation", Journal of Business Ethics, Vol. 62 No. 3, pp. 277–297.

[46] Miceli, M. P. and Near, J. P. (1992), Blowing the Whistle: The Organizational and Legal Implications for Companies and Employees, Lexington, New York, NY.

[47] Miceli, M. P., Near, J. P. and Dworkin, T. M. (2008), Whistle-blowing in Organizations, Routledge, New York, NY.

[48] Miceli, M. P., Near, J. P. and Dworkin, T. M. (2009), "A word to the wise: how managers and policy-makers can encourage employees to report wrongdoing", Journal of Business Ethics, Vol. 86 No. 3, pp. 379–396.

[49] Miceli, M. P., Near, J. P., Rehg, M. T. and Van Scotter, J. R. (2012), "Predicting employee reactions to perceived organizational wrongdoing: demoralization, justice, proactive personality, and whistle-blowing", Human Relations, Vol. 65 No. 8, pp. 923–954.

[50] Nayır, D. Z., Rehg, M. T. and Asa, Y. (2016), "Influence of ethical position on whistleblowing behaviour: do preferred channels in private and public sectors differ?", Journal of Business Ethics, pp. 1–21.

[51] Near, J. P. and Miceli, M. P. (1985), "Organizational dissidence: the case of whistle-blowing", Journal of Business Ethics, Vol. 4 No. 1, pp. 1–16.

[52] Park, H., Blenkinsopp, J., Oktem, M. K. and Omurgonulsen, U. (2008), "Cultural orientation and attitudes toward different forms of whistleblowing: a

comparison of South Korea, Turkey, and the UK", Journal of Business Ethics, Vol. 82 No. 4, pp. 929-939.

[53] Podsakoff, P. M., Mackenzie, S. B., Lee, J. Y. and Podsakoff, N. P. (2003), "Common method biases in behavioural research: a critical review of the literature and recommended remedies", Journal of Applied Psychology, Vol. 88 No. 5, pp. 879-903.

[54] Reed, A. II. and Aquino, K. F. (2003), "Moral identity and the expanding circle ofmoral regard toward out-groups", Journal of Personality & Social Psychology, Vol. 84 No. 6, pp. 1270-1286.

[55] Rehg, M. T., Miceli, M. P., Near, J. P. and Van Scotter, J. R. V. (2008), "Antecedents and outcomes of retaliation against whistleblowers: gender differences and power relationships", Organization Science, Vol. 19 No. 2, pp. 221-240.

[56] Riketta, M. (2005), "Organizational identification: a meta-analysis", Journal of Vocational Behavior, Vol. 66 No. 2, pp. 358-384.

[57] Rothwell, G. R. and Baldwin, J. N. (2007), "Ethical climate theory, whistle-blowing, and the code of silence in police agencies in the state of Georgia", Journal of Business Ethics, Vol. 70 No. 4, pp. 341-361.

[58] Shao, R., Aquino, K. and Freeman, D. (2008), "Beyond moral reasoning: a review of moral identity research and its implications for business ethics", Business Ethics Quarterly, Vol. 18 No. 4, pp. 513-540.

[59] Skivenes, M. and Trygstad, S. (2017), "Explaining whistle-blowing processes in the Norwegian labour market: between individual power resources and institutional arrangements", Economic and Industrial Democracy, Vol. 38 No. 1, pp. 119-143.

[60] Skivenes, M. and Trygstad, S. C. (2010), "When whistle-blowing works: the Norwegian case", Human Relations, Vol. 63 No. 7, pp. 1071-1097.

[61] Tajfel, H. (1978), Differentiation Between Social Groups: Studies in the Social Psychology of Intergroup Relations, Academic Press, Oxford.

[62] Tangney, J. P., Stuewig, J. and Mashek, D. J. (2007), "Moral emotions and moral behavior", Annual Review of Psychology, Vol. 58 No. 1, pp. 345-372.

[63] Tavakoli, A. A., Keenan, J. P. and Cranjak-Karanovic, B. (2003), "Culture and whistleblowing an empirical study of Croatian and United states managers utilizing Hofstede's cultural dimensions", Journal of Business Ethics, Vol. 43 Nos 1/2, pp. 49-64.

[64] Treviño, L. K., Weaver, G. R. and Reynolds, S. J. (2006), "Behavioural ethics in organizations: a review", Journal of Management, Vol. 32 No. 6, pp. 951-990.

[65] Tsai, M. T. and Huang, C. C. (2008), "The relationship among ethical climate types, facets of job satisfaction, and the three components of organizational commitment: a study of nurses in Taiwan", Journal of Business Ethics, Vol. 80 No. 3, pp. 565–581.

[66] Vadera, A. K., Aguilera, R. V. and Caza, B. B. (2009), "Making sense of whistle-blowing's antecedents: learning from research on identity and ethics programs", Business Ethics Quarterly, Vol. 19 No. 4, pp. 553–586.

[67] Van Dyne, L. and LePine, J. A. (1998), "Helping and voice extra-role behaviors: evidence of construct and predictive validity", Academy of Management Journal, Vol. 41 No. 1, pp. 108–119.

[68] Victor, B. and Cullen, J. B. (1988), "The organizational bases of ethical work climates", Administrative Science Quarterly, Vol. 33 No. 1, pp. 101–125.

[69] Victor, B., & Cullen, J. B. (1988). The organizational bases of ethical work climates. Administrative science quarterly, 101–125.

[70] Wang, Y. D and Hsieh, H. H. (2013), "Organizational ethical climate, perceived organizational support, and employee silence: a cross-level investigation", Human Relations, Vol. 66 No. 6, pp. 783–802.

[71] Weaver, G. R. (2006), "Virtue in organizations: moral identity as a foundation for moral agency", Organization Studies, Vol. 27 No. 3, pp. 341–368.

[72] Zhang, J., Chiu, R. and Wei, L. (2009), "Decision-making process of internal whistle-blowing behavior in China: empirical evidence and implications", Journal of Business Ethics, Vol. 88 No. 1, pp. 25–41.

第十三章
组织认同与员工吹哨行为的关系:一个三相交互作用模型①

商业企业中的不道德行为会产生一系列负面结果,如增加组织的有形成本,损坏员工、客户和投资者的利益,危及整个社会的安全、健康和福利等(Miceli 等,2008)。企业有社会责任和道德义务积极采取措施预防不道德行为的发生,企业的战略、财务和法律上的收益也建立在有效防范道德事件的基础之上(Kaptein,2011)。虽然吹哨行为被认为是控制和发现企业内部不法行为的重要机制,但许多员工并不愿成为吹哨人,因为吹哨不仅超出了自己的工作职责,而且有可能遭到企业和不道德行为者的报复(Miceli 等,2009)。本研究关注的是组织认同对于吹哨行为的促进作用及其发生条件。

13.1 本研究模型建立的理论基础

以往的研究主要围绕"谁是吹哨人以及为什么吹哨"来探究影响员工吹哨的个体和情境前因。研究发现,吹哨人的特征有"大五"人格、自我效能感、情境平衡力和人口统计学特征等(如 Miceli 等,2012;Bjørkelo 等,2010;MacNab & Worthley,2008;Rehg 等,2008);另外,研究发现,一些情景变量,如伦理型领导、领导-成员交换、同伴支持、伦理文化和伦理氛围在员工的吹哨决策中发挥重要作用(如 Bhal & Dadhich,2011;Rothwell & Baldwin,2007;Keenan,2002;Kaptein,2011;Lin 等,2005)。尽管已有研究取得了一些研究成果,但

---

① 来源:Yan Liu, Shuming Zhao, Rui Li, Lulu Zhou, Feng Tian. (2018). The relationship between organizational identification and internal whistle-blowing: the joint moderating effects of perceived ethical climate and proactive personality, *The Review of Managerial Science*, 12:113-134.

仍有很多问题有待解决。如,传统的研究关注的是"冷"的成本-利益分析视角,指吹哨人在决策时要考虑吹哨行为的经济和心理成本(如失业、职业危害、对组织生存的威胁、破坏人际关系等)和获取的利益(如增加工作场所和/或公共安全、停止非法行为、获得某种形式的奖励、降低感知的不公正等)的比较。这是一种经济理性的决策过程,即个体运用认知能力处理信息,以确定最佳行动方案(Henik,2008)。目前的研究很少从认同、情感和感知的责任等"热"认知的视角对吹哨行为展开研究,这些"热"的认知可能激励个体自发地对不道德行为吹哨。McLain 和 Keenan(1999)指出,这些"热"认知是感性的视角,可以解释那些"在他人看来不理性、愚蠢或不聪明"的行为,因为吹哨人是冒着巨大的个人风险而采取的行动,即便他(她)预期自己的行为可能不会被支持(p.258)。另外,吹哨行为是一个复杂的决策过程,受到个人、组织和情境变量相互作用的影响(Miceli 等,1987)。而大多数研究只考察了前因对吹哨行为的直接影响,而很少考虑可能存在的边界条件(Miceli 等,2008)。在一组特定的条件下,员工吹哨的意愿可能与在另一组条件下的强度完全不同。上述的局限性使得吹哨行为的理论研究还不够丰富和完善。

  基于已有研究存在的缺口,本研究考察了"热"的认知因素及其边界条件对吹哨行为决策的影响。本研究关注组织依恋层面的变量,即组织认同(organizational identification)在员工吹哨行为产生过程中所扮演的角色。组织认同反映了个体对自己归属于组织的感知程度(Ashforth & Mael,1989),本研究之所以将组织认同与吹哨相联系有以下三个原因:首先,组织认同与吹哨行为的风险性特征具有匹配性,尤其是内部吹哨行为。这是因为组织认同被证明对个体自发的主动行为有重要影响(Parker & Wu,2014;Parker 等,2010),应该有利于吹哨行为产生;组织认同激励员工不考虑可能遭受的利益牺牲和有害影响(Ashforth 等,2008),而以组织的最佳利益行事(Pratt,2000),因此,组织认同与内部吹哨可能存在密切联系。内部吹哨促使企业利用自我纠正系统来管理组织中的不道德问题(Miceli 等,2009),从而避免因外部吹哨而使企业受到公共指责、政府审查、巨额罚款和诉讼(Berry,2004)。第二,忠诚是员工依恋(如组织承诺、组织认同)导致积极组织行为(如吹哨)的主要机制(Vadera 等,2009),然而,外部吹哨往往被视为对组织忠诚的背叛。因此,将个体依恋与外部吹哨相联系可能会导致不一致的研究结果。例如,实证研究发现,组织承诺与外部吹哨之间存在正相关、负相关和不相关三种结论(如 Brewer & Selden,1998;Sims & Keenan,1998;Somers & Casal,1994)。

第三，已有研究表明，内部吹哨通常先于外部吹哨(Rehg 等, 2008)，内部吹哨失败时，外部吹哨才会发生(如 Miceli & Near, 1992; Jubb, 1999)。这意味着内部吹哨管理对组织而言非常重要，探讨组织认同与内部吹哨的关系对于当代组织的伦理管理更具实践价值。

计划行为理论(Ajzen, 1991)强调行为的态度、主观规范和感知的行为控制在塑造个人的行为意图和实际行为方面起重要影响，该理论为本研究提供了恰当的概念框架以识别组织认同影响吹哨的边界条件。如果说组织认同代表个体对吹哨行为的良好态度，本研究提出两个调节变量——感知的伦理氛围(perceived ethical climate)和主动性人格(proactive personality)，它们与计划行为理论中的主观规范和感知行为控制概念相似。感知的伦理氛围指员工对于组织伦理相关的程序、政策和实践的共同感知(Victor & Cullen, 1988)。感知的伦理氛围标志着有关员工伦理/非伦理行为的组织规范(Martin & Cullen, 2006; Rothwell & Baldwin, 2007)。主动性人格是指倾向于参与或改变环境的行为倾向(Bateman & Crant, 1993)，积极主动的个体对吹哨成功充满信心(Miceli 等, 2008)。已有研究发现感知的伦理氛围和主动性人格都与吹哨行为有关。基于计划行为理论，本研究研究感知的伦理氛围和主动性人格在组织认同对员工吹哨行为影响中的联合调节作用。鉴于吹哨行动的高度敏感性，收集真实吹哨行动数据存在一定困难，本研究参照以往研究(如 Kaptein, 2011; MacNab & Worthley, 2008; Park 等, 2005; Rothwell & Baldwin, 2007)，通过检验员工自我报告的内部吹哨意图(代表内部吹哨行为)来测试本研究的概念模型。本研究的概念模型如图 13-1 所示。

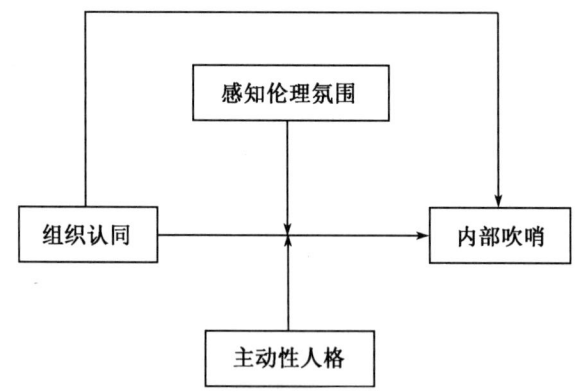

图 13-1　本研究的三相交互作用模型图

13.2 理论基础与假设提出

13.2.1 组织认同和内部吹哨

根据计划行为理论,对某种行为的态度是个体从事这种行为的基本要素。它指的是个体对所聚焦的行为产生有利或不利评价的程度(Ajzen,1991)。本研究推测,具有高度组织认同感的员工对吹哨行为持有积极态度,并愿意对观察到的工作场所中的不道德行为采取吹哨行动。

就理论而言,群体认同背后的基本动机是使得个人的集体自尊感得到增强,即个体对群体的认同为积极看待自身提供了基础(Ashforth 等,2008)。因此,具有高度认同感的个体拒绝或避免那些在情感上和行为上挑战他们自我概念的经历(Swan & Read,1981)。组织中的不道德行为不仅会损害组织及其成员的物质利益,还会破坏组织的声誉,特别是具有公开曝光的风险。因此,企业中存在不道德行为可能会削弱组织认同程度高的员工的集体自尊。高度认同的员工很有可能会以积极的态度采取吹哨行动以制止组织中正在发生的不道德行为。

另外,组织认同是指组织成员在认知上、情感上或两者之间将其组织成员身份与自我概念联系起来(Riketta,2005)。组织认同增加了员工对组织的忠诚(Adler & Adler,1988),并激励他们为组织的最佳利益而行动(Pratt,2000)。与此同时,高度认同的员工将自己的命运与组织的命运紧密联系(Haslam 等,2006),并倾向于代表组织行事,而不考虑作为个人可能会承受的牺牲和有害影响(Riketta,2005)。虽然吹哨行为经常可能被高层管理掩盖或忽视(Miceli 等,1991),遭到报复的可能性较大(Miceli & Near,2002),相比低组织认同的员工,高组织认同的员工面对不道德行为时,更有可能成为吹哨者。

从实证角度来看,一些研究发现,组织认同本身对个体实施主动行为的动机具有重要的影响,其中一些主动行为类似于吹哨,如建言行为和主动变革行为,它们均具有挑战性、自主性和变革导向的性质(Liu 等,2010;Li 等,2016)。因此,本研究推断组织认同对吹哨意愿存在积极的影响。

假设1:组织认同与内部吹哨意愿正相关。

13.2.2 感知的伦理氛围的调节作用

计划行为理论中的主观规范是指人们感知到的要求或不要求实施某一行为的社会压力(Ajzen,1991)。个人的行为举止通常与社会压力相一致(Ajzen,1991)。换句话说,个人倾向于遵守他们周围的规范。感知的伦理氛围帮助员工解释组织奖励、支持和期望何种伦理行为,以及适当和受到组织期望行为的种类(Arnaud & Schminke,2012)。这意味着员工从感知的伦理氛围中获取对组织规范的认知。

已有研究发现,感知的伦理氛围分不同的维度,不同维度的伦理氛围影响组织中的个人的伦理/非伦理行为(Martin & Cullen,2006)。本研究把伦理氛围视为整体的企业特征,而不区分维度。整体的伦理氛围代表组织中更广泛的规范特征和价值观(Bartels 等,1998;Kang 等,2011)。感知的强伦理氛围意味着组织在追求组织目标的同时也会关注个人的福祉,并在道德决策中重视个人的道德信仰、法律和行为规范(Martin & Cullen,2006)。相比之下,感知的弱伦理氛围意味着组织的现有规范和期望是鼓励从利己的角度进行伦理决策,由利己主义引导个人和组织的行为,甚至可能损害他人利益(Martin & Cullen,2006)。

在强伦理氛围下,员工认为存在不道德行为可能是由于管理层未能意识到,而非不愿进行纠正。因此,员工认为揭露他们所观察到的不道德行为会受到管理层的欢迎,企业也会因为重视员工的贡献而赞扬、欣赏和奖励吹哨人(Leung,2008)。此外,员工还相信他们的同事会支持吹哨行为并愿意提供证明,从而使吹哨行为有更高的成功的可能性。相反,感知到弱伦理氛围会阻碍员工的道德判断,导致员工难以意识到不道德行为,甚至为不道德行为辩护和合理化。弱伦理氛围也意味着该企业容忍甚至可能鼓励追求短期商业目标的不道德行为,如商业贿赂和欺骗客户。因此,吹哨行为与组织中流行的利己主义规范不相容,在这种伦理氛围下,员工会预计自己的吹哨行为可能受到他人的报复。

综上,感知到的强伦理氛围会增强高度认同的员工的吹哨意愿,而感知到的弱伦理氛围则会削弱这种意愿。实证研究对此观点提供了支持。Kaptein(2011)发现,积极的伦理文化的某些维度可以预测员工向管理层报告不道德行为的意图。Zhang 等(2009)发现伦理文化增强了伦理判断与员工内部吹哨意图之间的关系。Rothwell 和 Baldwin(2007)发现友谊或团队氛围促进了员

工举报不道德行为的意愿。因此,本研究提出以下假设:

假设2:感知的伦理氛围调节组织认同与内部吹哨意愿之间的关系。强伦理氛围增强组织认同对内部吹哨意愿的影响;弱伦理氛围削弱组织认同对内部吹哨意愿的影响。

13.2.3 主动性人格的调节作用

在计划行为理论中,感知行为控制是指感知到的执行行为的轻松或困难程度,也是形成行为意图的重要因素(Ajzen,1991)。Ajzen(1991)认为感知行为控制比实际控制更能产生心理上的兴趣,意味着对行为取得成功的信心会鼓励执行某种行为。主动性人格在吹哨行为中扮演着感知行为控制的角色。

主动性人格被定义为一种创造或改变环境的行为倾向(Bateman & Crant,1993)。积极主动的个体不容易受到情境的限制,喜欢寻找机会,表现出主动性并坚持不懈地追求有意义的改变。相反,被动的个体通常倾向于适应和忍受当前的环境,而不是抓住机会进行改变(Bateman & Crant,1993)。先前的研究已经将主动性人格与各类主动行为相联系(参见Marler,2009的元分析)。例如,建言行为类似于吹哨,员工冒着个人风险挑战现状以试图在组织中创造有利条件。在理论和实证研究中,主动性人格也与吹哨行为有密切联系。如,Miceli等人(2008)指出,具有高度主动性人格的员工有意愿和能力接受挑战。积极主动的个体有信心通过吹哨行为制止不道德行为,并能够得到他们的主管、同事和高层管理人员的支持。Miceli等人(2012)发现,与不愿吹哨的个体相比,吹哨者具有更高水平的主动性人格,他们会积极采取行动以促成变化产生。高主动性人格的自信源于他们在解决问题和人际交往能力和技巧方面的经验(Campbell,2000)。因此,主动性人格可能增强高度认同的员工在取得吹哨成功时的信心。本研究认为主动性人格可能会促进高组织认同的员工对不道德行为采取吹哨的意愿。

假设3:主动性人格调节组织认同与内部吹哨意愿的关系。高主动性人格增强组织认同对内部吹哨意愿的影响,低主动性人格减弱组织认同对内部吹哨意愿的影响。

13.2.4 感知的伦理氛围与主动性人格的联合调节作用

基于计划行为理论,对行为的态度和主观规范越积极,感知到的行为控制越强,个体的行为意愿就越强(Ajzen,1991)。换句话说,当对行为的态度、主观规范和感知行为控制都处于较高水平时,个体更倾向于实施一种行为。正如本研究所讨论的,组织认同、感知到的伦理氛围和主动性人格分别代表了对吹哨行为的态度、主观规范和感知到的行为控制。结合假设 1-3 提出的关系,本研究提出组织认同、感知的伦理氛围和主动性人格对吹哨意愿的三方交互模型。

假设 4:感知伦理氛围和主动性人格共同调节组织认同与内部吹哨意愿的关系。相比低主动性人格且感知到弱伦理氛围,组织认同对吹哨意愿的影响在高主动性人格且感知到强伦理氛围的条件下更强。

13.3 研究方法

13.3.1 样本和数据收集程序

2014 年初,本研究首先联系了位于苏南地区的经济开发区管委会,邀请其配合本研究的问卷调查。从开发区 152 家公司中随机抽取了 50 家公司,被抽取的公司具有不同的规模、所有权和行业特征。委托管委会通过发送电子邮件联系相关公司并询问是否同意其员工参与问卷调查。最终本研究获得了 44 家公司的支持并获取了 900 名员工的邮箱地址。然后,本研究将调查问卷连同保密和自愿参与的说明一起发送给参与调查的员工。

问卷调查共回收有效问卷 726 份,有效回复率 81%。726 名参与者中,51.3%为男性;77%的受访对象为 21~40 岁;其中 68%的人已婚。在教育程度方面,35.7%的人拥有毕业文凭,38%的人拥有学士学位。平均任期为 7.1 年($SD=7.47$),一般员工占 52.3%,直线经理占 30.5%。从公司规模上来看,68.5%的公司总人数在 51~2 000 人;从公司的性质上来看,外商投资企业占 41.2%,民营企业占 35.5%;行业性质中,制造业占比最高(62.5%)。

13.3.2 测量工具

所有研究变量均采用李克特 5 分量表(1=非常不同意,5=完全同意)。量表严格采用翻译-回译的方式以保证量表表述的准确性。

本研究所采用的量表如下:

组织认同。采用 Mael 和 Ashforth's(1992)的 6 条目组织认同量表。代表性的条目是"我对别人如何看待本研究公司很感兴趣"。Cronbach's α 为 0.76。

感知的伦理氛围。采用 Tsai 和 Huang's(2008)使用的 14 条目量表来测量感知的伦理氛围。根据 Bartels 等(1998)和 Kang 等(2011)的作法,通过对负面词项进行反向评分来计算该量表的得分,并对所有题项的分数进行合计。代表性的条目是:"人们被期望遵守法律和职业标准高于其他要求"。Cronbach's α 为 0.73。

主动性人格。采用 Bateman 和 Crant(1993)所使用的 6 条目主动性人格量表。此量表已被学者证明在中国研究样本中是有效的(Li 等,2010)。代表性的条目是:"我喜欢为自己的想法辩护,即使别人会反对"。Cronbach's α 为 0.78。

内部吹哨意愿。Park 等人(2005)使用 3 个条目测量员工外部吹哨,4 个条目测量内部吹哨和 2 个条目测量不道德行为的不作为。本研究采用内部吹哨量表(α=0.78)进行研究。参与者被问及当他们目睹同伴做出不道德行为时,他们会怎么做。其中一个条目是"我将使用内部程序报告这事件"。Cronbach's α 为 0.72。

13.3.3 控制变量

研究表明,人口统计变量和组织特征与吹哨行为有关(如 Micel & Near,1984;Lee 等,2004;Mesmer-Magnus & Viswesvaran,2005;Zhang 等,2009;Miceli 等,2012)。在模型中,本研究控制了性别、年龄、职位、任期、婚姻状况和教育程度,以及企业类型、企业规模和行业。

13.4 研究结果

13.4.1 验证性因素分析

在进行假设检验之前,本研究使用 AMOS 19.0 对组织认同、主动性人格、感知伦理氛围和内部吹哨意愿进行验证性因素分析。根据 Zhang 和 Bartol(2010)的做法,本研究对感知的伦理氛围的条目进行打包。四因素模型的拟合指标较好($\chi^2/df=2.93$;$CFI=0.90$;$TLI=0.88$;$RMSEA=0.052$)。T 检验显示四因素模型所有因子的载荷均达到了 0.01 的显著性水平,意味着每一个条目都可以有效地代表相应的变量。

为了进一步验证四因素模型是最佳适配模型,本研究建立了三个替代的模型进行比较。首先,三因素模型将感知的伦理氛围与组织认同整合为一个变量;其次,二因素模型中将感知的伦理氛围、组织认同和主动性人格整合为一个变量;最后,单因素模型中将所有的条目整合为一个变量。正如表13-1所示,验证性因素结果显示四因素模型比其他三个模型有更好的适配度。

表13-1 验证性因子分析结果

模型	χ^2/df	CFI	TLI	RMSEA
四因素模型	2.93	0.90	0.88	0.052
三因素模型	3.26	0.88	0.86	0.056
二因素模型	3.49	0.86	0.84	0.059
单因素模型	4.31	0.82	0.79	0.068

采用问卷的测量方式可能会产生共同方法偏差问题。根据Podsakoff等(2003)的建议,本研究在检验假设的时候控制了人口统计学变量以减少偏差。同时,Harman单因子检验结果显示适配度较差并且不能被接受($\chi^2/df=4.31$;$CFI=0.82$;$TLI=0.79$;$RMSEA=0.068$)。进一步,根据Chen等(2014)的研究,共同方法偏差会使二维或三维交互作用不显著。综上所述,本研究发现可能不会受到共同方法偏差的严重影响。

13.4.2 描述性统计

表13-2展示了平均值、标准差和研究变量的相关系数。

13.4.3 假设检验

本研究采用层级回归来检验假设是否成立。首先置入人口统计学变量和组织学变量,然后置入预测变量(自变量和调节变量),二维交互变量(自变量与调节变量的乘积)以及三维交互变量(自变量与两个调节变量的乘积)。根据Aiken和West(1991)的建议,本研究通过对自变量和调节变量进行标准化,将其均值转化为0然后相乘以避免共线性的问题。如果交互作用达到显著,就表示调节作用存在。回归结果如表13-3所示。

表 13-2 变量均值、标准差和相关系数

变量	1	2	3	4	5	6	7	8	9	10	11	12	13
1. 性别													
2. 年龄	-0.18**												
3. 教育程度	-0.01	-0.22**											
4. 职位	-0.21**	0.34**	0.16**										
5. 年资	-0.11**	0.62**	-0.23**	0.28**									
6. 婚姻状况	-0.04	0.45**	-0.11**	0.23**	0.29**								
7. 公司规模	0.04	-0.06	0.00	-0.06	0.01	0.02							
8. 公司类型	0.05	0.08*	0.09*	-0.02	0.11**	0.03	-0.15**						
9. 行业	0.09*	0.00	0.10**	-0.01	0.08*	0.01	-0.24**	0.45**					
10. 组织认同	-0.08*	0.04	-0.04	0.13**	-0.01	0.06	-0.16**	-0.03	-0.01				
11. 伦理氛围	-0.08*	0.03	-0.05	0.05	-0.07	0.02	-0.11**	-0.01	-0.01	0.55**			
12. 主动人格	-0.14**	0.04	-0.04	0.12	0.04	-0.01	-0.02	-0.09*	-0.02	0.44**	0.43**		
13. 吹哨意愿	-0.07	0.13**	-0.12**	0.08*	0.06	0.07	-0.03	0.00	-0.02	0.31**	0.33**	0.30**	
平均值	0.49	2.78	2.16	1.64	85.22	1.70	2.63	2.07	2.36	3.65	3.43	3.41	3.36
标准差	0.50	0.87	0.84	0.79	89.65	0.52	0.96	0.97	0.76	0.58	0.44	0.46	0.66

注：** $p<0.01$，* $p<0.05$

表 13-3　层级回归结果

因变量→ 自变量↓	内部吹哨			
	M₁	M₂	M₃	M₄
控制变量				
性别	−0.05	−0.01	−0.01	−0.01
年龄	0.10	0.09	0.09	0.10*
教育程度	−0.11**	−0.08*	−0.08*	−0.08*
职位	0.07	0.02	0.02	0.02
年资	−0.05	−0.02	−0.02	−0.02
婚姻状况	0.01	0.01	0.01	0.00
公司规模	−0.02	0.02	0.02	0.02
公司类型	0.01	0.02	0.02	0.02
行业	0.00	0.00	−0.01	0.00
自变量和调节变量				
组织认同		0.14**	0.13**	0.11*
伦理氛围感知		0.18**	0.18**	0.16**
主动性人格		0.16**	0.15**	0.10*
二维交互效应				
组织认同×伦理氛围感知			0.01	0.02
组织认同×主动性人格			0.01	0.00
伦理氛围感知×主动性人格			0.01	−0.01
三维交互效应				
组织认同×伦理氛围感知×主动性人格				0.13**
ΔR^2	0.03	0.14	0.00	0.01
ΔF	2.65**	39.88**	0.26	6.92**
R^2	0.03	0.17	0.17	0.18
F	2.65**	12.28**	9.85**	9.74**

注：** $p<0.01$，* $p<0.05$。

假设 1 推断组织认同与吹哨意愿正相关。根据表 13-3，组织认同显著预测内部吹哨（$\beta=0.14, p<0.01, M_2$），假设1得到支持。假设2提出组织认同和内部吹哨的关系受到感知的伦理氛围的调节，在强伦理氛围的条件下，二者的关系会更强。如表13-3所示，组织认同和感知的伦理氛围的交互作用对内部吹哨的影响不显著（$\beta=0.01, \text{ns}, M_3$），因此假设2不成立。假设3提出组织认同和内部吹哨的关系受到主动性人格的调节，二者的关系在高主动性人格的条件下更强。如表13-3所示，组织认同与主动性人格的交互作用对内部吹哨的影响不显著（$\beta=0.01, \text{ns}, M_3$），因此，假设3不被支持。假设4提出组织认同对内部吹哨的正向影响受到感知的伦理氛围和主动性人格的共同调节作用，二者的关系在强伦理氛围感知与高主动性人格的条件下更强。如表13-3所示，组织认同、主动性人格、感知伦理氛围的三维交互作用对内部吹哨的影响显著（$\beta=0.13, p<0.05, M_3$）。为了描述三维交互作用，根据Aiken 和 West（1991）的建议，本研究绘制了简单斜率图。三维交互效应如图13-2（弱伦理氛围感知）和图13-3（强伦理氛围感知）所示。图13-2显示出当感知伦理氛围较弱时，对于有低主动性人格的员工，组织认同对吹哨的影响更加显著。图13-3显示在强伦理氛围的影响下，当员工有高主动性人格而不是低主动性人格时，组织认同对吹哨的影响更加显著。假设4得到支持。

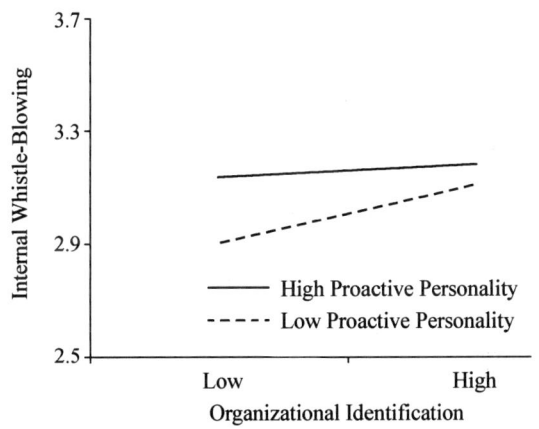

图13-2　组织认同，感知伦理氛围（弱），主动性人格三维交互效果图

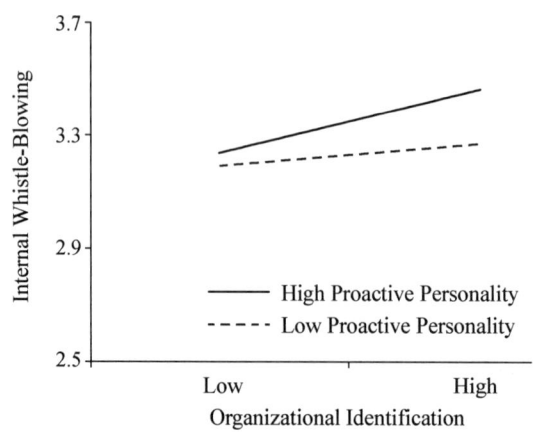

图 13-3　组织认同,感知伦理氛围(强),主动性人格三维交互效果图

13.5　讨论

商界的道德丑闻频发凸显了员工吹哨的重要性。基于计划行为理论,本研究发展并检验了员工组织认同与吹哨意愿的关系模型,该模型包括感知的伦理氛围和主动性人格作为调节变量。结果表明,组织认同与内部吹哨意愿正相关,感知的伦理氛围和主动性人格的共同调节了二者的关系。研究结果揭示了组织认同在吹哨决策中产生作用的机制。

13.5.1　理论意义

首先,本研究对吹哨行为理论研究做出了一定的贡献。通过实证检验员工依恋的构念(组织认同)和吹哨意愿之间的关系,本研究响应了研究者的号召(如 Gundlach,2003;Henik,2008;Vadera,2009),即从"热"认知的角度探讨吹哨现象。研究结果支持了组织认同对吹哨意愿有积极作用的假设。识别了组织认同是实施吹哨的自主动机的来源,本研究扩展了吹哨行为的相关研究,认为出于维护组织的最佳利益(Pratt,2000)而不顾个人牺牲(Riketta,2005)的自主性倾向是具有高度组织认同的个体员工成为吹哨者的关键原因,研究结论对吹哨研究提供了有益的补充。已有研究基于"冷"的成本效益评价视角探讨了个体因素和情境因素对不道德行为观察者进行吹哨决策的重要影响。然而,在预期不利的结果会产生的前提下,成本效益分析不能解释为什么个体甘愿冒险去披露不道德行为(McLain & Keenan,1999)。在解释吹哨行为时，需要考虑与自主动机相关的认同、责任和情感等"热"认知的个体因素。本研究拓宽了吹哨动机的范围，发现了一个重要的但被忽视的层面，即个体的依恋因素。该研究发现有助于完善吹哨行为的理论研究。

其次，本研究也丰富了组织认同理论。研究表明，组织认同的后果包括合作、参与、组织利益决策、内在动机、任务绩效、信息共享、协调行动、离职和组织公民行为(参见 Ashforth 等,2008 的研究综述)。虽然一些研究已经揭示了个体认同或社会认同在领导力和建言之间的中介作用(如 Liu 等,2010；Wong 等,2010)，但已有研究很少关注组织认同的自主动机内涵(Li 等,2016)或考察组织认同与吹哨行为之间的关系。根据 Ashforth 等(2008)的观点，"随着越来越多的结果与认同相关，这个构念有被稀释的危险，并失去它作为一个根构念地位所应有的价值"(p.337)。他们进一步主张，研究者应该关注与认同作为一种结果或过程特别相关的因变量，如自我牺牲(个人代价高昂的组织公民行为)和制定组织身份(努力实现嵌入在组织的使命和价值观中的理念)。本研究结论提供了相关证据，证明吹哨行为是自发的并受到组织认同的驱动，丰富了组织认同的结果，即使只涵盖了一种特殊的具有自愿性的风险行为。

第三，本研究在识别感知的伦理氛围和主动性人格作为联合调节方面有独特的贡献，在共同调节作用下，组织认同与吹哨的关联更强。根据 Ashforth 等(2008)的观点，行为应该被视为认同的一个概率结果，而不是一个必要的组成部分，因为各种因素可能削弱认同和行为之间的联系。基于计划行为理论，本研究强调了采用一个更全面的观点的重要性，组织认同如何影响在特定组织环境中特定员工的吹哨行为。虽然伦理氛围感知和主动性人格对组织认同和吹哨之间的关系没有独立的调节作用(H2,H3)，它们却在更高阶层次上施加了不可或缺的交互影响(H4)。H2 和 H3 未能得到支持的原因可能是组织认同对吹哨行为的影响不单单受到情境或个人特质的影响。也就是说，除了个体的主动性人格或感知的伦理氛围外，吹哨意图还会因其他变量而产生差异。这同时也说明组织认同本身具有较强的促进吹哨行为的作用。H4 三相交互作用的成立强调了主动性人格和感知的伦理氛围相互作用的观点。Lin 等(2005)的研究发现，态度、伦理氛围和自我强度对吹哨意愿没有交互作用，但本研究的三相交互模型与计划行为理论相一致，为计划行为理论提供了依据，即当主观规范和感知行为控制都处于高水平，对某种行为持有赞同态度的个体更有可能实施某种行为(Ajzen,1991)。

第四,在本研究中,主动性人格在弱伦理环境和强伦理环境下的组织认同与内部吹哨意愿之间的关系中发挥了不同的作用(图 13-2、13-3)。当伦理氛围较弱时,主动性人格会削弱组织认同对吹哨行为的影响。由图 13-2 可知,在弱伦理氛围下,主动性人格作为组织认同的"替代"变量促进了吹哨行为。换句话说,尽管处于较低的组织认同中,高主动性的员工仍然比低主动性的同事更有可能实施吹哨。相比之下,当伦理氛围较强时,具有较高主动性人格、高度认同感的员工更有可能进行吹哨。在这种情况下,主动性人格在内部吹哨行为中起到了组织认同的"增强"作用。也就是说,主动性人格强化了组织认同对吹哨行为的影响。虽然组织认同和主动性人格均具有不顾个人风险为企业服务的自主动机,但它们具有不同的倾向。具有高主动性人格的员工倾向于制定或改变周围的环境,而不关心情境的强度(Bateman & Crant 1993),甚至在组织的负面氛围下,他们也更有可能建言(Campbell,2000)或吹哨(Liu 等,2015)。因此,主动性人格在较弱的伦理氛围中比组织认同能够发挥更大的影响。相反,主动性较低的员工通常倾向于适应和忍受当前的环境,而不是抓住机会进行改变(Bateman & Crant,1993)。因此,在伦理氛围较弱的情况下,低主动性人格对吹哨行为的影响弱于组织认同。这些发现佐证了 Ajzen(1991)的观点,即态度、主观规范和感知的行为控制在预测行为意图中的相对重要性可能因情况而异。

最后,本研究扩展了计划行为理论。尽管计划行为理论表明,从对行为的态度、主观规范和感知的行为控制等方面可以准确地预测做出不同类型行为的意图,这一理论对于额外的预测因素也具有一定的包容性。本研究发现,在考虑了该理论当前的变量后,其他变量,如组织认同、感知的伦理氛围和主动性人格,在意图或行为的方差中占据显著比例。本研究证明,这三个构念可以分别代表态度、主观规范和感知的行为控制对吹哨意愿的影响。计划行为理论指出,对行为的态度、主观规范和感知的行为控制相互作用,促进个体实施行为的意图。然而,这种假设关系缺乏足够的实证证据。本研究结果证实了员工进行内部吹哨的一般规律:组织认同、伦理氛围感知和主动性人格越强,员工进行吹哨的意愿就越强。

13.5.2 实践意义

从实践的角度来看,本研究发现为员工吹哨如何通过组织认同的增强而被激发提供了依据。当前,企业依靠员工来发现和制止不道德行为,从而获得竞争优势,这一发现为组织减少不道德行为提供了可参照的应对策略。

鉴于促进员工组织认同是组织管理的长期目标,组织应重视组织认同管理实践。例如,组织应该培养组织价值观或文化。强烈的价值观和文化作为社会控制机制,影响个体的认同(Pratt,2000),组织可以通过使命和愿景陈述、培训计划和公司手册来传达公司的价值观。组织还应该通过管理个体价值观和认同的形成过程,以及价值观如何引导员工通过处理工作内外的关系来形成组织认同(Pratt,2000)。组织可以通过招聘与组织价值观相一致的员工,或者引导员工接受组织提供的价值观和愿景,从而提高员工社会化的程度。此外,组织应该为员工提供平等的工作和晋升机会,公平公正地评价和对待员工,使员工对组织更为满意,进而增强组织认同。

鉴于组织认同与吹哨行为之间的关系通过主动性人格与感知的伦理氛围的交互作用而增强,本研究建议企业不仅要注意促进员工的组织认同,也要重视伦理氛围和员工的主动性人格。虽然主动性人格不受企业的直接控制,但企业可以将主动性人格作为人员选拔和晋升的标准,特别是在与道德相关的关键职位上(Miceli等,2009)。企业还可以通过程序、政策和实践努力塑造浓厚的组织伦理氛围。当个体向管理层披露不道德行为时,组织应当表示支持,并为吹哨者提供激励和保护。尤其重要的是,在组织中建立透明的吹哨制度,并保证保密性和匿名性。为了避免组织内部无效的程序或政策,管理者应该成为塑造伦理氛围的榜样。管理者应该表现出伦理态度和行为,以增加员工对管理公正的信心。最后,管理者应该公正而全面地调查被揭露的情况,并在确认不道德行为后迅速采取纠正措施。

13.5.3 研究局限和展望

本研究存在一定的局限性,需要在今后的研究中加以解决。首先,领域的学者普遍支持工作中涉及伦理问题可采用自我报告形式(Arnaud & Schminke,2012),但自我报告容易受到共同方法偏差的影响。未来的研究应多来源收集数据以检验理论模型。第二,虽然横断面数据不会损害调节效应的分析结果(Farh等,2007),但限制了本研究做出严格因果关系推论的能力。未来的研究可以考虑采取纵向研究设计或多种方法进行更严格的测试。第三,本研究使用的样本限于中国江苏省苏南经济开发区,虽然此样本可能有效地控制了伦理发展的区域性差异,但它阻碍了本研究结论的普适性。未来的研究可以从中国更广泛地区抽取更多样本,或者进行跨文化研究,以得出更加全面、稳健的结论。

参考文献

[1] Adler PA, Adler P (1988) Intense loyalty in organizations: a case study of college athletics. Adm Sci Q 33(3): 401-417.

[2] Aiken LS, West SG, Reno RR (1991) Multiple Regression: Testing and InterpretingInteractions. Sage, Newbury Park, CA.

[3] AjzenI (1991) The theory of planned behaviour. Org Behav Hum Decis Process 50(2): 179-211.

[4] Arnaud A, Schminke M (2012) The ethical climate and context of organizations: a comprehensive model. Organ Sci 23(6): 1767-1780.

[5] Ashforth BE, Mael F (1989) Social identity theory and the organization. Acad Manag Rev 14(1): 20-39.

[6] Ashforth BE, Harrison SH, Corley KG (2008) Identification in organizations: an examination of four fundamental questions. J Manag 34(3): 325-374.

[7] Bartels KK, Harrick E, Martell K, Strickland D (1998) The relationship between ethical climate and ethical problems within human resource management. J Bus Ethics 17(7): 799-804.

[8] Bateman TS, Crant JM (1993) The proactive component of organizational behaviour: a measure and correlates. J Organ Behav 14(2): 103-118.

[9] Berry B (2004) Organizational culture: a framework and strategies for facilitating employee whistle blowing. Empl Responsib Rights J 16(1): 1-11.

[10] Bhal KT, Dadhich A (2011) Impact of ethical leadership and leader-member exchange on whistle blowing: the moderating impact of the moral intensity of the issue. J Bus Ethics 103(3): 485-496.

[11] Bjø'rkelo B, Einarsen S, Matthiesen SB (2010) Predicting proactive behavior at work: exploring the role of personality as an antecedent of whistle blowing behavior. J Occup Organ Psychol 83(2): 371-394.

[12] Bjørkelo, E. S., & Matthiesen S. B. (2010). Predicting proactive behaviour at work: Exploring the role of personality as an antecedent of whistleblowing behaviour. Journal of Occupational and Organizational Psychology, 83, 371-394.

[13] Brewer GA, Selden SC (1998) Whistle blowers in the federal civil service: new

evidence of the public service ethic. J Publ Adm Res Theor 8(3): 413-439.

[14] Campbell DJ (2000) The proactive employee: managing workplace initiative. Acad Manag Exec 14(3): 52-66.

[15] Chen CC, Zhang AY, Wang H (2014) Enhancing the effects of power sharing on psychological empowerment: the roles of management control and power distanceorientation. Manag Organ Rev 10(1): 135-156.

[16] Dozier JB, Miceli MP (1985) Potential predictors of whistle-blowing: a prosocial behavior perspective. Acad Manag Rev 10(4): 823-836.

[17] Farh JL, Hackett RD, Liang J (2007) Individual-level cultural values as moderators of perceived organizational support-employee outcome relationships in China: comparing the effects of power distance and traditionality. Acad Manag J 50(3): 715-729.

[18] Fuller B, Marler LE (2009) Change driven by nature: a meta-analytic review of the proactive personality literature. J Vocat Behav 75(3): 329-345.

[19] Gundlach MJ, Douglas SC, Martinko MJ (2003) The decision to blow the whistle: a social information processing framework. Acad Manag Rev 28(1): 107-123.

[20] Haslam SA, Ryan MK, Postmes T, Spears R, Jetten J, Webley P (2006) Sticking to our guns: social identity as a basis for the maintenance of commitment to faltering organizational projects. J Organ Behav 27(5): 607-628.

[21] Henik EG (2008) Mad as hell or scared stiff? The effects of value conflict and emotions on potential whistle-blowers, ethic issues in business: reflections from the business academic community. J Bus Ethics 80(1): 111-119.

[22] Jubb PB (1999) Whistleblowing: a restrictive definition and interpretation. J Bus Ethics 21(1): 77-95.

[23] Kang DS, Stewart J, Kim H (2011) The effects of perceived external prestige, ethical organizational climate, and leader-member exchange (LMX) quality on employees' commitments and their subsequent attitudes. J Pers Rev 40(6): 761-784.

[24] Kaptein M (2011) From inaction to external whistle blowing: the influence of the ethical culture of organizations on employee responses to observed wrongdoing. J Bus Ethics 98(3): 513-530.

[25] Keenan JP (2002) Whistleblowing: a study of managerial differences. Empl Responsib Rights J 14(1): 17-32.

[26] Lee JY, Heilmann SG, Near JP (2004) Blowing the whistle on sexual harassment: test of a model of predictors and outcomes. Hum Relat 57(3): 297-322.

[27] Leung AS (2008) Matching ethical work climate to in-role and extra-role behaviours in a collectivist work setting. J Bus Ethics 79(1-2): 43-55.

[28] Li N, Liang J, Grant JM (2010) The role of proactive personality in job satisfaction and organizational citizenship behaviour: a relational perspective. J Appl Psychol 95(2): 395-404.

[29] Li R, Zhang ZY, Tian XM (2016) Can self-sacrificial leadership promote subordinate taking charge? The mediating role of organizational identification and the moderating role of risk aversion. J Organ Behav 37(5): 758-781.

[30] Lin CP, Tang LL, Chiu YB, Hsiao CY (2005) Testing a joint moderator of ego strength and ethical climate: a study of the process of peer reporting intentions in IT ethics. Asia Pac Manag Rev 10(2): 145-153.

[31] Liu W, Zhu R, Yang Y (2010) I warn you because I like you: voice behavior, employee identifications, and transformational leadership. Leadersh Q 21(1): 189-202.

[32] Liu Y, Zhao SM, Jiang L, Li R (2015) When does a proactive personality enhance an employee's whistleblowing intention? A cross-level investigation of the employees in Chinese companies. Ethics Behav 00(00): 1-18.

[33] MacNab BR, Worthley R (2008) Self-efficacy as an intrapersonal predictor for internal whistle blowing: a US and Canada examination. J Bus Ethics 79(1-2): 407-421.

[34] Mael F, Ashforth BE (1992) Alumni and their alma maters: a partial test of the reformulated model of organizational identification. J Organ Behav 13(2): 103-123.

[35] Martin KD, Cullen JB (2006) Continuities and extensions of ethical climate theory: a meta-analytic review. J Bus Ethics 69(2): 175-194.

[36] McLain DL, Keenan JP (1999) Risk, information, and the decision about response to wrongdoing in an organization. J Bus Ethics 19(3): 255-271.

[37] Mesmer-Magnus JR, Viswesvaran C (2005) Whistle blowing in organizations: an examination of correlates of whistle blowing intentions, actions, and retaliation. J Bus Ethics 62(2): 277-297.

[38] Miceli MP, Near JP (1984) The Relationships among beliefs, organizational position, and whistle-blowing status: a discriminant analysis. Acad Manag J 27(4): 687-705.

[39] Miceli MP, Near JP (1991) Who blows the whistle and why? Ind Labour Relat Rev 45(1): 113-130.

[40] Miceli MP, Near JP (1992) Blowing the Whistle: The Organizational and Legal

Implications for Companies and Employees. Lexington, New York.

[41] Miceli MP, Near JP (2002) What makes whistle-blowers effective? Three field studies. Hum Relation, 55(4): 455-479.

[42] Miceli MP, Dozier JB, Near JP (1987) Personal and situational determinants of whistle-blowing. In: Paper presented at the meeting of the Academy of Management, New Orleans, LA.

[43] Miceli MP, Near JP, Dworkin TM (2008) Whistle-Blowing in Organizations. Routledge, New York.

[44] Miceli MP, Near JP, Dworkin TM (2009) A word to the wise: how managers and policy-makers can encourage employees to report wrongdoing. J Bus Ethics 86(3): 379-396.

[45] Miceli MP, Near JP, Rehg MT, Van Scotter JR (2012) Predicting employee reactions to perceived organizational wrongdoing: demoralization, justice, proactive personality, and whistle-blowing. Hum Relat 65(8): 923-954.

[46] Near JP, Miceli MP (1985) Organizational dissidence: the case of whistle-blowing. J Bus Ethics 4(1): 1-16.

[47] Near JP, Miceli MP (1996) Whistle-blowing: myth and reality. J Manag 22(3): 507-526.

[48] Park H, Rehg MT, Lee D (2005) The influence of confucian ethics and collectivism on whistle blowing intentions: a study of South Korean public employees. J Bus Ethics 58(4): 387-403.

[49] Parker SK, Wu CH (2014) Leading for proactivity: How leaders cultivate staff who make things happen. In: Day DV (ed) Oxford Handbook of Leadership and Organizations. Oxford University Press, Oxford, pp. 380-399.

[50] Parker SK, Bindl UK, Strauss K (2010) Making things happen: a model of proactive motivation. J Manag 36(4): 827-856.

[51] Podsakoff PM, Mackenzie SB, Lee JY, Podsakoff NP (2003) Common method biases in behavioural research: a critical review of the literature and recommended remedies. J Appl Psychol 88(5): 879-903.

[52] Pratt MG (2000) The good, the bad, and the ambivalent: managing identification amongAmway distributors. Adm Sci Q 45(3): 456-493.

[53] Rehg M. T., Miceli M. P., Near J. P., & Van Scotter J. R. (2008). Antecedents and outcomes of retaliation against whistleblower: gender differences and power relationships. Organ Sci 19(2), 221-240.

[54] Riketta M (2005) Organizational identification: a meta-analysis. J Vocat Behav 66

(2):358-384.

[55] Rothwell GR, Baldwin JN (2007) Ethical climate theory, whistle-blowing, and the code of silence in police agencies in the state of Georgia. J Bus Ethics 70(4):341-361.

[56] Sims RL, Keenan JP (1998) Predictors of external whistleblowing: organizational and intrapersonal variables. J Bus Ethics 17(4):411-421.

[57] Somers MJ, Casal JC (1994) Organizational commitment and whistle blowing—a test of the reformer and the organization man hypotheses. Group Organ Stud 19(3):270-285.

[58] Swann WB, Read SJ (1981) Self-verification processes: how we sustain our self-conceptions. J Exp Soc Psychol 17(4):351-372.

[59] Treviño LK, Weaver GR (2001) Organizational justice and ethics program 'follow-through': influences on employees' harmful and helpful behavior. Bus Ethics Q 11(04):651-671.

[60] Treviño LK, Weaver GR, Reynolds SJ (2006) Behavioral ethics in organizations: a review. J Manag 32(6):951-990.

[61] Tsai MT, Huang CC (2008) The relationship among ethical climate types, facets of job satisfaction, and the three components of organizational commitment: a study of nurses in Taiwan. J Bus Ethics 80(3):565-581.

[62] Vadera AK, Aguilera RV, Caza BB (2009) Making sense of whistle-blowing's antecedents: learning from research on identity and ethics programs. Bus Ethics Q 19(4):553-586.

[63] Van Dyne L, LePine JA (1998) Helping and voice extra-role behaviors: evidence and construct and predictive validity. Acad Manag J 41(1):108-119.

[64] Victor B, Cullen JB (1988) The organizational bases of ethical work climate. Adm Sci Q 33(1):101-125.

[65] Wong CA, Laschinger HK, Cummings GG (2010) Authentic leadership and nurses' voice behavior and perceptions of care quality. J Nurs Manag 18(8):889-900.

[66] Zhang XM, Bartol KM (2010) Linking empowering leadership and employee creativity: the influence of psychological empowerment, intrinsic motivation, and creativity process engagement. Acad Manag J 53(1):107-128.

[67] Zhang J, Chiu R, Wei L (2009) Decision-making process of internal whistle-blowing behavior in China: empirical evidence and implications. J Bus Ethics 88(1):25-41.

第四部分

吹哨有效性和实践创新

…

第十四章
对吹哨者的报复及影响因素

尽管当代商业社会出现了不少吹哨人和吹哨现象,与商业社会中频繁发生的道德失范行为相比依然远远不够。不道德行为的观察者因为害怕遭到报复的心理压力而限制了他们的吹哨行动。已有研究探讨了吹哨人因吹哨而经历的各种报复,包括负面的绩效评估、不适当的工作分配或转移、不必要的拒绝和假期延误,以及身体伤害、骚扰、羞辱或隔离的威胁等。本章介绍对吹哨者的欺凌行为和污名化现象,并归纳了预测报复的个体和情境因素。

14.1 对吹哨者的欺凌

Rehg 等(2008)等将报复定义为"对组织内部或组织外部举报不道德行为的吹哨人采取的不良行动,以及对举报事件的直接回应"。一项针对巴西652名联邦公务员的调查结果显示,对吹哨者的报复降低了个体继续吹哨的意愿(Tavares 等,2021)。报复的一种类型是工作报复,通常是有形的、正式的、记录在就业记录中的,与工作相关的不利行为;另外一种是社会报复,通常是没有记录的言语和非言语反社会行为。这种区分澄清了报复的来源及其形式存在着很大不同。吹哨行为的风险之一是遭受工作场所欺凌。工作场所欺凌是一种系统性的敌对和不道德的沟通形式,由一个或多个人进行,主要针对一个人,被欺凌者被推到无助和无防御的境地,常常导致被驱逐出工作场所(Leymann,1996)。实践中已经发现一些吹哨者在披露不道德行为后在工作场所遭受系统的、持久的欺凌,如直接辱骂、身体恐吓和死亡威胁,以及间接攻击,如诽谤、流言蜚语或散布毫无根据的谣言等。欺凌对受害者的影响是深层次的情绪和心理困扰、精神障碍和创伤后应激症状,以及低产率、工作不满意和离职的想法,对受害者的健康和福祉以及工作环境均产生有害影响。

工作场所的欺凌行为分为上级的纵向欺凌与同事的横向欺凌；与工作有关的欺凌和与人有关的欺凌。欺凌的形式和模式因欺凌者和被欺凌者而异。上级欺凌通常是正式的和工作相关的，表现为上级将工作分配给欺凌受害者时提出不合理的工作完成日期要求和工作量要求，或者分配给受害者低于能力水平或卑微而不愉快的工作任务。同事的欺凌行为以非正式的、与社会关系有关的或与人有关的行为形式出现。其中，散布负面的流言和毫无根据的谣言，或不恰当的笑话和讽刺是同事欺凌他人的常见方式（O'Connery，2017）。吹哨者可能会经历来自不同类型和强度的上级和同事的欺凌行为。上司和同事中施暴者的数量大致相等，但员工受到上司欺凌的次数要多于同事欺凌的次数。Howard等（2016）发现，员工对欺凌行为的攻击性和威胁性的感知因施暴者的类型而异。员工认为上司的欺凌比同等或较低职位的同事的欺凌更具攻击性。这也许是因为上司的欺凌行为在某种程度上违反了心理契约，而同事的欺凌行为可能并非如此。同事的欺凌会受到其他同事欺凌和上级欺凌的影响。比如，上级对吹哨者的欺凌行为会引发其他人对吹哨人的欺凌行为，因为上司的角色和不对称的权力地位"允许"同事参与欺凌，而不是阻止他们攻击吹哨人。上级对吹哨人的同事还会明示或暗示鼓励欺凌，或者发出信号表明他不会阻止吹哨人同事的欺凌行为。这样，上司行为就会助长欺凌行为在工作场所的蔓延，并影响组织的道德和伦理建设。当同事心照不宣地接受甚至得到上级的认可而进行欺凌时，对受害者的伤害会更加严重。上司的欺凌与工作有关，而同事的欺凌与社会关系和人有关。然而，上司对吹哨者同样也可以实施非正式的欺凌，在吹哨者看来，这可能表示出上司有可能进一步采取正式的制裁，相比一个或多个同事的非正式欺凌，上司的非正式欺凌更加具有潜在的威胁。当一个或多个同事的非正式欺凌的频率较高时，也会对吹哨者产生较大威胁（Bjørkelo，2013）。上司和同事欺凌行为的差异可能归因于工作角色和工作场所的行为模式。根据 Leymann（1996）的模型和 Park等（2020）关于报复和欺凌对工作环境和组织的潜在影响的研究，上级的欺凌可能会通过激怒或至少允许下属报复吹哨人而导致联合的欺凌。同事对吹哨人行为原因的了解对降低同事欺凌行为的发生率有显著影响，但政府和非政府组织的支持对工作场所的欺凌影响不大，说明政府和非政府组织不能保护吹哨人不受上级和同事的欺凌。尽管许多国家都为吹哨人提供了就业保护以保护他们不受雇主的报复，但这可能并不足以保护吹哨人不受欺凌，欺凌可能以更微妙的方式进行，造成对吹哨人的社会或心理伤害。与心理和社交的暴力相比,受害者遭受身体欺凌的频率则较低。Bjørkelo等(2021)的研究指出,根据社会角色和地位特征理论,因吹哨而遭受欺凌后果的严重性可能因性别而异,个人权力受性别影响,男性吹哨者相比女性更能够避免被他人报复。

许多国家已经颁布了法律以保护吹哨人不受组织报复,其中包括欺凌。非政府组织也通过在法庭上代表吹哨者、提交请愿书指示组织停止继续从事欺凌行为以及呼吁公众支持等行动来协助吹哨者。尽管政府和非政府组织的参与似乎对吹哨者有所帮助,但阻止欺凌的程度是有限的。这种支持甚至还可能会引发欺凌行为,因为支持强化了将吹哨人视为对组织的威胁、不忠、与同事分离等倾向。而且由于政府或非政府组织的行动可能会集中在雇主身上,他们不太可能影响吹哨人同事的行为(Heungsik等,2018)。组织要确保在组织中不容忍欺凌行为以表示对吹哨人的支持并保护他们免受上级和同事的欺凌。组织可以通过工作培训和敏感度计划以提高员工对欺凌行为的认识,同时创造一种支持吹哨人的文化。

14.2 吹哨者的污名化

污名有三种类型,包括身体污名(外部畸形)、部落污名(基于种族、文化和宗教的人群的污名)和行为污名(个人行为和个性中的感知污名)。虽然污名的概念主要与工作类型有关,例如,肮脏的工作,但吹口哨的行为也造成了类似的名称。事实上,吹哨者经常遭受耻辱和被污名化是常见现象。吹哨是行为污名的典型表现,因为吹哨是违反组织规范的故意行为。他们面临着来自其专业网络成员更大的报复、蔑视和拒绝的风险,因为人们认为可以控制的污名比非自愿的污名更为负面(Bergman & Chalkley,2007),被视为个人责任的污名比非自愿的污名受到更严厉的对待。因此,一旦被标记为"吹哨者",他们的周边人就会将其视为越轨、有缺陷或不受欢迎的人。在组织的范围内,吹哨者被标记为反对组织权力的越轨者。污名的结果包括边缘化、负面成见和个人价值的贬值(Ashorth & Kreiner,1999)。更重要的是,污名是黏性的。虽然研究主要集中在焦点人物在职业转型过程中的黏性(Bergman & Chackley,2007),但目前的研究结果表明,黏性可以从一个人(吹哨者)转移到另一个人(公开支持吹哨者的同事)。这种可能性解释了私人支持等于公共疏离的现象。不支持吹哨人的家庭成员、朋友或同龄人是因为担心他们可能会被吹哨人的污名感染。吹哨人，特别是那些对外报告的吹哨人，给本组织带来了不必要的负面关注。当来自外部的力量压向组织时，吹哨者即成为本团体敌意或忽视的焦点，即便他们的同伴同意吹哨者的行为（Mahdavi 和 Smith，2007）。向吹哨提供社会支持有可能成为报复的受害者。污名化的可能性促使个人参与匿名在线的吹哨行为以应对他们的污名化风险。被污名化的吹哨群体需要寻找社会支持的提供者，这些支持者可能在组织之外，也可能在组织内部秘密的互动。一些吹哨者寻求新闻媒体和外部宣传团体支持的趋势越来越明显。

Bjørkelo 和 Macko（2012）探讨了如何减少举报不道德行为所带来的污名和社会耻辱感。他们就如何将吹哨与积极特征联系起来提出了几点建议，例如区分角色内行为和角色外行为，并强调吹哨者向更广泛的社会揭露不道德行为。Stein（2019）通过心理分析探讨了其他组织成员的反应，发现仇恨和耻辱感的产生是因为吹哨者通过"做正确的事情"，使那些保持沉默的"做了错误的事情"的感到不适。对组织不法行为吹哨是一个压力很大的过程，人际和组织报复的盛行使其复杂化，包括诽谤、身体恐吓和死亡威胁。这项研究提供了关于吹哨人在检举过程中如何体验和描述社会支持的见解。McGlynn 和 Richardson（2014）也研究了吹哨者的污名化问题，他们发现组织成员经常私下向吹哨人提供支持，但在公共场合却疏远他们，这充分说明了吹哨所涉及的事情的复杂性。他们对高校体育产业中 13 名吹哨者进行深入访谈和定性分析，发现吹哨者因告密而经历了社会支持的减少。与吹哨者的社会支持相关的问题包括私人支持与公共疏离的双重性、社会支持网络规模的缩小以及组织的冷漠。尽管吹哨者在私人场合得到了朋友和同事的支持，但这些人在公共场合回避吹哨者。吹哨人通过向媒体宣泄和在吹哨人同伴中寻求社区的参与以努力扩大公众的社会支持。而组织成员指责吹哨者公开反对组织，减少了吹哨者获得社会支持。被访谈的吹哨人报告说，吹哨行为深刻地影响了他们的支持网络以及支持方式。家人、同事和朋友会回避他们，拒绝与他们在一起，并对他们失去信任。在一些情况下，吹哨者主动与他们的朋友和家人保持距离，以保护他们免受各种形式的二次报复。

14.3 影响报复的个体因素

Miceli（1987）提出权力关系模型对报复行为进行研究。该模型预测权力较大的吹哨人比权力较小的吹哨人受到的组织成员报复较少（接近26%）。从资源依赖理论的角度来看，当组织依赖于组织成员获得某种资源时，组织成员就具有了权力。因此，如果吹哨者的雇主高度依赖他们的知识、技能、关系或其他资源，那么他们可能会被认为是相对强大的并不太可能受到组织报复。另外，不依赖高地位不法行为人或不依赖不法行为而生存的组织更容易接受吹哨者的意见而采取措施制止不法行为。从少数群体影响理论来看，主张变革的群体成员如果表现出可信、自信、有能力和客观性，即使他们表达的观点不为大多数集团成员所认同，也更有可能成为强大和有影响力的人，而能够利用更多权力基础的吹哨者相对较少权力基础的吹哨者更强大和不害怕报复。另外，根据权力依赖理论，女性和少数民族会因举报而遭受更大的报复，因为她们是代表性不足、处境不利、权力很少的雇员。根据Near和Miceli(2008)的研究，少数种族比白种人更有可能因告发而遭到的报复。少数种族也比非少数种族更害怕因告发而受到报复。

  组织中的地位表现为任期和薪酬，这些都会对吹哨产生影响。高薪酬的人对组织的依赖少，并且有更多的就业选择，他们更容易吹哨而不怕报复。新员工可能会认为任何形式的报复对他们来说都比有经验和地位高的员工更具威胁性，因为后者可能很容易获得替代就业。组织地位较高的员工拥有其他人所不具备的知识和专业技能，从而形成专家权力。他们也与高级管理人员建立了牢固关系，因此在挑战组织权威时，地位较高的成员会承担较少的风险，他们不会那么害怕报复。地位较高也表现为监管的职位。监管者与吹哨者的角色是一致的，因为他们负责执行标准，并且对下属的不道德行为负责。实证研究发现，监管人比非监管者更容易吹哨(Rothwell和Baldwin,2007)。因为他们培养了与组织领导人的人际关系，这使他们拥有更大的权力，因此也减少了对报复的恐惧及报复的遭遇。管理者、高级主管和资深员工被认为不会因举报而受到报复，因为他们要么有能力避免负面反应，要么与高层管理层建立了牢固的人际关系，从而能够保护自己免受报复。相比之下，同一类型的低层员工实际上更容易受到组织报复，因为他们的举报会被视为更严重地违反公司忠诚规范。

  每个机构都希望其工作人员致力于本组织，组织承诺是一种关键的员工状态。当员工接受组织的目标和价值观，愿意代表组织做出重大努力，以及希望继续成为组织的成员时，组织承诺就产生了。高组织承诺的人愿意通过披露不道德行为而不是不举报来表达自己，因为他们尽职尽责，认为举报不道德行为能帮助雇主,使组织避免麻烦,因而受到组织欢迎并不会受到报复。与报复有关的组织的另一个特点涉及组织公正。成员基于成员与组织的互动形成对组织公正性的认知。那些不太致力于公平分配奖励的组织可能同样不能公平对待持不同意见者。

Near 和 Miceli(2008)对吹哨报复前因的研究基于资源依赖和权力的视角,即不道德行为人的权力越大,或者组织越依赖有不道德行为的个体,在所有其他因素都相同的情况下,对吹哨人的报复行为就越频繁。随后,Sumanth 等(2011)对吹哨报复行为的前因进行了扩展,从认知(道德推脱)和情感(道德情绪)的角度探究吹哨-报复关系的潜在驱动因素,提出了吹哨人报复的认知-情感模型,如图 14-1 所示。

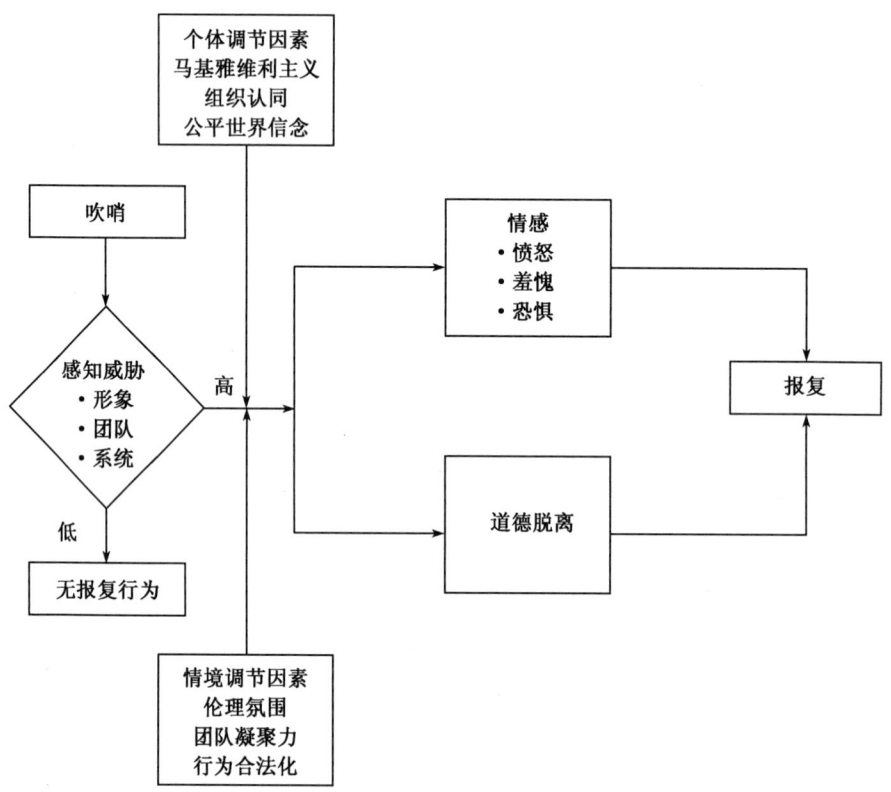

图 14-1 针对吹哨人报复的认知-情感模型

在吹哨报复行为的认知-情感模型中,吹哨行为首先会使不道德行为主体产生威胁感,主要包括对个人形象的威胁,对团队的威胁以及对系统的威胁。

吹哨者不会任由组织不断堕落和腐败，他们通过净化工作环境中的不道德行为来保护组织。理论上，这种模范的道德行为应该得到奖励，但与此同时，吹哨者通过坚持他们的道德原则，含蓄地向不道德行为主体展示了道德优越感，因而吹哨人可能会被认为是对那些持有较宽松道德标准的人的一种威胁，从而容易遭到报复；尽管对自我形象的威胁可能会激发报复的欲望，但个人的社会认同也可能深刻地影响个人对吹哨行为的反应。当吹哨行为威胁到组织/团队时，高度认同使个体采取行动来维持归属感。在某些情况下群体成员间高度的互惠和忠诚，彼此依赖可能会成为报复吹哨人的理由，因为吹哨行为可能会破坏组织/团队的声誉；当吹哨者试图阻止组织内的不道德行为时，从事不道德行为的个体可能会将吹哨者视为对系统的威胁。不道德行为可能为系统带来巨大利益，披露不道德行为意味着利益的丧失，不道德行为者可能会试图诋毁吹哨人，以防止现有利益系统瓦解。

Sumanth等（2011）分析认为吹哨行为对不道德行为者的个人形象、团体和系统可能造成威胁进而容易遭到报复后，进一步从情感和认知的双重路径推断可能的中介机制。他们提出道德情感（愤怒，羞愧，恐惧）以及道德推脱在不道德行为人感知威胁与报复行为之间能够起到中介作用。

不道德行为人可能会感到愤怒并选择报复吹哨人的一个原因是，对不道德行为的指控正确或错误地暗示了个人在道德上的失误。如果个人受到吹哨人的不公正指控，并拥有足够的证据反驳这些指控，他们可能会对指控的不准确性感到愤怒，因此，他们将报复视为试图恢复自己声誉的一种合乎逻辑的回应。在这些情况下，针对吹哨人的愤怒源于一种不公平感，以及认为发生了有损人格的侮辱。但是，即使吹哨者的主张完全正确，而且有充分的根据，也有可能发生报复行为。在这种情况下，个人的愤怒可能会产生，不是出于被错误指责的义愤，而是出于一种想要通过推卸责任来保护自己形象的愿望。这种反应源于个人的双重欲望，即保护自己不丧失地位（或面子），并使自己远离负面情绪，比如内疚感。

虽然愤怒可能是最容易理解和观察到的道德情绪，但它往往是更深层次的羞愧感带来内部心理冲突的外在表现。不道德行为者首先可能会对自己的不道德行为产生羞愧。然而，因为羞愧也包括他人的不赞成和拒绝，这种愤怒很快就会指向不赞成的人，作为对他或她激活这些负面情绪和想法的报复。从而不道德行为者将责备和愤怒从自己身上转移到他人身上是一种防御性的策略，旨在以牺牲他人为代价来修复羞愧的自我。基于上述原因，当个人参与不道德行为而感到羞愧时,报复可能会发生,因为吹哨者提供了一个明确的目标,可以引导个体释放负面情绪。

虽然学者们清楚地将愤怒和羞愧视为纯粹的道德情绪,但离散的恐惧情绪也可能在加剧个人报复的倾向。恐惧是由特定的触发因素引起的,对于潜在的报复者来说,可能是吹哨者。当吹哨者威胁要公开揭发那些参与不法行为的人时,个人可能非常害怕失去地位、声誉以及物质奖励。面对因失去资源和利益而产生的恐惧和无助感,个人可能会把对吹哨者的报复视为防止这种情况发生的一种方法。

道德脱离的认知是不道德行为人对不道德行为潜在后果的认知解脱,允许个人为自己的错误行为辩护,从而挑战任何可能不同意这种行为的人,比如吹哨者。因为个人可能会说服自己,不道德的行为在道德上不再有问题,他们期望他人认为他所参与的不道德的行为是合法的,可接受的,潜在的有益的。由于这种自我造成的幻觉,当吹哨者以道德准则挑战他们时,道德脱离的个人可能会觉得受到威胁。因此,可能会通过某种方式实施报复。

在揭示了吹哨-报复之间的关系是通过产生威胁感进而引起认知/情感反应的机制后,Sumanth 等(2011)还提出了影响威胁感与认知/情感反应关系的个体调节因素,这些因素对个体实施报复行为也可能会产生重要影响。当吹哨人揭发的个体具有马基雅维利特质时,被揭发者正直和有道德的形象受到了挑战,从而对吹哨者可能会表现出更大的敌意。组织认同程度较高的个体,即使从根本上同意吹哨者的道德立场,也有可能对破坏组织活动和内部运作有威胁的吹哨者产生反感。那些坚信世界公正的个体更有可能认为吹哨人是麻烦制造者,因为他们认为吹哨人所在的组织是可以免除责任的。

14.4 预测报复的情境因素

组织支持能帮助吹哨者做出决策,同时也可以有效预防对吹哨者的报复行为。组织支持有两种类型,管理支持和监督支持。管理支持通常不是通过直接观察到,而是指员工感知从高层管理层获得的支持。感知到的主管支持指员工对主管重视他们的程度的感知(Lambert & Hogan,2009)。这种支持包括"关心下属,重视贡献,在工作相关问题上帮助他们,并促进他们的技能发展"(Rousseau & Aube,2010)。一方面,这种类型的支持可以提高员工的工作满意度和组织承诺,从而使组织受益,比如提升员工绩效。监督支持对员工很重要,因为它满足了员工的归属感、社会认可和自尊等需求。监督支持还可以改变员工对组织的看法。使其较少感知到工作环境的威胁性。这意味着如果员工决定举报非法行为,他们不会相信他们的机构会进行报复。同样的,当主管向下属表示支持时,也会导致员工认为他们的主管会全力支持他们揭露不道德行为。在这种情况下,员工也不会害怕报复。一些被调查者反映,如果他们从经理和主管那里得到的支持比其他人少,就有可能利用外部渠道举报不道德行为。因为他们出于对不道德行为的担忧,希望他们的经理和组织在不道德行为的处理上受到公众的监督,其中包括自己可能遭遇的报复。

组织的权力特征也会影响对吹哨者的报复。官僚结构中对吹哨者的报复更有可能发生,因为管理者不希望他们的管理受到质疑。管理者利用报复来阻止潜在的未来吹哨者,并确定组织的权力结构不被侵犯。等级森严、官僚主义或专制主义程度较高的组织可能不太容易受到吹哨的挑战。在军事单位,质疑权威或违反指挥链原则可能被视为一种严重威胁,需要迅速采取惩罚措施。通常而言,管理人员希望避免外部举报,更愿意让组织成员向组织内部举报不道德行为。然而,他们试图让吹哨者闭嘴的努力取得了适得其反的效果。大量证据表明,绝大多数吹哨者首先使用内部渠道;随后求助于外部渠道的人是在发现内部举报无效,并且他们的努力遭到报复后才这样做的(Rehg等,2008年)。所以,外部举报遭遇更大的报复不能归因于公开曝光对组织造成更大威胁。相反,这可能是因为当向组织内部报告问题时,组织抗拒纠正问题,迫使举报人继续在外部进行投诉。

权力依赖理论是用来解释组织中权力的主要理论,经常被用来解释吹哨过程中两个参与者之间的赢/输结果:吹哨者和组织(Near & Miceli,1985)。根据这一理论,吹哨结果由更强大的人或最被依赖的人决定。例如,如果完全依赖该组织的一名员工报告了一项非法行为,那么该组织就是强大的一方,可能对该员工进行报复。相反,如果员工被视为比组织更强大,组织会意识到这一点,并避免对该员工进行报复。权力依赖框架也被用来解释组织对举报不法行为的人进行报复的可能性的预测。那些更强大或更少依赖组织的人不会意识到他们的组织会对他们进行报复。因为他们拥有某些品质或特征,使他们比组织更有竞争优势。

权力依赖框架中的一个因素是团队工作绩效。Miceli,Rehg,Near 和 Ryan(1999)发现,感知到的工作绩效与感知到的组织报复负相关。管理者更有可能对表现差的员工进行报复,而不是对表现好的员工。原因是低绩效员工对组织的影响力比高绩效员工小。换言之,工作表现决定了员工对组织的影响力大小。因为绩效对机构很重要。然而,在一些组织中,员工通常被分配到工作团队,这意味着员工相互之间必须合作执行项目。团队的独特之处在于个人绩效往往难以区分,因此,高绩效团队的员工可能比低绩效团队的员工面临更少的报复。高绩效团队中的成员可能不会觉得告发是受到组织的报复,因为他们感知到更大的权力。员工对权力的感知(与报复态度相关)与团队绩效呈正相关。另外,感知到的不道德行为的严重性对报复存在影响,严重性反映在其发生的频率或所涉及的财政资源的数量上,表明其对组织生存的重要性。

根据 Sumanth 等(2011)的吹哨人报复认知-情感模型,组织的伦理氛围、团队凝聚力和行为合法化对吹哨人报复能够产生影响。在高工具性伦理氛围的组织中,对吹哨者的威胁高度敏感的个人更有可能对吹哨行为感到愤怒。因此,在高程度不道德的工作环境中,试图遏制不道德行为的吹哨人可能会受到惩罚和负面影响。团体的凝聚力可能有助于提高团体的表现,然而群体凝聚力也具有阴暗面。在有凝聚力的团队中,通常符合群体原型的个体更有可能受到团队成员的青睐,而那些被视为有野心的个体可能会遭到排斥。在具有高度凝聚力的群体中,因为要保持群体的一致性,那些扮演道德捍卫者角色的吹哨者可能会被更严厉地对待。此外,当不道德行为被更广泛的组织体系(例如,行业规范)认可的程度较高时,不道德行为人可能会认定对吹哨人的报复是可以被接受的,从而获得了对挑战这些规范的吹哨人进行报复的支持。

Lewis 和 Vandekerckhove(2016)的一项研究指出英国的工会在保护吹哨人,降低吹哨人的对报复的担忧中能够起到有益的作用,工会通过接纳吹哨人对组织中不道德行为揭露,一定程度上也能够采取措施阻止不道德行为。Kwon 等(2021)对美国联邦雇员吹哨行为的研究发现政府部门采取有效的培训项目,提供有关吹哨的法律和政策指导可以提升公务员对吹哨的自信。变革型领导和组织程序公平有助于减少组织成员对吹哨负面后果的恐惧。

参考文献

[1] Ashorth, B. E., & Kreiner, G. E. (1999). How Can You Do It?. Dirty Work and The Challenge of Constructing.

[2] Bergman, M. E., & Chalkley, K. M. (2007). "Ex" marks a spot: The stickiness of

dirty work and other removed stigmas. Journal of occupational health psychology, 12 (3), 251.

[3] Bjørkelo, B. (2013). Workplace bullying after whistleblowing: Future research and implications. Journal of Managerial Psychology, 28(3), 306–323.

[4] Bjørkelo, B., & Macko, M. (2012). The stigma of reporting wrongdoing at work: When doing right is perceived as wrong. Polish Psychological Bulletin, 43(2), 70–75.

[5] Bjørkelo, B., Thorsen, C., D'Cruz, P., & Mikkelsen, E. G. (2021). Whistleblowing and bullying at work: The role of leaders. Special topics and particular occupations, professions and sectors, 75–108.

[6] Heungsik, P., Brita, B., & John, B. . (2018). External whistleblowers' experiences of workplace bullying by superiors and colleagues. Journal of Business Ethics, 1–11.

[7] Howard, J., Johnston, A., Wech, B., & Stout, J. (2016). Aggression and bullying in the workplace: It's the position of the perpetra-tor that influences employees' reactions and sanctioning ratings. Employee Responsibilities & Rights Journal, 28(2), 79–100.

[8] Kwon, M., Jeon, S. H., & Ting, Y. (2021). The impact of predisposed traits and organizational factors on the US federal employee perception of whistleblowing. Public Personnel Management, 50(2), 258–282.

[9] Lambert, E., & Hogan, N. (2009). The importance of job satisfaction and organizationalcommitment in shaping turnover intent: A test of a causal model. Criminal Justice Review, 34(1), 96–118.

[10] Lewis, D., & Vandekerckhove, W. (2018). Trade unions and the whistleblowing process in the UK: An opportunity for strategic expansion?. Journal of Business Ethics, 148(4), 835–845.

[11] Leymann, H. (1996). The content and development of mobbing at work. European journal of work and organizational psychology, 5(2), 165–184.

[12] Mahdavi, J., & Smith, P. K. (2007). Individual risk factors or group dynamics? An investigation of the scapegoat hypothesis of victimization in school classes. European Journal of Developmental Psychology, 4(4), 353–371.

[13] McGlynn, J., & Richardson, B. K. (2014). Private support, public alienation: Whistle-blowers and the paradox of social support. Western Journal of Communication, 78(2), 213–237.

[14] Miceli MP, Dozier JB, Near JP (1987) Personal and situational determinants of

whistle-blowing. In: Paper presented at the meeting of the Academy of Management, New Orleans, LA.

[15] Near, J. P., & Miceli, M. P. (2008). Wrongdoing, whistle-blowing, and retaliation in the US government: What have researchers learned from the Merit Systems Protection Board (MSPB) survey results?. Review of Public Personnel Administration, 28(3), 263-281.

[16] Near JP, Miceli MP (1985) Organizational dissidence: the case of whistle-blowing. J Bus Ethics 4(1): 1-16.

[17] O'Connor, C. (2017). The psychological impact of whistleblowing. Paper presented at the International Whistleblowing Research Network Conference, Oslo, Fafo, June 22 and 23 2017.

[18] Park, H., Bjørkelo, B., & Blenkinsopp, J. (2020). External whistleblowers' experiences of workplace bullying by superiors and colleagues. Journal of Business Ethics, 161(3), 591-601.

[19] Rehg M. T., Miceli M. P., Near J. P., & Van Scotter J. R. (2008). Antecedents and outcomes of retaliation against whistleblower: gender differences and power relationships. Organ Sci 19(2), 221-240.

[20] Rothwell, G. R., & Baldwin, J. N. (2007). Ethical climate theory, whistle-blowing, and the code of silence in police agencies in the state of Georgia. Journal of Business Ethics, 70, 341-361.

[21] Rousseau, V., & Aubé, C. (2010). Social support at work and affective commitment to the organization: The moderating effect of job resource adequacy and ambient conditions. The Journal of social psychology, 150(4), 321-340.

[22] Stein, M. (2019). The lost good self: Why the whistleblower is hated and stigmatized. Organization Studies. https://doi.org/10.1177/0170840619880565

[23] Sumanth, J. J., Mayer, D. M., & Kay, V. S. (2011). Why good guys finish last: The role of justification motives, cognition, and emotion in predicting retaliation against whistleblowers. Organizational Psychology Review, 1(2), 165-184.

[24] Tavares, G. M., Lima, F. V., & Michener, G. (2021). To blow the whistle in brazil: the impact of gender and public service motivation. Regulation & Governance, 1-19.

第十五章
吹哨行动如何取得效果

内部吹哨是公司治理与内部控制的一种有效手段。员工如果向企业举报的问题被企业看重并认真核查和处理,则吹哨取得了成功,不道德行为被制止。相反,如果举报的问题没有被企业相关负责人正确对待,反而遭到企业、不道德行为者或同事的报复,那么举报就不能制止不道德行为的继续存在,从而意味着行动的失败。吹哨行为是一个连续的过程,在这个过程中包括了吹哨人愿意采取行动和接收人妥善处理举报的行动。本章根据吹哨行为产生效果的过程指出吹哨人应该如何选择吹哨方式才能更好地促进吹哨的成功;同时建议组织应该将吹哨行为当作组织伦理管理的重要工具而鼓励,并通过正确的处理举报信息,采取多种措施以保证吹哨取得成功。

15.1 吹哨过程的关键节点

吹哨行为是高道德标准的行为(Trevino 等,2006)。道德决策过程的第一步是个体意识到各种可能的行动方案以及对他人福利的影响。此时个体往往面临道德困境,因为决策过程包括三个关键属性,即存在利益冲突、决策者是负责任的道德代理人、该决定被认为与其他人有道德关联。观察到不道德行为的个体往往陷入道德困境。这是因为个体必须处理对组织或更广泛社会的忠诚冲突。一方面,如果代理人对组织忠诚,忽视或忽略了不法行为,等于允许对另一个人、公司或公众的伤害的存在;而另一方面,虽然吹哨意味着更广泛的社会忠诚,但危及其与组织中的个人或组织的关系。第二步的道德判断本质上是复杂和多层面的。吹哨的道德判断是指个体对吹哨的道德或不道德程度的个人评价。不管个体是自觉做出道德判断,还是受到社会经验的制约而做出道德判断,做出这些判断依赖于人的特性。因此,人们的判断可能会大不相同。个体判断各种可能的吹哨行动方案,每个方案可能导致的不同的结果。在这个阶段,个体形成了他的判断,即吹哨是否是理想的道德选择。在意图形成的第三步阶段,个体要决定是否按照他们的道德判断行事。这一阶段涉及平衡不同的价值观来形成吹哨的意图。个人需要仔细权衡吹哨可能造成的影响。最后一步,是实施吹哨或不吹哨的道德选择。个人的决定可能导致一种或多种反应:支持、参与、压制(沉默)、通过规定渠道进行程序性报告、非程序性报告或通过直接干预纠正不道德行为。其中,只有非程序性报告和程序性报告被认为是吹哨,指吹哨人至少向一方报告了所观察的不道德行为,期望采取纠正措施(Miceli 等,2008)。

吹哨行为要取得有效性需经历几个阶段。第一步,吹哨人必须确认吹哨行动是对还是错;第二步决定采取行动;第三步涉及组织的反应,即决定是否让组织中的不道德行为存续;最后一步,组织决定是否以及如何回应吹哨人。这个过程可能会周而复始,循环往复。Miceli 和 Near(1992)开发了一个全面的吹哨过程模型,他们将吹哨过程分为五个阶段:① 初始阶段触发事件;② 吹哨前行为;③ 实际吹哨行动;④ 他人的反应;⑤ 吹哨人对组织反应的评价。Near 和 Miceli(1995)的吹哨有效性模型表明,个体的变量(即与吹哨者、吹哨问题接收者和不道德行为人有关的变量)和情境变量(即有关组织和不道德行为的变量)影响组织纠正吹哨所反映的问题的意愿,并进一步影响终止不道德行为的决定。理性行为理论及其扩展的计划行为理论也被引入用于吹哨研究,说明吹哨意图受到对行为的态度、感知的行为控制和主观规范的积极影响(Ajzen,1991)。后来的学者在计划行为理论中加入了伦理相关的概念,如独立的承诺、吹哨的责任和吹哨的成本等(Liu 等,2016)。

15.2 选择适当的吹哨方法

除了考虑是否该吹哨外,观察到不道德行为的人还必须考虑向谁吹哨,这一决定绝非易事。内部吹哨通过保密热线向组织内的实体或组织内的个人披露观察到的不道德行为。内部权力机构指组织内吹哨人向其举报不道德行为的人,例如指定的上级、伦理官、有权势的同事、经理或组织其他部门的高级人员。报告接收人通常可以提供帮助,尽管他/她可能不一定有权纠正不道德行为。内部吹哨有可能保护组织免受外部吹哨。外部吹哨指向组织外的权威机构披露不道德行为,如媒体或记者、政治代表、外部宣传团体、指定机构、政府机构、非政府组织或专业组织。以往有研究表明内部吹哨通常先于外部吹哨；内部和外部吹哨的影响因素有部分是相似的(刘燕等,2014)。人们普遍的共识是首先应该在内部报告不法行为。只有在这些尝试被证明是不成功的情况下,才可以向组织外的权威机构进行举报。另外,内部吹哨被认为比外部吹哨更有利。要使内部吹哨生效,组织必须建立好内部沟通渠道,并且明确正式的内部吹哨程序。实施正式内部吹哨政策的组织通常发现,自从有了相关的程序,内部吹哨会有所增加,而外部吹哨并没有增加。换而言之,通过执行正式的内部报告流程,组织可以在接收到内部报告后立即纠正不道德行为,使得不道德行为不会流传到外部更广泛的社会。而在外部吹哨中,向执法当局披露比向媒体报告会得到更多的赞同。在目标组织没有任何正式报告系统的情况下,外部吹哨则是普遍的现象。

在决定吹哨渠道时,个体需要计算与吹哨相关的成本和收益。成本如,被污名化为问题制造者、忘恩负义和不忠的员工、组织的敌人等。吹哨渠道选择对吹哨人非常重要。那些倾向对外吹哨的人与对内吹哨的人相比,具有以下特点:在组织内任职时间较短,在改变组织惯例方面更为成功,并且有更多的不道德行为证据。他们更倾向于个人主义,对管理层的信任度较低,组织承诺较低,不担心对公司的潜在损害。当涉及披露后的补救措施和改变组织惯例时,向外部当局吹哨往往比向内部当局吹哨更有效,但也会受到更严厉的报复。在衡量吹哨收益与成本时,严重的不法行为,如涉及健康和安全风险时,向外部吹哨可能更符合广泛的社会利益(Miceli 等,2008)。

除了吹哨的渠道选择,另一个重要的选择是匿名吹哨还是指认吹哨。匿名吹哨意味着吹哨者不披露其身份,即公众不知道个人的身份。匿名吹哨是否合理取决于不法行为的严重性,以及吹哨人和不法行为人之间的社会距离。组织促进内部吹哨的一个重要方法是提供匿名或保密的举报渠道,使员工有机会报告而不必担心遭到报复。吹哨意愿在很大程度上取决于该组织匿名举报热线的性质,用匿名热线对外举报更安全。还有一种区分代表了吹哨人的选择,即正式吹哨与非正式吹哨。正式吹哨遵循已经建立的沟通规则和制度化的组织程序。相反,非正式的吹哨发生在员工与其信任的同事分享所观察到的不道德行为。

任何有意识地考虑吹哨的个体都需要谨慎对待吹哨的方式、时间和地点,考虑其潜在的影响。即使是那些无意吹哨的人也应该意识到,在网上发布有关组织不道德行为的信息可能会产生不良后果。如果双赢是目标,网上吹哨不太可能是最好的办法,因为它有可能对组织造成无法弥补的伤害。因为网上吹哨解决问题最终是通过公众压力来实现,但代价是吹哨人和组织之间的紧张关系,尤其当吹哨人在雇佣关系中对组织高度依赖时。一般建议员工至少首先在内部提出问题。如果无法做到这一点,网上举报只应在以下情况下加以考虑:① 接触和信任处理举报的外部指定机构的机会有限;② 举报不会导致索赔;③ 网上举报不明确违反组织的社交媒体和保密政策;④ 立法为吹哨人提供了一些保护,使其免受报复;⑤ 用于举报的网站提供了一些匿名性的保证;⑥ 来自网站用户的一致压力可能影响组织的改变。当选择网上举报时,吹哨人要注意匿名并不是无法追踪的。如果被发现了他们的个人身份,吹哨人应该考虑可能的后果。例如,在线攻击、解雇、诽谤诉讼或隐私投诉等。同样重要的是要考虑网上发布的信息和图片是否真实、是否有可能被误解、造成损害或招致组织的报复(李莉和孟天广,2019)。任何发布的信息都应仔细检查其准确性,并避免披露第三方的姓名和面孔,尤其是在私人场合。换言之,应该避免自发的"一时冲动"的发帖,尽管急于通过在网上发布原创内容来先发制人。即使是只与有限的在线联系人分享信息的保守的投诉者也需要特别小心信任与代理问题,因为信息可以在没有明确批准的情况下广泛传播。在存在重大法律影响的举报情况下,吹哨人应就与举报相关的保护和责任寻求专业意见。

15.3 提高对吹哨行为的认识

吹哨人制度作为公司治理的工具,其目标有两个:一方面,尽量消除企业内部的不正之风,特别是存在的违法违纪问题;另一方面,吹哨行为可以帮助公司建立一个随时准备承担责任的良好社会形象,传递公司对不道德行为零容忍的理念。从公司治理的角度出发,任何企业都不会允许贪污腐败等不正之风渗透到经营活动中,企业可以考虑建立相关的内部吹哨制度,发挥举报在公司治理中的作用。吹哨对于公司治理而言是强有力的工具。正确的举报企业存在的不道德行为有利于企业良好环境的建设。吹哨也可以防止不道德行为对企业的利益和声誉造成进一步的损害。虽然吹哨的价值和优点都是显而易见的,但是从不同的角度出发,吹哨是否是符合职业道德的行为一直有所争议。对于吹哨行为,人们一般持有两种不同的看法。有人认为这是一种无私的行为,是为公众利益着想的行为。吹哨是为了让监管部门对做出不道德行为的个人或组织做出制裁；而另一种看法则认为吹哨人等同于告密人，吹哨的动机是由利益驱动的，可能为了个人利益或集体利益。为了自己的利益或名声不惜损害他人利益或组织利益，吹哨相当于背叛了所在的组织。当企业员工清楚自己的吹哨行为会对公司、社会、公众甚至某些个人产生巨大的影响时，吹哨就成了一个道德层面的问题。吹哨人可能会与被吹哨的个人、组织甚至社会产生利益冲突。企业普通员工被平级的同事所举报，被吹哨人会认为吹哨人是为了个人利益而故意采取的行动。企业高层被员工向外部监管机构举报，吹哨人则会被认为是背叛了公司。吹哨者经常会发现自己处于一个左右为难的处境。有时候进行举报意味着对同事或公司的背叛，但对于违法行为或不道德行为不举报又会违背对社会的责任，是对自己良知的背叛。忠诚是一种良好的美德，也是许多企业对员工的基本要求。如果公众利益或者组织利益受到损害，员工是否还应该为了忠诚而保持沉默呢？因此，员工应明确其举报的动机是合理的。企业内每一个员工都应该努力让公司向更好的方向发展，让其他同事拥有一个更理想和安全的工作环境。吹哨的目的是为了企业利益而非单纯的个人利益，则举报的动机才更合理。其次，良好的举报机制非常重要。整个企业的治理机制会影响到吹哨人吹哨的信心以及吹哨的质量。只有吹哨人的举报动机合理并对企业整个治理系统是有信心的，企业员工才能毫不犹豫地对身边的不道德行为吹响哨声。考虑到举报是否对企业不忠诚这个道德层面的问题，相对于其他举报形式，内部举报是一种比较理想的举报方法。内部举报把问题停留在企业的内部，由内部进行消化处理。这种举报形式不会让把所有的不道德行为都公之于众，这样也就不用担心社会舆论对公司产生不可预测的不良影响。

15.4　制订预防及应对的吹哨政策

吹哨是在一个内外连续体的不同阶段对所关注的问题不断升级的过程。吹哨者披露信息取决于对其先前吹哨意愿的回应（包括不回应）。尽管向公众举报组织中的不道德行为或不法行为可能是正确的做法，但应该是在组织或监管机构此前没有做出充分的回应的情况下，而且应该保证举报的信息是真实的，并由可信任的媒体提供举报条件。并且在举报过程的早期阶段，如果获得适当的回应是好的。如果组织并没有做出足够的回应，那么吹哨者向外吹哨就有了足够的理由。为了提高举报信息的真实和有效性必须做到以下几点：(1) 过滤掉虚假举报；(2) 与吹哨人达成和解，特别是当吹哨人有错误或故意造假时；(3) 发布有关鼓励举报活动的信息。

举报政策需要在调查义务的基础上运作，以确保不真实的举报能够被记录和解释。举报政策需要在与吹哨人沟通的文化中实施，从而预先阻止进一步升级的可能性。将调查结果告知吹哨人是举报政策的一个标准要素。从信息有效性的角度来看，仅仅向吹哨人发送一份简单的通知是不够的。相反，需要吹哨人更密切地参与解决不道德行为或解释吹哨人是如何犯错的。发布有关举报活动的信息不仅需要有能力区分错误的和故意的虚假举报，而且需要有管理能力来完成举报信息的处理。由于网络举报有可能严重损害组织的声誉，因此组织应采取措施积极主动地解决这一问题而不是被动的反应。为了防止员工向外举报，应该培养一种道德、责任感和透明度的文化，让员工能够无畏地提出批评。员工参与和授权的多种渠道会防止可能引发外部举报，特别是以网络形式的举报。组织应制定社交媒体政策、保密政策和信息系统政策，这些政策应适当传达给员工，以便他们充分意识到自己在网上发布或讨论组织信息的责任。为经得起潜在的法律审查，此类政策应明确、合理、有良好沟通、执行保持一贯性，并符合任何适用的集体协议和法律。组织还应为任何被指控犯有不法行为的人提供正当程序，这应包括充分的通知、公平的听证和基于证据的判断。

良好的公共关系、公平对待商业伙伴和客户以及建立有效的单线式举报（或投诉）热线可能有助于防止外部举报。许多组织开始利用社交媒体网站来加强与外部利益相关者的沟通。然而，这可能有消极的一面，即虽然沟通可以帮助人们更好地了解一个组织，并允许对问题做出迅速反应，但如果任何人都可以轻松地在此类网站上发表评论，就有可能出现不必要的负面宣传。组织至少应该监控自己的社交媒体网站，并定期进行在线搜索，以确定有关其组织的报道，并做出相应的回应。这可以降低因不满员工和不满客户发起的互联网和社交媒体互动的"无边界"而产生的声誉风险。

当面对网络的吹哨危机时，组织也应该考虑如何应对。与通过传统媒体举报不同，在传统媒体中，传播速度不太受关注。而网络吹哨应立即处理网上负面宣传，以尽量减少损害。尽管举报的性质和原因可能不同，但组织需要有一个预先制定的流程，针对各种类型的情况，列出谁（决策和采取行动的当局）、什么（要采取的行动）、何时（回应的时间）、何地（沟通渠道）、为什么（决定的理由）和如何（评估补救措施有效性的过程）的行动方案。此外，这些准备工作应以关键的组织优先事项和原则为依据,而不是不惜一切代价维护组织形象的短期、利己的企图。例如,组织应该视情况而准备好承认错误的行为,否认对错误行为的指控,纠正错误行为,协商、妥协或对吹哨人采取行动。吹哨人在网上提供不真实或者恶意信息的,应当有法律专家到场处理潜在的诽谤案件。在这种情况下,沉默不是正确的反应,因为人们往往认为沉默意味着认罪。有时,对吹哨人进行法律追查是必要的,以起到威慑作用,确保人们对自己的虚假吹哨行为承担责任。

参考文献

[1] 刘燕,赵曙明,蒋丽.(2014).组织中的揭发行为:决策过程和多层次的理论框架.心理科学,37(2),460-467.

[2] 李莉,孟天广.(2019).公众网络反腐败参与研究——以全国网络问政平台的大数据分析为例.中国行政管理,403(01),47-54.

[3] Ajzen, I.:1991,'The Theory of Planned Behavior', Organizational Behavior and Human Decision Processes 50,179-211.

[4] Liu, Y., Zhao, S., Jiang, L. and Li, R. (2016), "When does a proactive personality enhance an employee's whistle-blowing intention? A cross-level investigation of the employees in Chinese companies", Ethics & Behavior, Vol. 16 No. 1, pp. 660-677.

[5] Miceli, M. P., & Near, J. P. (1992). Blowing the whistle: The organizational and legal implications for companies and employees. New York: Lexington.

[6] Miceli, M. P., Near, J. P., & Dworkin, T. M. (2008). Whistle-blowing in organizations. New York: Routledge.

[7] Near, J. P., & Miceli, M. P. (1995). Effective whistle-blowing, academy of management. The Academy of Management Review, 20, 679-710.

[8] Treviño, L. K., Weaver, G. R., & Reynolds, S. J. (2006). Behavioral ethics in organizations: A review. Journal of Management, 32, 951-990.

第十六章
组织如何设计吹哨人制度和激励机制

为了充分发挥吹哨行为作为组织伦理管理的工具,不少商业组织响应国家法律开发和实施了相应的伦理管理计划和吹哨激励计划,如公布伦理规则、实施伦理培训、奖励吹哨者计划、设置保密热线等。对于吹哨激励计划,不同公司和管理者在形成、沟通、实施以及反馈方面的执行力存在差异,因此其效果也各不相同。组织的伦理计划与政策实施应与具体的人力资源管理职能相结合,要从制度、政策、机制和手段等多个方面着手进行设计,才能发挥应有的作用。

16.1 运用人力资源管理实践鼓励吹哨行为

个体的差异是员工行为的重要决定因素。在人力资源招聘和选拔过程中,可以寻找和选择拥有与观察不道德行为和举报相关属性的员工。在实践中,消极情感的人容易观察到错误行为,但他们不一定会吹哨;而负面情绪得分高的员工比负面情绪得分低的员工更能正确地识别错误行为。然而,如果他们过于挑剔,也许培训能够澄清组织对不道德行为的定义。另外,乐观主义倾向有助于吹哨,人力资源经理可以采取措施,确保那些被选中的应聘者中包括乐观主义者。当然,这样的人也会产生负面的结果,高度积极的人可能会扭曲现实,相比之下,一个中间立场或者拥有多样性承诺的个体可能是最理想人选。由于积极性与观察到错误行为吹哨有关,在招聘和雇佣高度积极主动的员工方面,公司并不会在意其负面风险,因为积极主动的个性不仅与组织内部的吹哨有关,而且还与其他积极成果有关,如销售成功。积极主动的人可以在销售、亲社会行为和解决问题方面为组织提供非常积极的资源。

组织应提供培训以减少不道德行为的发生,如歧视(包括性骚扰)、对投诉者的报复等。在许多大型组织中,新员工在加入后,入职培训时都会收到员工手册。公司在手册中有包括道德守则方面的政策。在入职培训期间,可以将政策纳入提供给员工的材料中,并在公司内部网系统上提供。管理者一般会让员工签署表格,说明他们已经阅读过并了解了举报政策(以及其他政策,如有关性骚扰和报复的政策)。对举报材料要求的具体内容应该显示出组织对员工的重视,包括员工在提出问题的同时提出期望,并注明一些重要的关注点。另外,要有明确的程序并积极有效地对程序维护,这样不仅可以减少骚扰责任,也可以减少惩罚性赔偿。商业组织需要对员工和管理者进行培训,比如举报程序和办法及要求事项、避免报复的方法以及在报复发生时如何进行识别。他们就培训的内容和过程提出了具体建议。例如,培训师应该讨论举报问题发生的原因,说明如何解决问题,并强调举报会产生积极的影响。由于感知到的问题的危害性会积极促进吹哨意图,企业应利用培训来提高员工的道德敏感性和组织承诺,使员工更加意识到道德困境和潜在危害,从而向内部管理层提供信息。企业应该重视那些冷眼旁观者,因为他们会为企业的常规实践提供新的见解。如果这些人觉得自己受到重视,他们就有可能与组织保持一致,提高承诺水平。旁观者因此会被培养成成熟而不是叛逆的员工。道德培训也有助于将幼稚的员工转变为成熟的员工。需要明确的是,任何不道德行为都不能忽视,应该诚实面对,并采取纠正行动。应鼓励有效的内部举报,这会减轻人们对报复的恐惧,从而产生更多的吹哨行为。企业的组织制度中应指定组织中的特定利益相关者或公司成员作为举报信息接收者,而不是允许任何随机的利益相关者或公司成员接收信息,他们可能会选择隐藏或利用这些信息。企业也应该制定严厉的反报复政策,允许解聘那些对吹哨行为进行报复的人。企业对吹哨人的财务激励对于吹哨行为也有一定的激励作用。例如,按照因举报行为而收回的财产百分比,在奖励制度中给吹哨人增加工资、一次性的现金奖金,或者其他经济奖励等。不法行为的观察者在考虑行动的成本和收益及其他因素时,经济奖励可以起到平衡作用。对内部举报的奖励价值会导致更多的内部举报,这使潜在的报复可能带来的损失变得最小化。大多数吹哨人的经历和调查结果表明,员工可能受财务激励的影响至少有四个原因:首先,心理学家和其他学者一直在争论人们对在特定情境下的行为意向在多大程度上反映了实际情境中的真实行为。由于人们可能希望取悦研究者,或者以符合他们自己形象的方式回应,诸如社会期望或自我监控等变量可能影响实际的工作场所行为。在这种情况下,尽管实际的吹哨行为是对的事,但关键是人们所说的并不一定和他们实际会做的一样,人们所说的会影响他们行为的因素也不一定真正会影响他们的行为。第二,企业中实行一些形式的可变薪酬,如绩效工资(加薪)计划或系统确实能提升员工的绩效。如果组织想要有效的吹哨和良好的工作表现,就可以使用类似的系统来鼓励。第三,禁忌和隐私问题常常阻碍员工承认金钱对于他们的价值或者对他们行为决策的影响。但补偿的数量和性质会影响他们的行为。第四,受访者可能认为这个问题是在问他们是否必须受贿才能以道德正确或适当的方式行事。在我们的调查过程中,发现绝大多数受访者表示,他们赞成举报不道德行为,因为大多数人不愿意承认现金奖励对做"正确"的事情是必要的。

16.2　鼓励吹哨的企业制度设计

从某种意义上说,考虑到风险和成本,许多投诉的接受者认为很少有案件有价值,而且举报所带一定要的回报也有限。值得注意的是,任何人都可能曾经选择质疑组织的不道德行为,但对员工的法律保护并不能保证其不受报复,因此失去了举报的意愿。因为有些国家的法律往往侧重于阻止对吹哨人的报复,而不是鼓励吹哨行为。企业应该向吹哨人清楚地表明吹哨人不是对公司不忠诚而是支持公司,从而为吹哨人提供激励。企业应该提供明确和安全的的举报渠道,规定假举报接受者应当是董事会审计委员会的独立成员。只有制度设计禁止对吹哨人进行报复,并提供足够的激励,说服人们站出来做符合社会和公司的最佳利益的吹哨行动;同时要创造匿名或其他方式举报错误行为的有效渠道,才有可能激励潜在的吹哨者,保护公司内部和公司高层指挥系统之外的投诉接受者。一旦企业能够尽早根除不道德行为,并为内部报告提供渠道,就能避免诉讼并迅速纠正问题(郜钰钊,张颖淳,杨景云,2021)。

举报程序和鼓励吹哨的制度会使举报产生积极的效果。有证据表明,企业随着时间的推移开始积极建立和推行政策以鼓励吹哨,部分原因是因为员工和公民都要求企业这样做。企业在未来更有可能采取激励措施,例如,管理上市公司要求采取一些特殊的行动以有效纠正不道德行为,而不仅仅是防止报复。其中之一是要求公司律师向最高管理层报告不道德行为,如果得不到回应,则向董事会报告。在全球最大的经济体中,监管机构越来越多地寻求利用各种工具为举报提供支持。旨在鼓励举报的受监管财务激励措施正成为一种更为普遍的应对措施。那些掌握腐败、舞弊线索的吹哨人的协助和信息,是企业合规经营最强有力的武器。内部吹哨机制对于建立一种基于诚信的企业文化至关重要，有利于确保所有员工对违规风险保持警惕，并能积极报告潜在的不道德行为。而实践也证明，大多数的腐败、不合规案件的查处，往往都是基于吹哨人的检举。企业合规体系中应从以下几个方面建立畅通、高效的吹哨制度。

首先，应该建立沟通渠道和热线。我们根据对企业的调查，超过五分之四的受访者表示如果他们要报告问题可以选择他们的主管或其他经理作为举报渠道。但是，为促进企业内部吹哨行为，组织系吹哨统应该更加正规化，比如建立一条热线以鼓励有效的内部吹哨。管理者需要考虑如表16-1所示的问题，对于热线举报给予回应。

表16-1　建立举报热线考虑问题

序号	考虑问题
1	保持其他一切不变，热线是否比其他方法产生更多的投诉，比如非正式地鼓励员工向主管报告问题？
2	热线投诉是否有效？是否提供了实际的证据？是否反映了一些琐碎的管理问题而并不能构成不道德行为或不法行为？
3	建立热线和其他方法的效率相比如何？是否需要倾听并处理10个或更多的举报才能听到一个有效的举报？
4	提供匿名举报与实名举报有什么区别？是产生更多的举报，还是这样的举报更难跟进？
5	不鼓励举报而是首先努力避免不道德行为，是不是更好和更经济？
6	有没有办法量化纠正不道德行为的收益？
7	将热线外包是否有净优势（如员工可能不会受到潜在的报复）？

除了举报热线以外，一些企业通过设置专门信函邮箱、电子邮箱等，由专门的法务部门或合规部门管理和负责接待吹哨人员，或者设置"总经理接待日"、开设"总经理信箱"等方式，由总经理直接负责接待内部员工对企业内违法及不道德行为的举报。然而，因为对企业内部管理部门的公正性、中立性和保密性持有怀疑，担心被打击报复等，潜在的吹哨人不敢举报和不愿举报。为解决这一问题，已有不少企业，尤其是大中型企业选择了委托律师事务所、会计师事务所等专业的第三方机构，由公司总部的股东会、董事会或者监事会直接授权第三方机构作为接待知情人举报的窗口，在该机构设置专门的举报电

话、举报邮箱,并由专门的应对人员进行管理和接待吹哨人,对举报事实进行专业的甄别、调查,协助企业做出应对处理。由第三方专业机构负责应对举报,相对更容易获得吹哨人的信任,也能及时为企业提供建设性的应对意见或建议,帮助企业及时采取应对措施,因而此种方式日益获得了企业的认可,成为企业合规管理体制中重要的举措。

其次,要创造充分沟通的文化。员工之所以不愿意举报不道德行为,是因为组织或主管不鼓励他们这样做。因此,管理者应该创造一种充分沟通的企业文化,与员工经常性的对话和反馈,充分的沟通要扩展到整个组织的每一级员工。应该提供多种有效的沟通渠道,使员工能够选择最愿意与之分享敏感信息的人。这样的文化建立了开放的问题解决环境,向员工展示安全性保障,表明组织不会对吹哨人采取报复。组织应该实行匿名调查,以促进员工表达观点的双向沟通过程,评估员工的意见和看法。制定、完善举报政策,提供保护措施,防止报复,确保吹哨人安全。无论通过何种举报渠道,善意举报的人士必须被保护不受报复。也不会遭受潜在的报复,包括停职、解雇、遣散、拒绝升职、重新安排工作、负面业绩评估以及强迫、骚扰、威胁和歧视等。

另外,企业应该制定严格的保密计划和反馈制度。吹哨渠道的设计和运作必须以安全的方式进行,以确保吹哨人及其报告中所提及的任何人和事件的保密性。除非吹哨人自己愿意,举报接受者绝不公开相关信息,包括主动和被动地暴露吹哨人的身份信息。全方位建立接收举报的体系,比如吹哨人可以向公司合规部门举报,可以向管理层举报,也可以向公司外部合规律师举报等。内部举报渠道可以由公司自行建立和运营,例如基于互联网的举报工具,也可由外部第三方提供。公司应该提供积极反馈,比如必须在七日内确认收悉举报,并且在三个月内通知吹哨人有关后续措施的进展情况。

16.3 提升管理者的道德领导力

我们鼓励领导者与团队成员建立高层次的领导-成员交换关系。领导者与下属之间建立的开放的沟通渠道,是洞察团队不道德行为的有效途径(张端民,2017)。变革型领导表现出的开放性可能通过提高心理安全性来增强团队成员的吹哨行为,使成员在冒险揭露其同伴时感到安全。然而,尽管举报可能带来一系列的好处,并不建议管理者和领导者鼓励团队内部的相互监视和排斥行为,因为这会产生总体的不利影响。相反,高层次的领导-成员交换关系、变革型领导和领导表现热情会缓解团队成员相互排斥的情况。领导者还应该注意避免创造让团队成员对彼此过于忠诚的团队环境。应该理解团队忠诚可能存在的潜在缺点,因为即使该成员在团队中被排斥,要让她或他摆脱这些忠诚,并在出现不道德行为时积极举报,可能也会非常困难。从领导角度看,领导者应亲和、可接近,关心下属需求、虚心听取下属的意见和建议;同时,领导者应对下属提供随时的支持和帮助(成瑾等,2021;Cheng, Bai 和 Yang,2019)。一旦下属报告观察到的不道德行为,应认真和及时地加以调查和处理,并对吹哨者采取一定的保护措施。从企业角度来看,可以考虑通过关爱员工的系列举措以提高员工的组织支持感,进而激发他们的吹哨意愿。领导者在选人、用人和培养人方面应关注与组织特征的相似性,特别是在道德伦理和价值观方面的一致性。

领导者要注意营造良好的伦理文化。外部力量(如政府监管机构或自由市场)固然可以对企业的伦理管理施加影响,以说服最高管理层终止正在进行的不法行为或避免新的不法行为;但组织内部的力量可以从一开始就对成员施加压力,使其不参与不法行为。在事后要摧毁一种使不法行为正常化的组织文化是非常困难的。高层管理者应该创造一种文化,鼓励成员行为符合道德规范。同时,对不道德行为(包括不法行为)做出适当反应必须成为文化的一部分。这样的文化可以促进自我纠正和加强道德价值观和标准。企业可以在其成员中发展道德代理,从而在成员中产生更强的道德认同。道德行为可以强化认同,使其在一个人的整体自我概念中更为核心(Liu 等,2016)。在组织成员中发展道德认同能引导员工成为道德代理人,保持始终如一的道德行为。组织通过强化员工道德认同的发展,从而强化群体的道德认同文化。通过创造一种积极的组织文化来改善成员之间的行为。创造和维持积极的文化是一个长期的过程。支持这一目标的发展包括了政策和人力资源系统以及调查和回应的系统。

16.4 发挥内部特殊机构和角色的作用

工会在确保采用、实施和审查适当的吹哨方面发挥着极其重要的作用。在工会环境中,成员更有可能提出问题;如果工会在工作场所的力量比较强大,企业更有可能做出适当的回应(彭成义,2019;吴东铂,2021)。然而,如果工会希望维护自己作为言论自由捍卫者的资格,那么需要采取一些明确的步骤。其总的目标是向社会表明，工会的职能不仅仅是保护其成员的利益，而是确保揭露和妥善处理不道德行为。由于工会正在扮演一个要求更高的角色，因而不可避免地需要培训和相关资源。雇主对确保工会代表能够在举报安排范围内有效履行职责非常关注，并且可能愿意提供相关的培训。在有工会代表在场的情况下举办管理培训班是有好处的，这样劳资双方都可以欣赏对方发挥的作用。工会本身需要被视为模范雇主，并应与自己的员工就采用和维持符合最佳实践的程序进行谈判。工会需要建立一个专门知识和资源库，以便为其成员提供良好的服务。他们可以建立一个吹哨"热线"，建立示范程序数据库以及有效和无效吹哨的案例研究，以发现更加有效的吹哨管理方法。

处理组织中的举报是工会活动的核心，因为它影响工作的环境。因此，建立适当的吹哨程序可以用来教育员工如何安全有效地沟通以解决问题。事实上，如果员工理解观察到不道德行为而进行举报的重要性，那么在必要时要求采取集体行动能确保信息披露者得到保护，使纠正不道德行为更加容易。通过采取主动行动，确保在工作场所内外都有有效的举报渠道并及时受到审查和处理。由于西方国家的工会与现有的成员和潜在成员以及整个社会更为相关，因此容易与其他社会机构建立联盟，例如反腐机构和环境保护组织，这不仅扩大工会的吸引力，而且更有利于举报问题的解决。我国工会的性质与西方国家有所不同，但依然可以在吹哨管理中发挥作用。

内部审计在企业风险管理和公司治理中扮演着重要的角色。内部审计师、董事会、管理层和外部审计师通常被认为是公司治理的"四大支柱"。内部审计人员利用自己的专业技能和专业知识，通过职业判断对企业面临的战略风险、经营风险进行分析，以建议或书面等方式，将风险分析或审计的结果提交给治理层。企业内部审计在履行职责的过程中可以帮助企业改进治理流程和业务流程，为企业减少风险和损耗，给企业带来巨大的机会利益。如果企业存在违法违规或危害社会公众利益的现象，内部审计在履行其职责的过程当中应该是最先发现的人员之一。内部审计在履行其职责的过程中发现的问题、形成的审计建议向管理层或董事会报告，可以视为内部举报。

内部审计人员在吹哨制度实施的过程中，应该遵循一套现实可行的职业道德规范。国际审计准则 ISA240 "审计师在财务报表审计中考虑舞弊的责任"中提出，提出管理举报是内部审计师的使命。对于设立吹哨制度企业，应该在内部审计部门成立专门小组来管理举报，这个小组有责任谨慎的处理各种类型的举报问题，内审人员应向董事会或审计委员会报告如何利用吹哨制度及实施的控制。同时,企业还需要建立相应的惩罚手段以避免吹哨制度被滥用。吹哨制度必须包含对吹哨人的人身安全以及其相关信息的保护程序,这样吹哨人才能提供清晰和完整的信息。同时也要找到方法承担吹哨人的责任。内部审计作为企业治理结构中的重要组成部分,并严格遵循职业道德的约束,以其应有的职业谨慎能够承担举报工作的管理。

当有员工找到内部审计师进行举报时,内部审计师应建议员工优先通过公司的吹哨系统,使用正常渠道在企业内部进行举报,而不能先向外界披露。内部举报对于企业来说是较好的选择,外部举报通常会导致不可收拾的后果。鼓励员工进行内部举报可以增加企业的安全性,提升员工的幸福感,增强士气,彰显企业对道德规范的支持,并保持企业信誉,避免因违法违规而产生损害索赔。如果内部审计人员同时负责举报热线的处理,内审人员有责任代表吹哨人将举报问题进一步向企业高层或有权力处理该业务的领导层报告。如果举报问题没有得到妥善的解决,吹哨人决定向外吹哨时,内部审计人员将会陷入不利境况。如果内部审计师有意协助吹哨人,必须确信吹哨人的动机,其举报目的必须是善意并有真实依据的,不能因为怨恨或其他可疑动机而进行举报。面对吹哨人,内部审计人员应遵守职业道德,确定信息的真实可靠。内部审计师从吹哨人处获得信息后,应该像执行审计业务一样,清晰完整地记录所有问题,并根据问题的性质,清楚的传递给管理层、董事会或外部机构。根据内部审计师在举报行为中扮演角色的不同,内部审计师应根据不同的情况做出不同的决定。内部审计人员在举报中发挥着专业咨询的作用,这很大程度上取决于董事会对内部审计的信任。当董事会与内部审计师相互信任时,内部审计师也应该意识到举报行为可能会摧毁这种信任。因此,如何掌握好处理问题的分寸并提前向董事会沟通吹哨系统和制度是非常有必要的。

参考文献

[1] 成瑾,贺玉婷,王萃英.(2021).近朱者赤:伦理型领导如何影响员工内部揭发意向?.中国人力资源开发,38(03),18-32.

[2] 郜钰钊,张颖淳,杨景云.(2021).我国"吹哨人"制度的现状及对策研究.财富时代(07),56-57.

[3] 彭成义.(2019).国外吹哨人保护制度及启示.政治学研究,(04)42-54.

[4] 吴东铂.(2021).美国吹哨劳动者的法律保护及其启示.(硕士学位论文,华东理工大

学).

[5] 张端民.(2017).领导-成员交换与员工沉默行为:组织公平与传统性的作用.预测,36(03),14-20.

[6] Cheng, J., Bai, H., & Yang, X. (2019). Ethical leadership and internal whistleblowing: A mediated moderation model. Journal of Business Ethics, 155(1), 115-130.

[7] Liu, Y., Zhao, S., Jiang, L. and Li, R. (2016), "When does a proactive personality enhance an employee's whistle-blowing intention? A cross-level investigation of the employees in Chinese companies", Ethics & Behavior, Vol. 16 No. 1, pp.

[8] 网页链接:Http://www.163.com/dy/article/GHOTA0070534GWL4.htm.

第十七章
吹哨事件核查、处理及对吹哨者的保障措施

当一个问题被员工举报到系统中,管理者应该将注意力放在举报所指控的不道德行为上,而不是放在对人和事情的攻击上。充分和公平的调查应该迅速和及时,而且要确保保密性没有问题;当举报被充分证实时,应立刻采取纠正措施;表明问题如何得到纠正的积极反馈也应该与其他人分享,例如,"感谢我们一位同事的报告,我们已收到此问题的警报,并采取了以下操作"。如果举报没有根据,可以就所缺乏的信息提出建议,如提供更清楚的证据。在充分调查事件状态和原因之后,组织还应该对吹哨人采取一定的保护和奖励措施,以确保他们不会受到组织报复。

17.1 对吹哨系统获得的信息及时接收和回应

首先要明确举报程序和处理责任。在面对不法行为举报时,组织应考虑以下内容:确保明确界定调查责任,并制定有效的调查程序;确保调查能够相对快速地进行;把重点放在举报的事情上;确保沟通距离得到弥合;认真对待打击报复举报,并及时跟进;惩罚那些做错事的人;向报告不道德行为的个人提供反馈。如果匿名调查后发现了问题,组织就必须解决这些问题。一旦发生了特定的不道德行为,如果管理层和员工之间的沟通是开放的,那么很快可以取得效果。在报告了具体事件并纠正了不法行为之后,公司要发布案例的处理报告,以说明组织为纠正问题和惩罚不法行为人所采取的行动。这项举措有助于抵消员工的错觉,即报告了不道德行为并不会促使组织采取任何行动。鼓励举报组织中发现的不道德行为和立即纠正问题,会产生理想的效果,几乎与最初防止错误行为产生的效果一样好。这些好处不仅仅是减少组织本身与不法行为有关的有形成本(例如,负面宣传、声誉受损和诉讼);防止或纠

正不道德行为的管理者可能会给员工带来积极的情绪和有利的后果。监督和跟进旨在鼓励举报的方案和行动的实施是不够的,需要监控项目的成功并在需要时做出改变。

组织一旦获得举报信息,应采取专业的甄别和调查措施、迅速核实相关事实。企业负责管理和接待举报的部门或机构(以下简称"合规责任人")接到举报后的首要问题是如何甄别被举报的事实是否存在,以及是否开展调查及如何开展调查。开展甄别和调查需要注意以下方面:① 尽可能从吹哨人处获得相关的证据或者证据线索;② 根据吹哨人提供的证据或证据线索进行分析、鉴别,包括对被吹哨人的违法、不道德行为的严重程度、可能导致的后果等进行专业的分析;③ 制订合法、可行的调查方案、采取相应的调查措施,搜集、固定相应的证据;④ 对调查获得的证据进行专业分析,对相关行为是否构成违法、违规或者是否构成刑事犯罪,做出定性的结论,对相关行为的危害程度做出定量的分析结论。

调查过程的首要目的是确定举报是否有价值,以便采取适当的行动。忽视诸如歧视或严重不安全的工作条件等真正的错误行为,对组织及其成员是有害的。但是,奖励那些长期表现不佳的人,或者把时间浪费在琐碎的抱怨上,也不能很好地为组织和员工服务。判断举报信息的价值或真实性说起来容易做起来难。有些吹哨人可能会弄错,或者可能会发现某些类型的令人反感的行为,如欺骗或报复性举报等。许多举报接收者表示只有极少数举报是有效的,但也有调查数据表明,大多数的举报是具有实质性的,至少举报提出了一个问题。认为举报是琐碎的组织是不太可能采取纠正行动的,如果他们拒绝对大部分举报采取行动,则那些有着合理的忧虑的员工也会很快得出结论,如果他们去举报后不会有人纠正问题。于是这就形成了一个循环,即员工不愿意报告真正的错误行为,而管理者也很少采取纠正措施。员工对此的反应是,如果报告了错误行为,并没有人采取任何措施来纠正错误行为,于是进一步降低了举报的意愿。因此,各组织不仅应审查提出的举报的数量,而且还应审查发现有多少举报是有价值的。组织应设法改进调查或采取其他步骤,例如澄清什么是不法行为,雇员应提供什么证据等等。

在进行甄别、调查和分析时,通常需要运用专业的法律手段,按照合法的程序,采取合法的措施,既保护吹哨人的安全,也不能侵害被吹哨人的合法权益;对取得的证据要从真实性、关联性、合法性几个方面进行分析、核实,必要时需要与吹哨人、第三方证人进行核实并给予被吹哨人充分的陈述、说明和辩解的机会。在实践中,多数企业会在此阶段委托律师、会计/审计人员、第三方调查机构等与企业法务、合规部门合作,开展上述调查工作,以确保调查过程的专业性以及调查结果的合法性和有效性。

为避免"吹哨人"制度流于形式或者被恶意滥用,合规责任人在尽可能迅速完成甄别、调查、核实,并依据法律、规章制度迅速采取措施进行处理后,及时将甄别、调查结果向相关人员反馈。经调查、核实,被吹哨人的违法、不道德行为事实清楚、证据充分、确实的,合规责任人应当及时向公司相关机构(总经理、监事会、董事会等)报告,依据法律、公司的规章制度提出处理意见,对被吹哨人做出相应的处分决定,并协调相关部门及时予以执行。对于涉嫌严重违法、犯罪行为,应当及时依法向相关国家机关进行检举、举报,协助国家机关依法采取措施。同时,合规责任人应当将调查、处分的结果如实告知吹哨人,对提供重大线索的有功吹哨人应当表示感谢并予以奖励。对于被吹哨人的违法、不道德行为事实不清、证据不足,合规责任人确认不能进行处分的,应当及时将不能予以处分的原因和结果告知吹哨人。

组织应对恶意举报、诬告陷害他人的行为予以严肃处理。在接待举报时,合规责任人应当告知吹哨人享有的权利以及如实反映问题、配合提供证据或证据线索的义务,并告知吹哨人恶意举报、诬告陷害他人需要承担的法律责任和法律后果。一方面表示企业对如实举报的鼓励态度,另一方面也要表示企业对举报行为和举报事实的严肃、审慎的态度。经调查,如果确有证据证明是吹哨人恶意举报,涉嫌诬告、诽谤的情形,合规责任人应当及时向公司相关机构报告,依据法律、公司的规章制度对吹哨人做出相应的惩罚处分,并将调查和处分结果通知被吹哨人,及时采取措施,消除影响,为被吹哨人恢复名誉。

17.2 提供适当的财务激励

账务奖励是对举报可能造成重大损失的严重不道德行为的吹哨人的补偿计划或奖励。获得金钱激励的期望是吹哨人举报不道德行为的驱动力之一。这种经济动机是一种亲社会行为,在这种行为中,吹哨人除了帮助受害者外,还渴望获得奖励。监管机构向个人提供财务激励,鼓励其向外部报告(即向其雇佣组织以外的机构报告),这对举报意图有重大影响。虽然举报意图可以通过组织忠诚感来激发,并有利于他们的组织,但事实上存在严重不道德行为不报的现象。在这种情况下,监管者观察到不道德行为的观察者缺乏内在的动机去举报不道德行为。长期以来，人们一直认为财务奖励是一种有效的激励工具。因此，世界各地的监管机构都制定了计划，让那些自愿向外部机构提供原始信息的吹哨人给予财政奖励。但也有人认为，这些举报的财务激励措施会助长一些人的机会主义动机，他们可能没有举报事实上并不存在的不道德行为。

已有研究发现，当雇佣机构提供激励时，内部审计师报告不道德行为的可能性会增加。Feldman 和 Lobel（2010）认为财务激励是影响举报意图的最重要机制，但他们也发现，参与者预测陌生人的举报意图比他们自己的举报意图更受财务激励的影响，这可能是由于社会期望反应偏差效应的影响。男性比女性更容易受到经济刺激的影响。较高的内部激励会降低财务激励的影响。在某些情况下，财务激励会"排挤"内部报告激励，导致举报意图低于完全不提供奖励的情况。Brink 等（2013）发现，财务激励的影响还取决于吹哨人处理不道德行为的证据强度。如果一个错误行为被认为是非常严重的，那么提供财务激励不太可能对报告错误行为的意图产生影响。相比之下，如果不道德行为不被认为是非常严重的，那么财务激励很可能会对举报不道德行为的意图产生影响。Feldman 和 Lobel（2010）认为，金钱奖励可以影响报告错误行为的水平，除非潜在的错误行为被认为在某种程度上具有道德攻击性。当吹哨人认为举报行为具有伦理意义时，金钱奖励在决定其行为时就不那么重要了，因为纠正不道德行为的内在动机是吹哨人的首要动机。当人们将他们的行为归因于外部奖励时，他们倾向于忽视对他们行为的内在激励的任何考虑，而外在激励会促使他们决定是否报告错误行为。在一系列的实验研究中，有形的奖励被证明有可能破坏内在动机，导致长期反作用结果。财务激励与不道德行为的严重性之间存在显著的交互作用，即那些认为不道德行为相对不重要的人可能会受到财务激励的影响，而那些认为不道德行为严重的人则没有区别。内在-外在动机理论表明，人们更可能报告被认为是严重的错误行为，而不考虑报告错误行为的任何经济动机。相反，当不法行为被认为不太严重时，财务激励可能会对举报不法行为的可能性产生影响。

出于对社会认可的偏好，非金钱动机会被排挤出去，当吹哨人服从社会评价标准时，经济奖励比不服从社会评价更有效。社会评价是对举报的一种激励，也可能是对举报的一种威慑。当公众感觉不到公司欺诈造成的负外部性的直接影响时，社会评价起到威慑作用；当相反的情况成立时，社会评价可能起到激励作用。这表明，为了最大限度地举报，应根据行业和相应的欺诈案件对公众造成的负面影响对其进行分类，并应采取不同的政策。对成功起诉欺诈行为的信息给予金钱奖励，使个人有相当大的外在动机从事举报行为。经济奖励对个人欺诈报告意图的影响已在先前的研究中得到证明。当提供奖励时，内部审计师更有可能报告不道德行为。政府提供的经济奖励增加了举报的频率。同样，经济奖励也导致会计师对外举报的意图增加。财务激励存在一些负面作用。对外部举报的奖励会破坏内部举报机制的使用，使向外部监管机构报告的可能性更大，因为这增加了吹哨人的金钱利益，削弱了他们进行内部报告的动机。另一方面，提供外部奖励以及暴露于负面宣传和罚款可能会刺激公司启动受保护的举报计划，这可能会鼓励内部举报。然而，在一个更加个人主义的文化中，比如在美国，个人更喜欢个人利益而不是防止对群体的伤害。与为组织利益行事的内部吹哨者相比，外部吹哨者的行为方式应是个人从外部奖励中获益。

中国现行法律法规对"吹哨人"制度的规定，其核心内容之一是对吹哨人的严格保护，并对有功的吹哨人予以奖励。企业应当建立配套的保密制度和保密措施，并与合规责任人以及参与合规调查、执行的员工签订严格的保密协议、落实保密措施，在对违法、不道德行为调查的全过程以及进行处理后的任何时间，都必须对吹哨人的信息予以严格保密，防止任何举报信息泄露，既然鼓励吹哨人举报并协助调查，就必须对其人身安全予以足够保障，尽可能减少举报对其工作、生活的影响；同时，对被吹哨人涉嫌的违法、不道德行为以及调查获取的相关证据也应当予以严格保密，避免因为调查侵害被吹哨人的合法权益。其次，企业要对向吹哨人进行打击报复、侮辱、威胁、歧视、骚扰的相关人员予以严厉的处罚，杜绝打击报复现象。另外，为了鼓励知情人举报、检举违法不道德行为，应当设置对有功吹哨人员进行奖励的制度并在企业内部公布实施。对提供重要证据或线索、协助合规责任人查清案件的有功吹哨人，依照规章制度予以适当的奖励。其次，对于主动承认并改正错误、消除影响，检举揭发其他违法、不道德行为的被吹哨人，可以酌情予以从轻、减轻或免除处分。

17.3 实施反报复保护

公司欺诈是严重的道德问题，因为它给组织和其他利益相关者带来了巨大的成本。为便于及时发现公司欺诈，监管机构、研究人员和从业者鼓励商业组织中的员工积极举报观察到的不道德行为。美国率先颁布鼓励举报欺诈性不道德行为的举报法。这些法律包括保护吹哨人不受报复，以及为吹哨者提供金钱奖励。其他国家也在纷纷出台相关的政策和法律。

报复是对吹哨行为的一种重要威胁。研究表明，个人对报复的恐惧或威胁与其向非法活动吹哨的意图之间存在负关联。如果个人选择举报不道德行为，报复是一种成本。因此反报复保护政策会通过向吹哨人发出信息以减少这种抑制作用。在美国，2002年的《公司刑事欺诈责任法案》(SOX)和2010年的《多德-弗兰克法案》都规定了反报复法，旨在保护公司吹哨人。研究已经发现，反报复法可有效提高美国员工的内部和外部吹哨意愿。从整体来看，反报复保护和金钱奖励的结合可能会带来好处，降低吹哨成本，增加吹哨的发生率。任何监管的缺失都会导致最低限度的外部举报意图。雇主对吹哨人实施报复的性质和程度被认为是预测潜在吹哨人行为的最重要因素。保护吹哨人的力度、保护机密的程序以及举报不道德行为将导致的后果预测都可能对吹哨人的动机起到关键作用。这些特征降低了对吹哨人进行报复的可能性，使得举报错误行为的决定更有可能实现。然而，虽然这些因素在吹哨过程中都很重要，但形成吹哨人保护与吹哨动机之间联系的心理机制却不太清楚。强有力的吹哨人保护措施的存在可能会鼓励利他主义的吹哨人，使利己动机（如对个人福利的关注）进一步从决策过程中去除。然而，保护措施也可能削弱对吹哨动机的影响。在某种情况下，危险不仅不那么明显，而且严格的保护措施也可能使个人倾向在吹哨中变得毫无意义。保护措施可能会将吹哨建立为一种角色内期望，而不是一种自愿的额外角色行为，这会改变动机的产生和发展。由于员工期望在角色扮演中得到奖励，利己主义动机可能会因为保护措施而变得更加显著。因为吹哨人往往是在威胁和害怕报复的情况下进行操作的，他们会选择最容易的机会进行吹哨。而机会总是与帮助吹哨人采取行动的支持资源的可用性有关。此外，移动设备使人们有机会更轻松地揭发真相。吹哨者认为吹哨渠道越容易，由于感知风险水平很小，如网上举报，他们会更倾向于吹哨。社交媒体的使用鼓励顾客也看到了更多举报不道德行为的机会，这是因为运用社交媒体吹哨会降低企业报复的可能性。

参考文献

[1] 郜钰钊,张颖淳,杨景云.(2021).我国"吹哨人"制度的现状及对策研究.财富时代

(07),56-57.

[2] 彭成义.(2019).国外吹哨人保护制度及启示.政治学研究,(04)42-54.

[3] Brink, A. G., Lowe, D. J., & Victoravich, L. M. (2013). The effect of evidence strength and internal rewards on intentions to report fraud in the Dodd-Frank regulatory environment. Auditing: A Journal of Practice & Theory, 32(3), 87-104.

[4] Feldman, Y., & Lobel, O. (2010). The incentives matrix: The comparative effectiveness of rewards, liabilities, duties, and protections for reporting illegality. Texas Law Review, 88(6), 1151-1211.

[5] Henik, E. (2015). Understanding whistle-blowing: A set-theoretic approach. Journal of Business Research, 68(2), 442-450.

[6] Kenny, K., & Bushnell, A. . (2020). How to whistle-blow: dissensus and demand. Journal of Business Ethics, 164.

[7] Kenny, K. (2019). Whistleblowing: Toward a new theory. Cambridge, MA: Harvard University Press.

[8] Munro, I. (2017). Whistle-blowing and the politics of truth: Mobilizing 'truth grames' in the WikiLeaks case. Human Relations, 70(5), 519-543.

第十八章
中国和其他国家吹哨相关的法律法规

18.1 中国的吹哨制度和管理办法

我国为了整顿商业活动中的不道德行为,也相继出台和更新了一些伦理管理的法律和制度。

(1) 食品安全监管制度。2011年国务院食品安全委员会办公室下发《关于建立食品安全有奖吹哨制度的指导意见》,在食品安全领域推行有奖举报。该制度积极鼓励社会公众参与食品安全监管,及时发现、控制和消除食品安全隐患,依法查处食品安全违法案件,严厉打击食品安全犯罪活动。该《意见》建立健全有奖举报工作机制,进行举报受理和核查、奖励兑现工作机制。要求地方各级政府要根据方便群众举报和有利于提高查处效率的原则,明确举报受理部门。举报受理部门要畅通举报渠道,接到举报后要及时记录在案,形成专门案宗。地方各级政府要进一步规范举报核查工作的程序、时限要求和部门间的衔接措施,确保责任到位、核实及时、查处有力。有关部门对举报内容涉及本部门职责范围的,要及时组织核实查处,对不属于本部门职责的,要及时移送相关职能部门处理,坚决防止出现受而不理、有案不移以及敷衍推诿等现象。另外,地方各级政府要明确专门部门负责食品安全举报奖励的审定、奖金管理、奖金发放、信息披露等日常工作。负责举报调查处理的部门在查处工作完成后,要对举报事实、奖励条件和标准予以认定,提出奖励意见,经奖励资金管理部门审定后向吹哨人及时兑现奖励。制度要求地方各级政府和相关部门要采取多种形式,广泛开展食品安全科普宣教活动,大力宣传食品安全有奖吹哨制度的重要意义和实施办法,切实调动群众参与监督食品安全的积极性,使举报奖励政策家喻户晓、人人皆知,引导广大群众踊跃举报、据实举报。严格

执行举报保密制度,未经吹哨人同意,不得以任何方式泄露吹哨人身份资料。凡对吹哨人打击报复的,一律予以严惩。对借举报之名故意捏造事实诬告他人,以及伪造举报材料骗取或者冒领奖金的,交由有关机关追究相应法律责任。受理举报工作人员不遵守工作纪律、徇私舞弊的,严肃追究行政责任,涉嫌犯罪的,依法移送司法机关处理。

国家食品药品监督管理总局会同财政部后来又发布了新修订的《食品药品违法行为举报奖励办法》,加大对吹哨人尤其是内部吹哨人的奖励力度,有助于执法部门更及时、全面地掌握有效线索,固定关键证据,加大对涉及食药安全违法犯罪行为的打击力度,加大对不法分子的震慑惩处力度。食品药品违法行为举报奖励办法具有六大亮点:一是扩大适用范围。《办法》整合了国务院原食安办颁布的《关于建立食品安全有奖吹哨制度的指导意见》和原国家食品药品监督管理总局、财政部联合印发的《食品药品违法行为举报奖励办法》,将适用范围从保健食品、药品、化妆品、医疗器械扩展到"四品一械"全领域,实现全覆盖。二是设立内部人员举报奖励机制。《办法》鼓励生产经营单位内部人员举报,规定研制、生产、经营、使用环节内部人员举报的,可在奖励标准上追加奖励金额。同时,明确各级食品药品监管部门要依法保护吹哨人的合法权益,严禁泄露吹哨人的相关信息。三是提高举报奖励标准。《办法》将各等次举报奖励的最低额提升到原来的两倍,同时根据各地举报奖励实施情况,将单次举报奖励限额从原先的 30 万元提高到 50 万元,进一步鼓励群众举报,增强举报积极性。四是明确重大案件奖励的情形和标准。《办法》规定,对于"举报涉及系统性、区域性食品药品安全风险"等 4 类有重大社会影响且吹哨人有特别重大贡献的举报,奖励金额不少于 30 万元,鼓励群众举报重大违法行为。五是进一步完善匿名举报奖励。《办法》总结提炼了地方匿名举报奖励经验,细化了原先规定,规定了匿名举报奖励的领取方式和程序,即匿名吹哨人可在举报的同时提供能够辨识其身份的信息作为身份代码,并与食品药品监督管理部门专人约定举报密码、举报处理结果和奖励权利的告知方式,举报查证属实的,可凭借身份代码、举报密码等信息,申领举报奖励。六是建立纠错机制。《办法》明确,吹哨人对奖励等级、奖励金额有异议的,可向实施举报奖励的食品药品监督管理部门提出复核请求。通过该内部纠错机制,及时纠偏,保障吹哨人的合法权益。

(2)事中事后监督制度。2015 年至 2018 年,上海、广东等多省市食药部门纷纷出台有关规定,从探索、引入、完善、健全,直至全面推进、积极落实、充分发挥吹哨人制度。2019年9月12日,国务院印发《关于加强和规范事中事后监管的指导意见》(以下简称《意见》)。《意见》第十六条发挥社会监督作用。建立"吹哨人""内部吹哨人"等制度,对举报严重违法不道德行为和重大风险隐患的有功人员予以重奖和严格保护。畅通群众监督渠道,整合优化政府投诉举报平台功能,力争做到"一号响应"。依法规范牟利性"打假"和索赔行为。培育信用服务机构,鼓励开展信用评级和第三方评估。发挥会计、法律、资产评估、认证检验检测、公证、仲裁、税务等专业机构的监督作用,在监管执法中更多参考专业意见。强化舆论监督,持续曝光典型案件,震慑违法行为。

(3) 证券期货违法和不道德行为吹哨制度。我国资本市场的"吹哨人"制度建设,最早可追溯到证监会2001年发布的《关于有奖举报证券期货诈骗和非法证券期货交易行为的通告》(简称《通告》)。《通告》显示,对于涉及金额较大、人员较广或影响较大的举报,一次性发放奖金不高于2万元;举报重大线索或有特殊贡献的,可给予重奖。2014年6月份,证监会发布《证券期货违法不道德行为举报工作暂行规定》,对于符合奖励条件的一般举报,给予不超过10万元的奖励;对于举报在全国有重大影响或罚没款金额特别巨大的,奖励金额不受上述限制,但最高不超过30万元。2020年1月14日,证监会发布修订后的《证券期货违法不道德行为举报工作暂行规定》(简称《暂行规定》),《暂行规定》新增"内部知情人员提供了重大违法案件线索,经调查属实的,最高奖励额度不超过60万元"。《暂行规定》从规则层面上鼓励"内部知情人员"积极发挥好"吹哨人"的角色,较之于内部人员,非内部人员在信息获取上确实存在一定的不对称。不断提高奖励上限,提升掌握有效信息的内部知情人员向监管机构反映情况的积极性;其次,该等规定也可以在一定程度上提高违法成本,减少证券违法行为的发生。举报奖励限于五类违法不道德行为的实名举报,即欺诈发行证券;信息披露违法;操纵证券、期货市场;内幕交易或利用未公开信息交易;其他重大证券期货违法行为。从对吹哨人的保护机制方面来看,《暂行规定》从多方面强化举报保密措施,防止实名吹哨人身份信息泄漏。首先,证监会举报中心对网络吹哨人的姓名(名称)、证件号码、联系方式、工作单位、地址身份信息实行编码管理,在调查、处罚以及举报奖励评审阶段使用编码。其次,因调查、处罚或举报奖励发放等工作需要查询吹哨人身份信息的,应当履行登记手续。另外,《暂行规定》还明确了负责处理举报的工作人员及其他相关人员应当严格遵守的制度。被吹哨人不得对吹哨人进行打击报复等,即"被吹哨人不得采取暴力、胁迫、诽谤、泄露个人隐私或者其他违法手段打击报复吹哨人。被吹哨人不得以解除、变更劳动合同或者其他方式打击报复单位内部吹哨人。对于违反规定者，按照有关规定处理；涉嫌构成犯罪的，依法移送司法机关追究刑事责任"。

(4) 市场监管领域重大违法行为举报奖励制度。由市场监管总局、财政部联合印发《市场监管领域重大违法行为举报奖励暂行办法》（以下简称《举报奖励暂行办法》），并将于2021年12月1日正式施行。该办法中将重大违法行为定义为涉嫌犯罪或者依法被处以责令停产停业、责令关闭、吊销（撤销）许可证件、较大数额罚没款等行政处罚的违法行为。地方性法规或者地方政府规章对重大违法行为有具体规定的，可以从其规定。较大数额罚没款由省级以上市场监督管理部门与本级政府财政部门结合实际确定。制度对举报重大违法行为，经查证属实结案后，给予相应奖励。吹哨人可以通过市场监督管理部门公布的接收投诉举报的互联网、电话、传真、邮寄地址、窗口等渠道，向各级市场监督管理部门举报市场监管领域重大违法行为。吹哨者可以实名或者匿名举报。实名举报要求提供真实身份证明和有效联系方式，匿名吹哨者有举报奖励诉求的，应当提供能够辨别其举报身份的信息作为身份代码，并与市场监督管理部门专人约定举报密码、举报处理结果和奖励权利的告知方式。制度还要求各级市场监督管理部门建立健全举报奖励管理制度。做好举报奖励资金的计算、核审和发放工作。制度还对获得举报奖励提出了一些必要条件：如有明确的被举报对象和具体违法事实或者违法犯罪线索，并提供了关键证据；举报内容事先未被市场监督管理部门掌握；举报内容经市场监督管理部门查处结案并被行政处罚，或者依法移送司法机关被追究刑事责任。该制度将举报奖励分为三个等级。对于违法主体内部人员举报的，在征得本级政府财政部门同意的情况下，可适当提高规定的奖励标准。奖励的程序要求负责举报调查办理、做出最终处理决定的市场监督管理部门在举报查处结案或者移送追究刑事责任后，对于符合办法规定奖励条件的，应当在15个工作日内告知吹哨人。举报奖励由吹哨人申请启动奖励程序。举报奖励实施部门应当对举报奖励等级、奖励标准等予以认定，确定奖励金额，并将奖励决定告知吹哨人。办法还提出了一些监督管理的具体措施。如吹哨者伪造材料、隐瞒事实，取得举报奖励，或者经市场监督管理部门查实不符合奖励条件的，市场监督管理部门有权收回奖励奖金。吹哨人故意捏造事实诬告他人，或者弄虚作假骗取奖励资金，依法承担相应责任；涉嫌犯罪的，依法追究刑事责任。

18.2 美国的吹哨制度和管理办法

美国是制定保护和奖励吹哨人的法律和规定的先驱。1986年,美国加强了《虚假索赔法》(FCA)的规定,该法最初由国会于1863年通过,并由亚伯拉罕·林肯总统签署,以打击政府欺诈行为,它允许任何个人或非政府组织代表美国政府提起FCA诉讼,如果成功,可以获得高达30%的追偿金和罚款。在美国历史上,由美国证券交易委员会(SEC)进行的调查保护了吹哨者的身份,而根据《虚假索赔法》进行的调查则要求吹哨者向法院提起诉讼,从而暴露吹哨者的身份。为解决这一矛盾,1989年美国国会颁布了保护吹哨者的专门法律《吹哨人保护法》,1994年美国又出台了《重授权法》,对吹哨人与被举报的行政机关人员之间的举证责任进行了调整,使《吹哨人保护法》在保护吹哨人方面的制度日益完善。

美国国会于2002年7月通过的《公司刑事欺诈责任法案》(SOX),又称沙宾法案。该法载有条款(第301和806)专门设计用于促进检举和保护员工免受针对吹哨人的报复行动。社会已经认识到,为了得到吹哨者的警告,它必须保护吹哨人不受组织报复。2010年《多德-弗兰克法案》(Dodd-Frank Act),要求各组织在工作场所制定官方举报政策,其中特别规定哪些披露受到保护,哪些不受保护。政策通常规定,例如,如果吹哨者利用组织提供的渠道进行披露,那么如果吹哨者受到降职或骚扰形式的报复,则可以向组织要求某些补救措施。接下来以沙宾法案和华尔街改革及消费者保护法为例说明美国对吹哨者制度的规范。

(1) 沙宾法案对吹哨者制度的规范化。在21世纪初,美国爆发连串的企业丑闻,重创美国资本市场,并严重损害投资人对企业财务信息的信心,为了保护投资人,美国国会着手制定沙宾法案。2002年7月30日正式签署通过该法案,期望以此提升公司财务资讯揭露的准确性及可靠性,达成保障投资人目的。为保障吹哨者生命财产安全,提高企业内部员工的吹哨意愿,沙宾法案进行一系列的改革,改善以往内部员工即使知悉企业有舞弊行为发生,也因为惧怕遭受公司报复而选择噤声不语,在沙宾法案通过后,该法案提供给吹哨者一个更友善的通报环境(Andrade,2014)。法案对吹哨者的范围做了明确规定,说明公司及其子公司或相关企业家认可的统计评级组织,或前述公司的高级职员、劳动者、承包商、转包商及代理商,不得因该劳动者合法的通报,在其雇佣期间实施解雇、降级、停职、恐吓、骚扰及其他一切歧视行为。沙宾法案所指劳动者,其范围包含公开发行公司及其子公司、关系企业、承包商、转包商及代理商所雇佣的劳动者。若由代理商的劳动者对公开发行公司的不法行为进行吹哨时,公开发行公司可能通过向代理商施加压力,要求代理商对吹哨者采取报复行为。为避免此等情况发生,沙宾法在立法政策上扩张吹哨者的范围,除了受雇于公开发行公司的劳动者外,受雇于总公司的子公司、关联企业、承包商、转包商及代理商的劳动者均为吹哨者。法案第 806 条(a)规定公司若构成下列规范的违反,劳动者可对该对象事实进行吹哨,并受该法保障,如邮件诈欺、电信诈欺、银行诈欺、证券和期货诈欺、所有 SEC 规则与规章、任何与股东欺诈相关的联邦法律。沙宾法案吹哨行为的种类分成下列两种:一是劳动者若合理相信公司有前述吹哨对象的事实时,可向受理单位提供讯息,促使讯息被提供,或协助受理单位进行调查;二是劳动者认为有前述吹哨对象的事实时,可提起诉讼、促使诉讼被提起、作证、参加诉讼,协助进行起诉或进行相当诉讼程序。沙宾法明确规范劳动者的吹哨行为,包含了提供资讯、提起诉讼等。而所说的合理相信,美国大多数法院判决见解认为包含客观上及主观上的合理性,即吹哨者主观上必出于善意,且客观上一般理性的人皆会相信吹哨者通报或调查的事实违反法律。美国法院判决认为劳动者不需确定雇主具体违反哪一项法规,并非所有劳动者对法规皆有充分的认识与了解,另外即使劳动者的指控最后被证明是不正确的,该劳动者仍然受到沙宾法案的保护。上述第二种吹哨行为中,所说的进行相当诉讼程序,指劳动者于非正式诉讼程序下所做的事实调查与接受传唤,即就算劳动者调查相关违规事实,而事后没有在正式诉讼程序中出现,劳动者仍然受法案的保护。因沙宾法案立法目的在于保护合法的吹哨行为,也包含保障劳动者的其他协助调查行为,故在非正式诉讼程序中,劳动者合法的吹哨行为亦应受到保护。第一种和第二种吹哨行为,除了劳动者所进行的行为不同外,第二种吹哨行为并没有合理相信条件限制,即若劳动者提起诉讼、佐证及参加诉讼等,不须合理相信公司构成前述吹哨对象事实即可提出。劳动者进行吹哨的受理单位有下列三种:一是联邦管理或执法机关;二是国会议员或委员会;三是对于劳动者具有监督管理权限的人,或其他受雇于雇主而有权调查、发现或终止不法事件的人。吹哨者可以对外通报公司不法事件,也可以向内部通报,两者之间没有先后顺序,吹哨者可自行选择受理单位,虽然大部分的劳动者可能希望由公司内部程序处理,而非对外通报,但若规定劳动者仅对内部通报,可能使其将承受极大的风险。在对外通报时，吹哨者得向联邦主管机关、国会或其委员会行进通报，而若对州政府或媒体通报，则不在沙宾法案保障的范围。沙宾法案未将媒体规定为受理单位之一，因吹哨者可能有不实检举或误认检举的情形，若该等不实或误认检举经由媒体的大肆报道，将会使公司受到难以恢复的损害，故为避免此等情形的发生，应由具有公证力的外部受理单位较为适宜。就对内吹哨而言，沙宾法案规定向有管理监督权限的人，或其他受雇于雇主而有权调查，发现或终止不法事件之人进行通报，若劳动者对于无监督权限的同事或下属讨论或抱怨，并不在该法的保护内。为促使公司能有一个畅通的内部通报机制，沙宾法案第301条规定，公开发行公司的审计委员会应建立通报处理程序，由独立董事组成的审计委员会来负责处理公司内部通报程序。劳动者得以直接地对审计委员会进行吹哨，将可避免公司管理阶层的不当干扰，而提升劳动者吹哨的可能性，另外由于沙宾法案规定劳动者得以秘密及匿名的方式行吹哨，有助于增加劳动者吹哨意愿。

  法案规定了对吹哨者的保护程序。沙宾法案第806(b)规定，劳动者因吹哨行为而被解雇或遭受其他歧视待遇时，应于侵害发生180日内，向劳动者部长提起申诉，具体的申诉程序，则由劳工部下辖的职业安全卫生署（OSHA）制定，由OSHA实际受理申诉并进行调查。申诉的方式不限于书面、口头申诉，而所谓的侵害发生后180日内提起申诉，从侵害事实发生或劳动者知悉侵害事实发生后开始起算，劳动者若无法提出表面证据，申诉将会遭到驳回。劳动者必须事先提出适当的事实与证据，OSHA方会受理并进行调查；而劳动者仅需提出表面证据，例如，只要劳动者能够证明从事吹哨行为后，其立刻受到不当的人事处分，可推论吹哨行为是其遭受报复的原因，相较于被吹哨人须提出清楚且具有说服力的证据，沙宾法案在举证责任的分配上，对吹哨者有利。当劳动者顺利完成表面证据举证，OSHA会通知被吹哨人，被吹哨人必须于收到相关资料20日内，以书面形式提出答辩。若被吹哨人能成功举证并无报复行为，申诉将被驳回；反之，若吹哨人未及时提出答辩或答辩无理由，OSHA将会开始进行调查并于申诉日后60日内作成书面决定，若OSHA调查后认为有合理的理由相信被吹哨人有报复行为，OSHA将会以初步命令给予吹哨者保护。若对于OSHA的决定和初步命令不服，被吹哨人可于收到OSHA决定和初步命令30日内，向劳工部的首席行政法官提起异议，若在规定期间内提出除了复职命令外，其他的初步命令将会暂停生效，即，复职命令不因有无提起异议而受影响，保障劳动者在保护程序中，仍得继续在原位工作。若首席行政法官认为被吹哨人违法,将会给予劳动者一切必要的保护,反之若被吹哨人未违法,将驳回劳动者申诉。若此时劳动者之申诉属轻率或恶意,依被吹哨人请求,首席行政法官得命劳动者支付 1 000 美元以下合理律师费用给被吹哨人。若被吹哨人未再向行政复审委员会提起复审,首席行政法官的决定将会变成最终决定,而复职命令将会立即生效,其他的命令于决定后 14 日生效。若对首席行政法官决定不服,被吹哨人应于决定后 14 日内向行政复审委员会提起复审,且被吹哨人具体指明其反对或认为应废弃部分,若未及时提起复审,将不得再提起司法保护。收到复审申请后,行政复审委员会于 30 日内决定是否受理该案件,若行政复审委员会决定受理并进行复审时,除了复职命令外,首席行政法官决定将会失效。行政复审委员会应于受理后 120 日内做出最终决定,若行政复审委员会认为被吹哨人违法,将给予劳动者一切必要保护,反之若其认为被吹哨人并未违法,将驳回劳动者申诉;若此时劳动者的吹哨是轻率或恶意的,依被吹哨人请求,行政委员会要求劳动者支付 1 000 美元以下合理律师费用给被吹哨人。沙宾法案第 806 条(c)规定,若行政程序或司法程序判断吹哨者申诉为有理由时,吹哨者可获得下列一切必要的保护:一是复职并恢复遭受歧待遇前年资;二是给付积欠薪资及其利息;三是因歧视待遇所引发特别损害,包括诉讼费用、专家证人费用、合理的律师费用。沙宾法案第 806(c)规定吹哨者可获得一切必要保护,并于条文中示例的几种保护措施,如复职,给付积欠薪,赔诉讼费用等等,但保护吹哨者的方法并不限于条文例示的几种,若法院认为其他的保护措施较为适当,如命令加害人赔偿吹哨者搬家费用、找工作的费用等,法院亦可用其他方式对吹哨者给予合理保护。法案还对报复者追加刑事责任。沙宾法案第 1107 规定,任何人对提供真实咨询给执法官员的人,基于报复意图采取任何不当吹哨者行为,包含干扰其合法工作与生计,将被处以罚金或处以 10 年以下之有期徒刑,或同处之(Hennequin,2020)。

(2) 华尔街改革与消费者保护法对吹哨者制度的规范

因 2008 年美国次级房贷风波,造成国际性金融机构雷曼兄弟破产等问题,导致后续全球金融危机,美国政府及国会于 2009 年提出改革法案,美国总统奥巴马于 2010 年 7 月 21 日正式签署通过华尔街改革与消费者保护法。该法希望通过改善金融体系的追责制度及透明度以促进美国金融稳定,通过结束援助金融机构,保护纳税人之利益,并保障消费者不受不当金融服务的迫害。金融危机发生后,美国金融主管机关的能力再次受到各界强烈质疑,加上沙宾法案施行成效不如预期，如何强化吹哨者法制，借由吹哨者协助主管机关进行监理，成为华尔街改革与消费者保护法立法讨论中的重要焦点（Andon等，2018）。

除了沙宾法案原有反报复措施外，华尔街改革与消费者保护法增加了奖金诱因机制，吹哨者若符合自愿提供资讯、提供的原始信息、促使SEC成功执行司法、行政或相关行动；SEC金钱惩罚超过100万美元等条件，将可领取罚金额的10%至30%作为奖金。华尔街改革消费者保护法第922条(h)规定，雇主不得因吹哨者的合法行为，而对其为直接或间接解雇、降级、停职、恐吓、骚扰及其他一切对其劳雇期间和劳动条件的歧视行为。如提供资讯给SEC；促使、作证或协助SEC任何的调查、司法或行政行为；对受沙宾法案要求或保护的内容进行通报，及对其他SEC所主管的法律、规则与规章进行通报。根据华尔街改革与消费者保护法第922条规定，吹哨者指提供违反证券法规资讯给SEC的任何人（包括单独或由两个以上共同提供相关咨询），由该条文可以得知，华尔街改革与消费者保护法的吹哨者并不限于劳动者，任何人皆得以成为吹哨者，与沙宾法案规定劳动者为吹哨者不同，华尔街改革与消费者保护法所规定吹哨者较广。沙宾法案仅保护合理相信公司有违法行为而进行吹哨的劳动者，而华尔街改革与消费者保护法亦有类似的要求，吹哨者必须合理相信其所提供给SEC的资讯，与公司可能有违法行为有关，方受华尔街改革与消费者保护法保障，由此可知，无论依何种法规进行通报，吹哨者皆必须符合合理相信的要件。华尔街改革消费者保护法第922(b)规定，若吹哨者自愿提供原始资讯给SEC，促使SEC成功执行司法、行政或相关行动，且金额超100万美元者，给予吹哨者惩罚金额的10%至30%作为奖金。在华尔街改革与消费者保护法规范下，吹哨者必须提出原始资讯，且自愿提供（非受外部压力而提供）方有领取资格。此外，吹哨者提供的资讯必使SEC能够惩罚企业，并且金钱惩罚超过100万美元，吹哨者方可获取奖金，此一成功执行并惩罚企业的要件，减少吹哨者为了获取高额奖金而提出不实指控的可能。至于金钱惩罚是否超100万美元，仅以SEC收到的惩罚数额计算，不包括其他机构所收到的惩罚数额。华尔街改革与消费者保护法赋予成功吹哨者相当高额的奖金，此一措施不仅能够提升吹哨者对违法进行通报，也使社会大众增加对公司舞弊的关注及减少企业诈欺的容忍。给予吹哨者的奖金金额应由SEC行使裁量权决定，SEC在行使裁量权时，应将吹哨者所提供资讯的重要性、吹哨者及其诉讼代理人对整起案件帮助的程度，给予吹哨者相关法律行为的程序利益等纳入考虑。为提升吹哨者的通报意愿,华尔街改革与消费者保护法允许吹哨者以律师作为代理人,并且允许匿名通报。若吹哨者进行匿名通报,则其必须以律师作为代理人,而在奖金发放前,吹哨者应直接或由律师提供其真实身份及其他 SEC 所要求的相关资讯。为保障吹哨者免于遭受报复或歧视,SEC 及其官员或员工不得泄露吹哨者身份及其他可辨认吹哨者真实身份的资讯,但法律另有规定或在 SEC、检察总长所提起的公开诉讼程序中,必须将相关信息揭露给被告或被吹哨人。原则上 SEC 对吹哨者之身份负有保密义务,而在例外的情形下,方得披露该资讯。为了达成证券交易法的规定及保护投资人,SEC 必须在保密的情况下,提供其他政府机关相关信息,其他政府机关包含了美国检察总长、适当的主管机关、自律机构、州检察总长、适当的州主管机关、公开发行公司会计监督委员会、外国证券机关及外国执法机关。

该法案提出一系列的保护程序。吹哨者因进行通报而被解雇或遭受其他歧视待遇时,沙宾法案规定吹哨者必须先向 OSHA 申诉,并且必须向行政法官提出异议及向行政委员会提起复审等程序,而若前述机关未于申诉后 180 日内做出最终决定,吹哨者方可向联邦地方法院提起诉讼,在沙宾法案规范下,吹哨者必须履行前述行政程序后,方得向法院寻求保护。华尔街改革与消费者保护法第 922(b)条简化沙宾法案保护程序,规定若吹哨者因进行通报而被解雇或遭受其他歧视待遇时,得直接向联邦地方法院提起诉讼,使吹哨者无须受到行政程序的延误,得以直接向法院寻求保护,避免行政资源的浪费及使吹哨者得以获得更为迅速有效的保护。沙宾法案规定吹哨者必于违法事实发生 180 日内,或于吹哨者知悉违法事实后 180 日内,向 OSHA 申诉寻求保护,而华尔街改革与消费者保护法则规定吹哨者于违法事实发生后 6 年内,或吹哨者知悉或合理地知悉可采取保护行动事实后 3 年内,直接向法院提起诉讼请求保护,如若违法事实发生后 10 年内未提出保护,则不得再行提出。华尔街改革与消费者保护法延长吹哨者时效期间,使得吹哨者有时间可以去收集更多其有利的证据,相对于企业拥有大量的资源与资讯,吹哨者明显处于资讯和资源上的弱势,延长时效期间使吹哨者得以做更充分完善的准备,且增加吹哨者成功寻求保护的可能。华尔街改革与消费者保护法第 922(h)条规定,若法院认为吹哨者所提出诉讼有理由,吹哨者将可获得保护,而相关保护包括:一是复职并恢复遭受歧视待遇前年资;二是给付 2 倍的积欠薪资及其利息;三是因歧视待遇所引发特别损害,包括诉讼费用,专家证人费用,合理律师费用。相较于沙宾法案的反报复保护措施,华尔街改革与消费者保护法的保护措施对于吹哨者更有利,其提供吹哨者可向报复者要求给付 2 倍的积欠薪资,除了增加吹哨者的保障外,似乎亦意味着法案给予报复者惩罚的决心,以阻止企业对于吹哨者采取违法行为。

18.3　英国的吹哨制度和管理办法

早期英国法认为劳动者对企业负有保密义务,劳动者不得任意将企业相关资讯泄露到外部,如果劳动者基于公共利益而揭发企业不法事件,是否仍受保密义务限制,英国法院对此没有达成一致意见。随后,英国于 1980 年代末期至 1990 年代初期爆发了一连串公安事故及企业丑闻,如火车追撞事故、银行欺诈事件、保险公司倒闭及医疗疏失等案件。该案件爆发前皆有内部人士已知悉或怀疑到相关行为,只是因为当时没有适当的揭发渠道,以至于未能在事故发生前解决这些问题。为了避免类似不法行为的再度发生,英国政府于 1998 年 7 月 2 日正式通过公益揭发法,并于 1999 年 7 月 2 日开始施行,提供劳动者吹哨渠道,并保护其不受报复的侵害,以此鼓励劳动者勇于揭发不法行为,以保障社会大众生命或财产安全。

公益揭发法全部共 18 条,采取劳动权利法中增订相关条文立法方式。公益揭发法范围涵盖公私部门,包括任何产业领域的不法行为,都必须依据该法进行公益揭发。劳动者进行公益揭发必须符合法定揭发事实,并且遵守法定的揭发程序。公益揭发法设计多样化的揭发渠道,引导劳动者先行采取内部揭发,采取内部揭发优先原则。最后,在保护机制方面,公益揭发法禁止对揭发劳动者不当处分或不正当解雇,以保障劳动者权利。为避免无关公益的不当揭发及加强对揭发劳动者的保护,英国国会于 2013 年 4 月 25 日通过企业及监理改革法,主要对公益揭发法做出了三项修正:首先,规定劳动者进行揭发必须为了公共利益;其次,删除劳动者必须基于善意进行揭发规定;最后,禁止同事对揭发劳动者实施霸凌或骚扰等不当报复行为。在劳动权利法及公益揭发法的规定下,英国公益揭发主体主要指劳动者,劳动权利法所规范的劳动者主要指与雇主有劳动契约关系的受雇人。公益揭发法扩展了劳动者范围,将劳动者包含了派遣劳动者、家庭作业员,医疗服务人员及受训练人员等等,揭发人员在发现雇主有不法行为时,得进行公益揭发,并受该法保障而免于遭受报复或其他不当的对待。在公益揭发法通过后,劳动者范围更为扩大,劳动权利法第 43K 条规定,经第三人介绍而为他方被吹哨人提供劳务,且其劳动条件实际上由他方被吹哨人、第三人或两者共同决定者,亦为该法劳动者,该规定主要针对派遣劳动者,第三人指派遣业务单位,而他方被吹哨人,则指要派遣单位。英国实际上是由派遣单位决定个别劳动者劳务给付的报酬,而公益揭发法立法目的在保障劳动者提供劳务给付而发现雇主有不法行为时而进行的公益揭发。派遣劳动者对派遣单位提供劳务给付,在派遣单位有不法行为时,派遣劳动者所进行的公益揭发,受该法保护。依据劳动权利法第43K(1)(b)规定,因被吹哨人经营事业目的,而与其签订契约提供劳务,并在其无控制或管理权限的地方进行工作,亦为公益揭发法所保护的劳动者。此规定主要指家庭作业员,家庭作业员因与雇主契约,并在提供劳务给付时发现雇主不法行为,对此进行相关公益揭发,受该法保护。按劳动权利法第43K(1)(c)规定,依据国家卫生服务制定委员会、当地卫生委员会、苏格兰卫生委员会所签订契约,提供服务的人亦为公益揭发法保护的劳动者。此规定主要指医师、牙医、眼科医师、药剂师等全国医疗服务人员,这些专门人员亦为公益揭发法规范下的劳动者,卫生主管机构、苏格兰卫生委员会则为雇主。依劳动权利法第43K(1)(d)规定,由训练课程或就业培训获得工作经验的人亦为公益揭发法保护的劳动者,但该训练课程提供非基于劳动契约约定,或不是由教育机构经管提供,前述教育机构包含大学、学院、学校及其他教育单位。依前述规定,训练课程的学员,也应该对不法行为进行揭发,并受公益揭发法的保护,但这一条款不包括在学校接受教育的学生。

在公益揭发法于1998年通过立法时,警察并不受公益揭发法保障,但由于警察最有可能察觉妨碍司法公正的相关不法行为,排除警察对公益揭发法的适用会有碍司法正义的目的。故2002年英国政府通过警察改革法立法,借此增订劳动权利法第43KA1条,明文规定警察亦受公益揭发法及相关规定保护。依劳动权利法第43B(1)规定,劳动者合理相信其所做揭发为了公共利益,要求揭发下列一个或一个以上事实:一是已发生、正在发生或可能发生的刑事犯罪行为;二是已违反、正在违反或可能违反个人法律上义务行为;三是已发生、正在发生或可能发生的妨害司法行为;四是已危害、正在危害或可能危害任何人生安全行为;五是已破坏、正在破坏或可能破坏环境行为;六是故意隐匿资讯行为(包含已隐匿、正在隐匿或可能隐匿)。该文规定合理相信是指劳动者依社会经验及所取得相关信息而合理认为不法行为已发生、正在发生或可能发生,只要符合该条规定,劳动者对于相关事实的认知并不一定要正确无误;只要劳动者合理相信其所揭发事实符合要件,使其相信内容事后被证明非真实,劳动者所揭发仍为适当揭发。就揭发资讯部分,若雇主行为并未违反法律规定,仅该行为有所不当,劳动者如基于合理相信而对该事实进行揭发,此揭发仍受保护。无论揭发相关讯息是否属于正确资讯,亦不论揭发对象是否已知悉相关讯息,劳动者的揭发仍受保障,即对于雇主或主管机关已经知悉信息,劳动者仍得进行揭发并受法律保护。公益揭发法依据受理单位差异及不法行为严重程度而设有不同的揭发程序,即,劳动者对于不同受理单位或严重性不法行为,应依不同揭发程序而作处理。目前揭发分为第一种类型揭发(对企业内部、雇主以外其他负责第三人、法律顾问及指定机关揭发)、第二种类型揭发(第一种类型以外的其他单位揭发)及第三种类型揭发(异常严重不法行为揭发)。第一种类型揭发指向企业内部或政府机关揭发,该类型揭发较为宽松;第二类型揭发指向的受理单位相当的广泛,甚至包括对新闻媒体的揭发,因此法律上设有较为严格的要件,如合理相信所揭发的资讯真实,揭发并非像为个人利益,揭发具备正当性及合理性等;第三种类型揭发则会对严重不法行为,在发生异常严重不法行为时,劳动者依循较为简便的程序进行揭发。公益揭发法规定受理单位范围相当广大,除了向企业内部或政府机关揭发外,也可向媒体等外部单位进行揭发,目的为了防止不法行为发生与避免损害,但第二种及第三类型揭发,并非仅对企业内部进行,并可能损害企业荣誉,或造成股东及利害关系人利益受损,故法律上对于第二种及第三种类型揭发有较严格的揭发要件限制。虽然三种类型揭发有不同程度要件的限制,法律上并未强制劳动者须先进行第一种类型揭发后再可进行其他类型的揭发。第一种类型揭发要件设置较为宽松,在于鼓励企业建构适当的内部揭发程序,以引导劳动者在进行外部揭发前先进行内部揭发,希望借此将不法行为于企业内部迅速解决,当企业对劳动者揭发未做适当处理,或劳动者因此而遭受报复,或证实有被破坏情形,则劳动者可行使第二类型揭发,借此以平衡公共利益企业权利。

劳动权利法将雇主对吹哨劳动者的报复行为分类为不当处分行为和解雇行为两种,分别在劳动权利法第五章及第十章规定相关保护程序及保护措施。禁止不当处分行为相关保护程序及保护措施主要规范在劳动权利法第五章,其中规定雇主不得因劳动者进行揭发受到保护,而对该劳动者进行不当处分。不当处分范围很广,如拒绝给予升职机会,调高其他劳动者薪资唯独漏掉揭发的劳动者,对揭发劳动者惩戒,将其工作地点调离,禁止使用其他人享有的设备,不提供揭发的劳动者培训,吹哨劳动者离职后提供其不当的服务证明等,此外，不得对揭发劳动者进行实际威胁，如恐吓其将其调至偏远的分支机构。只要是使揭发劳动者处于不当地位或使其受到不当对待和不当处分，都被法律所禁止。2013年通过的企业及监理改革法，将同事及雇主代理人纳入禁止不当处分行为的主体，同事及雇主代理人不得因劳动者进行揭发受保护，而对其侵害或骚扰。若同事或雇主代理人对吹哨劳动者有不道德行为，该不道德行为将会被认为是雇主所为，雇主需对同事或代理人行为负责，若雇主欲免除责任，则需证明其已经采取适当的措施来避免同事发生侵害或骚扰事件，如于公司布告栏上明文禁止同事或代理人对吹哨劳动者进行报复行为。当劳动者进行受保护的揭发而遭受不当处分时，到劳动法庭提起诉讼，原则上应自受不当处分之日起三个月内进行调查，若不当处分是一系列相似的作为或不作为，应自不当处分最后发生日起三个月内提起诉讼，如果法院认为于三个月内提起诉讼有困难时，应该允许劳动者在合理期间内起诉。在举证责任方面，关于不当处分与劳动者揭发行为的因果关系，法律规定由雇主负举证责任，应由雇主对不当处分做出解释，并且提出证据，以证明雇主非因为劳动者进行揭发而对其进行不当处分。此规定与一般原告对因果关系应负举证责任不同，而由雇主（被告）证明不当处分合理，对劳动者较为保障，故劳动者对其进行的揭发为受保护揭发及其遭受不当处分事实负举证责任。劳动法庭若认为劳动者起诉有理由时，劳动法庭应做劳动者胜诉判决，并且命令雇主支付损害赔金，劳动法庭在决定赔偿金额时，应参酌企业侵害行为及劳动者所遭受的损失，基于正义和公平做出决定。所谓损失应包含劳动者因企业不当处分行为而花费的合理用销（如诉讼费用），及劳动者因不当处分以至于无法得到合理期待的利益。若不当处分某程度上可归责于劳动者，则劳动法庭应基于正义与公平考量，减少雇主对劳动者赔偿金额，此外，若劳动者并非基于善意而进行揭发，劳动法庭亦应基于正义与公平考虑，减少数额最多不得超过赔偿金额的25%。

禁止不正当解雇相关保护程序及保护措施等，主要规范在劳动权利法第十章，其中规定若劳动者进行受保护揭发而遭受解雇者，应认为属不正当解雇，雇主不得因劳动者进行受保护的揭发而将其解雇，否则为不正当解雇。雇主解雇劳动者可能会有一个或多个理由，若解雇劳动者主要理由为因劳动者进行受保护揭发，则为不正当解雇。而若匿名揭发，此时雇主无从知悉揭发劳动者为何者，故无法推论雇主因知悉劳动者有揭发行为而将其解雇。当企业因财务缩减等因素而有必要进行裁员时，雇主可能会趁机解雇曾经进行公益揭发的劳动者，因此法律规定企业在裁员时，若主要因为该劳动者曾经揭发公司不法行为,且其他相似职位的劳动者未被裁员,仅将揭发工员工裁掉,此时属不正当解雇,若企业将揭发劳动者裁员,而其他相似职位的劳动者未被裁,解雇行为即可能因为劳动者曾经进行揭发而对其报复,故法律上禁止此假借裁员之名而进行报复之实的不正当解雇。当劳动者遭受雇主不正当解雇,应向劳动法庭提起诉讼,而诉讼提起原则上应自不正当解雇生效日起三个月内,若法院认为于三个月内提起诉讼有困难时得允劳动者在合理期内起诉。在举证责任方面,若劳动者任职超过一年以上,应由雇主举证说明解雇与劳动者揭发行为无因果关系;若劳动者任职未满一年,则应由该劳动者对不正当解雇负举证责任,即责任分配,取决于劳资关系存续期间,若雇佣关系超过一年以上,由雇主负责说明其解雇行为合理,若雇佣关系未满一年,则由劳动者说明其因雇主报复而遭受不正当解雇,在此种举证责任分配规范下,任职期间较长的劳动者容易受到法律保护。劳动法庭若认为劳动者的主张有理由,会发出复职命令,重新雇用或要求雇主负担金钱赔偿责任等。而劳动者在被雇主不当解雇,亦得向劳动法庭申请暂时保护,以暂时保护自身权利。处理方法可以用复职、重新雇用、金钱赔偿等方法。虽然法律规定如复职、重新雇用及金钱赔偿等保护措施,但在大多数的案件中,复职及重新雇用等保护措施通常难以实行,故劳动法庭大多以金钱赔偿作为劳动者主要的保护方法,金钱赔偿包含了基本赔偿及损害赔偿。基本赔偿指雇主对劳动者因失去工作而赔偿,其计算取决于劳动者的年龄及服务年资,若劳动者年纪不低于41岁,每一年年资赔一周半的工资,若劳动者年纪不低于22岁,每一年年资赔一周的工资,若劳动者年纪低于22岁,则每一年年资赔半周的工资,最长以20年为限,由此可知,年纪越大且服务年资越长的劳动者,将可得较高基本赔偿金额。另外损害赔偿指雇主赔偿被解雇劳动者所遭受的损失,该损失应包含劳动者因雇主解雇行为而花费的合理开销(如诉讼费用)及劳动者因遭受解雇而无法得合理期待利益,若遭受解雇某程度上可归责于劳动者则劳动法庭得基于正义公平考虑,减少雇主对劳动者赔金,最后,若劳动者并非基于善意而进行揭发,劳动法庭亦得基于正义与公平考虑减少对劳动者赔偿金额,减少之数最多不得超赔金的25%。如果劳动法庭作成复职或重新用命令,而雇主未遵守该命令使劳动者复职或重新雇用,此时劳动法庭应命令雇主给予劳动者金钱赔偿(基本赔偿及损害赔偿)及雇主应赔劳动者26周至52周间的周薪,即若雇主未遵守复职或重新雇用命令,法庭得要求雇主对劳动者给付额外的赔金,此规定带有惩罚雇主意识,若雇主不遵守劳动法庭命令将可能须赔偿劳动者额外的金额。

为避免劳动者在被解雇后至动法庭审理终结前遭受损害,若劳动者日后有胜诉可能,劳动者应于被解雇后 7 日内向法庭申请保护,若法庭认为劳动者的主张有理,应该使劳动者暂时复职,重新雇用或与雇主劳动契约暂时绩效存续。在暂时保护法庭审理程序中,法庭应先询问雇主是否有意愿恢复劳动者职务,若雇主同意,法庭即可作成复职命令,若雇主不同意劳动者复职,法庭向雇主询问是否愿意重新雇用该劳动者,若雇主有意重新用劳动者,且劳动者亦同意,法庭即可作成重新雇用命令;若劳动者不同意,法庭则考虑劳动者不同意合理性,若劳动者不同意属于合理做法,法庭应责成劳动契约存续命令;若劳动者不同意属于不合理,则劳动者将无法获得暂时保护。最后,若雇主未出席暂时保护审理程序,或完全拒绝提供劳动者复职与重新雇机会,此时法庭作成契约存续命令,使劳动者仍得依劳动契约向雇主请领薪资。

18.4　日本的吹哨制度和管理办法

近年来,日本陆续爆发有意隐瞒商品瑕疵、食品标示不实及产品本身或生产程序不符法律等事件,而此与消费者密切相关的企业丑闻,均因有内部员工或与之有交易的相关者揭发。为强化企业自律及赋予揭发者保障,日本于 2004 年制定公益通报者保护法并于 2006 年施行,该法为首部对于内部告发提供一般性规范法典,采取公、私部门合一的单一立法模式,且以私部门人员为立法主轴。

日本公益者保护法中对通报者定义,指直接受雇主雇用劳动者,包括定期或不定期劳动契约劳动者,部分工时劳动者,兼职劳动者,派遣劳动者、已退休劳动者以及公务员。劳动者不包括董事人、监察人、关系企业员工及有往来之其他企业及其员工。另外就应举报事实而言,指违反刑法、食品卫生、证券交易法、长林物资规格化及适当品质标示法、大气污染防治法、废弃物处理及清理法、个人情报保护法及其他保护人生命或身体,维护消费者利益、保护环境、公平以及保护国民生命、身体财产及其他利益有关犯罪人员。值得留意的是,关于举报目的,应不得以取得不正利益为其目的,亦不得以加损害于他人为目的。此外,就吹哨人的举报方式的不同(内部举报、向行政机关举报、外部举报),而自有其不同要素,且若不符合举报时所符合要件,则不受本法保护。如果受理吹哨人为有权处分或劝告行政机关时,则举报要件提升为有相当理由相信通报对象事实正在发生或即将发生,即举报内容不得单纯是传闻,须有相当证据证明该举报事实存在,而即使该举报事实(经验)并非真实,在举报时也应该有合理理由相信其为真实。

当受理吹哨人是媒体、国会议员、消费者团体等外部第三人时为即为外部举报,则举报要件除了须有理由相信举报事件正在发生或即将发生,也应就防止举报事实发生或损害严重有举报必要,并且符合下列情形之一:有相当理由相信如为内部举报或向行政机关举报,将受解雇等不当益待遇,有相当理由相信如为内部举报,则有关证据会被隐匿、伪造,无正当理由受劳务提供对象要求不为前述公益举报时,以书面为公益举报后,经过 20 日,对于该举报对象事实,未受调查通知或无正当理由却不调查时,或有相当理由相信,对于其个人生命或身体发生危害或有发生急迫危险时。可见日本采取了所谓内部通报优先原则。

18.5 法国的吹哨制度和管理办法

自美国政府于 2002 年通过了沙宾法案,要求在纽约证券交易所上市的公司建立吹哨制度。这项法律影响了许多国家,因为不同国籍的公司会在纽约上市。法国在 2016 年通过了《沙宾第二法》,该法部署了一个专门的系统来依法界定吹哨人和应遵循的程序。在法国,虽然对犯罪行为的报告有预先存在的反思,但在法国实施沙宾法案及其拨款后,组织和立法机构必须进一步反思。从该术语的翻译到对这些员工的具体法律保护,存在许多争论。2016 年,法国法律对吹哨者进行了广泛的定义:"个人以公正和善意的方式揭露或报告严重和明显违反国际承诺的罪行或轻罪的人"。由法国批准的,国际组织基于这种行为而采取的单方面行为对公共利益有重大威胁或者损害。法国受法律保护的条件有下面几项:一是发出警报的人必须是为有关组织工作或曾为该组织工作的个人,并对事实有个人了解;二是警告必须与轻罪或不道德行为有关,这些行为可能被视为违反法律、规则、条例或威胁公共利益;三是必须本着诚意,以无利害关系的方式进行,并且不希望损害公司或诋毁与个人关系不良的组织成员。

除这些标准外,《沙宾第二法》第 8 条规定了员工希望发布警报或"吹哨"的程序,自 2018 年 1 月 1 日起适用于至少有 50 名员工的组织。最初,该过程是在内部进行的:该报告会提醒员工或公司指定的推荐人(可能是外部人员)的上级(无论是否直接)注意。尽管员工必须表明自己的身份,但必须对其身份进行保密处理。为支持举报,员工必须提供事实、信息或可供其使用的文件,并促进与举报收件人的交流。但是,如果危险是严重的和迫在眉睫的,或者有不可逆损害的危险,可以直接进行第二步或第三步。如果在合理时间内没有采取行动,吹哨者可以求助于行政、司法或专业当局。向公众传播信息(包括通过媒体)只能作为最后手段,不得早于最初报告日期后的三个月。按照这些步骤,员工可以被视为吹哨者,应该从保护措施中获益(Latan 等,2018)。

参考文献

[1] 王贵松.(2014).论公益性内部举报的制度设计.法商研究,31(4),72-81.

[2] Andon, P., Free, C., Jidin, R., Monroe, G. S., & Turner, M. J. (2018). The impact of financial incentives and perceptions of seriousness on whistleblowing intention. Journal of Business Ethics.

[3] Andrade, J. A. (2014). Reconceptualising whistleblowing in a complex world. Journal of Business Ethics, 128(2).

[4] Hennequin, E. (2020). What motivates internal whistleblowing? a typology adapted to the french context. European Management Journal, 38(5).

[5] Latan, H., Chiappetta Jabbour, C. J., & Beatriz, L. S. J. A. (2018). "whistleblowing triangle": framework and empirical evidence. Journal of Business Ethics.

[6] Latan, H., Ringle, C. M., & Jabbour, C. (2016). Whistleblowing intentions among public accountants in indonesia: testing for the moderation effects. Journal of Business Ethics.